Скарбы
прыроды
БЕЛАРУСІ
TREASURES
OF BELARUSIAN
NATURE

MW01277669

Скарбы прыроды БЕЛАРУСІ

Тэрыторыі, якія маюць міжнароднае значэнне для захавання біялагічнай разнастайнасці

TREASURES OF BELARUSIAN NATURE

Areas of International Significance for Conservation of Biological Diversity

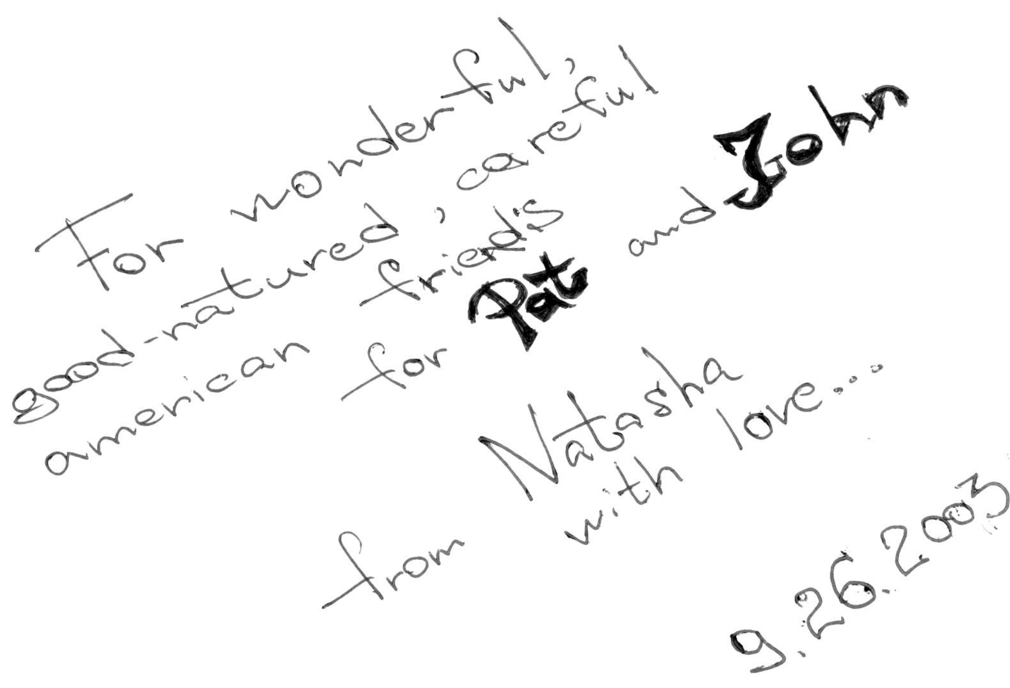
For wonderful,
good-natured, careful
american friend's
for Pat and John
from Natasha
with love...
9.26.2003

Мінск
«Беларусь»
2002

УДК 502.72(476): 504.064:574
ББК 20.18 (4 Беи)
С42

Аўтары-ўкладальнікі	А.В. Казулін, Л.А. Вяргейчык, М.Я. Нікіфараў, У.В. Іваноўскі, В.П. Бірукоў, В.Ч. Дамброўскі, В.В. Грычык, М.В. Максіменкаў, І.І. Бышнёў, В.Я. Сідаровіч, М.Д. Чэркас, Э.А. Мангін
Падрыхтоўка карт-схем	М.В. Максіменкаў, Р.В. Навіцкі, А.Г. Дашкевіч
Макет і афармленне	Т.А. Мельянец
Пераклад на англійскую мову	А.Ф. Агеенка
Рэдактары англійскага тэксту	М. М. Вяргейчык, А. Лонерган
Пераклад з рускай на беларускую мову	Т.І. Улевіч, С. В. Зуёнак

Compiling authors:	A.V.Kozulin, L.A.Vergeichik, M.E. Nikiforov, V.V. Ivanovski, V.P. Birjukov, V.Ch. Dombrovski, V.V. Grichik, M.V. Maximenkov, I.I. Byshniov, V.E. Sidorovich, N.D. Cherkas, E.A. Mongin
Maps prepared by:	M.V. Maximenkov, P.V. Novitski, A.G. Dashkevich
Layout and design:	T.A.Melyanets
English translation:	A.F. Ageenko
English editing:	M.M. Vergeichik, A. Lonergan
Belarusian translation:	T.I. Ulevich, S.V. Zuenok

ISBN 985-01-0382-5

Прадмова

Плошча тэрыторыі Рэспублікі Беларусь складае 207 600 квадратных кіламетраў. Яе паўночная частка, Паазер'е, характарызуецца наяўнасцю буйных масіваў хваёвых лясоў і вялікай колькасцю азёр, верхавых балот, рэк. Цэнтральная частка прадстаўлена пераважна адкрытымі, моцна трансфармаванымі ландшафтамі. У паўднёвай частцы, на Палессі, шырокае распаўсюджанне атрымалі нізінныя і пераходныя балоты, шыракалістыя лясы, якія перасякаюцца раўніннымі рэкамі і моцна забалочанымі поймамі.

Прыродныя і сацыяльна-палітычныя ўмовы Беларусі спрыяюць фарміраванню і захаванню на яе тэрыторыі шэрага рэдкіх экасістэм і відаў жывёл і раслін, якія знаходзяцца ў Еўропе пад пагрозай знікнення. У нашай краіне да гэтага часу захаваліся значныя плошчы натуральных ландшафтаў. Сярод іх асаблівае значэнне ў захаванні біялагічнай разнастайнасці маюць поймы рэк і забалочаныя тэрыторыі. Аднак мала хто разумеў ролю Беларусі ў захаванні прыроды Еўрапейскага рэгіёна. У выніку апошніх даследаванняў сталі відавочнымі унікальнасць і выключнае значэнне тэрыторыі Рэспублікі Беларусь для захавання глабальнай біялагічнай разнастайнасці.

На аснове прыродаахоўных канвенцый у Еўропе абгрунтавана неабходнасць стварэння адзінай сеткі ахоўваемых тэрыторый міжнароднай значнасці. Зараз такая сетка, у якую ўваходзяць Рамсарскія ўгоддзі, помнікі сусветнай і еўрапейскай спадчыны, біясферныя запаведнікі, тэрыторыі, важныя для птушак, створаны ў большасці краін Еўропы. Многія тэрыторыі Беларусі, нягледзячы на іх надзвычайную важнасць для захавання біялагічнай разнастайнасці, да цяперашняга часу не атрымалі еўрапейскага прызнання. Толькі ў апошнія гады пачаліся работы па выяўленні і арганізацыі працэдуры афіцыйнага прызнання беларускіх Рамсарскіх угоддзяў і тэрыторый, важных для птушак. Міжнароднае прызнанне іх значнасці дае магчымасць прыцягнуць увагу інтэрнацыянальных прыродаахоўных арганізацый да праблем аховы прыроды ў краіне.

Беларусь валодае значным патэнцыялам біялагічнай разнастайнасці, аднак рэалізацыя намечаных планаў па яго захаванні ўскладняецца цяжкім эканамічным становішчам краіны. Неабходна таксама ўлічваць складаную сітуацыю, якая ўтварылася пасля чарнобыльскай катастрофы, у выніку якой 23% тэрыторыі Беларусі апынулася ў зоне радыеактыўнага забруджвання. Аднак, нягледзячы на эканамічныя і іншыя цяжкасці, Рэспубліка Беларусь ажыццяўляе планамернае інтэграванне аховы біялагічнай разнастайнасці ва ўсе сферы чалавечай дзейнасці, што адлюстроўваецца ў сбалансаваным выкарыстанні зямельных рэсурсаў, ахове лясных і адкрытых экасістэм, садзейнічанні экалагічна бяспечнай сельскай гаспадарцы і стабільнаму развіццю рэгіёнаў, ахове генетычнай, відавой, экасістэмнай і ландшафтнай разнастайнасці.

Гэта выданне з'яўляецца вынікам мэтанакіраванай работы дзяржаўных і грамадскіх арганізацый Беларусі па выяўленні і апісанні тэрыторый, якія маюць міжнародную вартасць для захавання глабальнай біялагічнай разнастайнасці. Чытачы пазнаёмяцца з лепшымі куткамі беларускай прыроды, атрымаюць уяўленне аб актуальных праблемах, якія існуюць на гэтых тэрыторыях. Выданне дапаможа актывізаваць сувязь Беларусі з прыродаахоўнымі і навуковымі арганізацыямі краін Еўропы, дзякуючы экспертнай і фінансавай падтрымцы якіх будуць пашыраны работы ў галіне захавання тэрыторый міжнароднай значнасці. Рэспубліка Беларусь мае рэальны шанц захаваць прыродную спадчыну. А ўлічваючы унікальнасць і міжнародную значнасць цэлага шэрага прыродных экасістэм Беларусі, становіцца відавочным, што іх захаванасць неабходна не толькі для нашай краіны, але і для прыроды ўсяго Еўрапейскага рэгіёна.

В.М. Падаляка

Першы намеснік міністра
прыродных рэсурсаў і аховы навакольнага асяроддзя
Рэспублікі Беларусь

Foreword

Belarus covers an area of 207,600 km[2]. Its northern part (the Lake District) is characterized by vast coniferous forests and numerous lakes, bogs, and rivers. The southern part of the country, known as Polesie, has a landscape made up of fens and transition mires, as well as broadleafed forests traversed by plain rivers with waterlogged floodplains.

The natural, social and political conditions in Belarus favor the formation and conservation of several ecosystems, animal and plant species that are rare or threatened in Europe. Belarus has preserved its vast natural landscapes well. Of these, the river floodplains and wetlands are the most important for biodiversity conservation. However, for several reasons, Belarus was until recently not believed to have a significant role in preserving Europe's nature. Several specialized studies in the last decade have confirmed the uniqueness and outstanding value that the country has in terms of the biological diversity it hosts and needs to preserve.

Several international conventions on nature protection call for the establishment of a single European protected area network. Today networks of internationally important protected areas exist in many countries in Europe and include Ramsar sites, Europe and World Heritage territories, biosphere reserves, and Important Bird Areas (IBAs). Many natural areas of Belarus have outstanding importance, but still lack international acknowledgement. Recently Belarus has joined the process of identification and official designation of Ramsar sites and Important Bird Areas. Acknowledgement of the international value of these areas helps to make the international community understand the need to conserve these unique corners of Belarusian nature.

The potential of the country for the biodiversity it hosts is large. However, implementation of the nature conservation plans is hindered by the economic hardships that Belarus faces. Additionally, the country was put in a very difficult situation by the Chernobyl disaster. As a result, 23% of Belarus was radioactively contaminated.

Despite the economic and other hardships, Belarus continues to integrate biodiversity conservation interests into all spheres of human activities. This means, among other things, a balanced land use, conservation of forest and open ecosystems, promotion of ecologically-wise agriculture, sustainable local development, and conservation of the genetic, species, ecosystem and landscape diversity.

The present publication is the outcome of the efforts of several governmental and non-governmental organizations in Belarus to identify and describe areas having international value for the conservation of globally important biodiversity. The book contains descriptions of the unique corners of Belarusian nature, and provides insight into the problems that each area faces. We hope that the book will further facilitate contacts between Belarusian and European nature conservation and scientific organizations, enabling a new wave of expert and financial support to come forward to protect internationally important areas. Today Belarus has a real chance to preserve its unique natural heritage in parallel with economic development and the improvement of people's welfare. Taking into account the outstanding international value of several Belarus-specific natural ecosystems, their conservation is important not only for Belarus, but for Europe as a whole.

Vasily Podoliako

First Deputy Minister
of Natural Resources
and Environmental Protection
of the Republic
of Belarus

ЗМЕСТ / CONTENTS

Міжнародная праграма «ТЭРЫТОРЫІ, ВАЖНЫЯ ДЛЯ ПТУШАК»

Асноўнай прычынай зніжэння колькасці многіх відаў птушак у Еўропе ў другой палове XX стагоддзя стала змяненне месц іх пражывання. У наш час выжыванне многіх відаў птушак залежыць ад стану асобных тэрыторый, якія з'яўляюцца месцамі іх канцэнтрацыі ў перыяды гнездавання, зімовак альбо міграцый. Менавіта такія месцы і носяць назву "тэрыторыі, важныя для птушак" (ТВП). Для іх эфектыўнага захавання ва ўсёй Еўропе міжнародная прыродаахоўная арганізацыя BirdLife International ініцыіравала праграму ТВП і распрацавала крытэрыі, на аснове якіх можна вызначыць ТВП і арганізаваць іх ахову. У выніку выканання гэтай праграмы з 1981 па 2000 год было выяўлена 3619 ТВП у 51 краіне Еўропы.

Беларусь далучылася да гэтага праекта ў 1996 годзе. Пасля вывучэння 60% тэрыторыі Беларусі было вызначана 20 ТВП. Разам яны займаюць 647 347 гектараў, альбо 3,1% ад плошчы ўсёй краіны. Большасць гэтых тэрыторый знаходзіцца ў паўднёва-заходняй і паўночнай частках краіны. Пераважна гэта буйныя комплексы нізінных і верхавых балот, забалочаныя поймы рэк. На ўсходзе Беларусі выяўлена толькі некалькі ТВП, галоўным чынам, з-за недастатковай вывучанасці гэтага рэгіёна. Большасць ТВП з'яўляюцца важнымі месцамі для пражывання, у першую чаргу, водна-балотных птушак. Большая частка беларускіх ТВП (16) мае міжнароднае значэнне, паколькі на іх гняздуюцца віды, якія знаходзяцца пад пагрозай глабальнага знікнення: вяртлявая чаротаўка, драч, дубальт, арлан-белахвост, белавокі нырэц. Астатнія 4 ТВП маюць нацыянальнае значэнне.

Гнездаванне рэдкіх відаў птушак з'яўляецца індыкатарам добрай захаванасці тэрыторыі, і, як правіла, большасць ТВП мае высокія паказчыкі біялагічнай разнастайнасці. Такім чынам, стварэнне сеткі ТВП забяспечвае захаванне не толькі птушак, але і цэлага шэрага іншых рэдкіх відаў жывёл і раслін.

Улічваючы гэты факт, у 1999 годзе Міністэрствам прыродных рэсурсаў і аховы навакольнага асяроддзя разам з Інстытутам заалогіі Нацыянальнай акадэміі навук Беларусі, грамадскай арганізацыяй "Ахова птушак Беларусі" і Каралеўскім таварыствам абароны птушак (Вялікабрытанія) быў падпісаны Мемарандум аб узаемаразуменні па мерах дзеля захавання ТВП Беларусі. Асноўныя палажэнні гэтага мемарандума зараз паспяхова выконваюцца.

Зараз 11 беларускіх ТВП маюць статус асабліва ахоўваемых тэрыторый, 4 ахоўваюцца часткова, а 5 тэрыторый пакуль што не маюць ахоўнага статусу (*Табл. 1*).

International Program «IMPORTANT BIRD AREAS»

The second half of the 20th century was marked by a steep decline in the populations of numerous European bird species due to habitat degradation. Many bird species now depend on the few remaining natural or almost natural areas for nesting and wintering, as well as on migration. These territories are known as Important Bird Areas (IBAs). Efficient conservation of IBAs in the whole of Europe is the main goal of the European IBA International Program developed by BirdLife International. The IBA Program is based on special criteria used for the identification and designation of IBAs, as well as for effective conservation management at IBAs. Implementation of the Program in 1981—2000 resulted in the designation of 3,619 IBAs in 51 European countries. Belarus joined the Program in 1996. Twenty IBAs were identified and designated in Belarus from a survey of 60% of the country. Together, they cover 647,347 ha, which is 3.1% of Belarus' area. Most of the IBAs are found in the south-west and north, amid large fen and bog complexes and in river floodplains. Only a few IBAs have been identified in eastern Belarus so far, mainly because of the poor level of ornithological knowledge about these areas.

IBAs are especially critical for the preservation of waterbird species. Out of those IBAs that are important for waterbirds, 16 have an international conservation status, and four have a national protection status. Most of the Belarusian IBAs have international significance since they host breeding populations of globally threatened bird species, such as Aquatic Warbler, Corncrake, Great Snipe, White-tailed Eagle, and Ferruginous Duck.

Breeding of rare bird species is an excellent indicator of the naturalness of an area. Most IBAs, therefore, are characterized by high biological diversity. The establishment of a network of IBAs thus preserves not just birds, but a wide assemblage of diverse animals and plants.

This logic was a driving force behind the Memorandum of Understanding on Measures for the Conservation of Important Bird Areas in Belarus signed between the Ministry of Natural Resources and Environmental Protection of Belarus, the Institute of Zoology of the National Academy of Sciences of Belarus, BirdLife Belarus and the Royal Society for the Protection of Birds (The RSPB, UK; BirdLife Partner in the UK) in 1999. Implementation of the Memorandum is underway.

Today 11 Belarusian IBAs are protected areas, four IBAs are under partial protection and another five sites have no protection status (*Table 1*).

Табліца 1. **ТВП Беларусі, іх міжнародны і нацыянальны статус аховы**
Table 1. **Belarusian IBAs, their national and international conservations status**

№	Назва ТВП / IBA name	Плошча, га Area, ha	Міжнародны статус аховы International Conservation Status	Нацыянальны статус аховы National Conservation Status	Не ахоўваюцца Not protected
	Міжнароднага значэння / Of international importance				
1	Балота Ельня Yelnia peatbog	23 200	-	23 200	-
2	Леса-балотны комплекс "Казьяны" Koziany wood and mire complex	26 060	-	26 060	-
3	Бярэзінскі запаведнік Berezinski reserve	81 756	Біясферны запаведнік Biosphere Reserve	81 756	-
4	Пойма ракі Бярэзіна Berezina floodplain	6200	-	-	6200
5	Пойма ракі Свіслач Svisloch floodplain	3100	-	-	3100
6	Нацыянальны парк "Белавежская пушча" Belavezhskaia Pushcha National Park	87 400	Помнік сусветнай спадчыны, трансгранічны біясферны запаведнік World Heritage Site, Transborder biosphere reserve	87 400	-
7	Балота Дзікае Dikoe fen mire	15 206	-	14 014	1192
8	Рыбгас "Сялец" Selets Fishfarm	19 500	-	7936	11 564
9	Леса-балотны комплекс "Выганашчанскі" Vygonoshchanski wood and mire complex	43 000	-	43 000	-
10	Балота Спораўскае Sporovo fen mire	19 384	Рамсарская тэрыторыя Ramsar area	19 384	-
11	Балота Званец Zvanets Fen Mire	15 873	-	10 460	5413
12	Сярэдняя Прыпяць Middle Pripyat Floodplain	90 447	Рамсарская тэрыторыя Ramsar area	90 447	-
13	Леса-балотны комплекс "Альманскія балоты" Olmany Wood and Mire Complex	94 219	Рамсарская тэрыторыя Ramsar area	94 219	-
14	Рыбгас "Белае" Bieloie Fishfarm	5700	-	-	5700
15	Палескі запаведнік Polesie zapovednik	52 350	-	52 350	-
16	Пойма ракі Сож Sozh floodplain	13 400	-	-	13 400
	Рэгіянальнага значэння / Of regional importance				
17	Азёрна-балотны комплекс "Асвейскі" Osveyski lake and mire complex	22 600	-	22 600	-
18	Леса-балотны комплекс "Галубіцкая пушча" Golubitskaia Pushcha wood and mire complex	20 452	-	20 452	-
19	Пойма ракі Заходняя Бярэзіна Western Berezina floodplain	4500	-	495	4005
20	Рыбгас "Палессе" Paliessie fishfarm	3000	-	-	3000
	Агульная плошча, га Total area, ha	**647 347**	**372473**	**593 773**	**53 574**
	% ад плошчы percent of the total area		**57.6**	**91.7**	**8.3**

Крытэрыі для выдзялення ТВП міжнароднай значнасці (група А)

Крытэрый А1. Тэрыторыя прызнаецца ТВП міжнароднай значнасці, калі на ёй штогодна гняздуецца, зімуе альбо спыняецца падчас міграцый значная колькасць відаў, якія *знаходзяцца пад глабальнай пагрозай знікнення альбо прыраўноўваюцца да іх* (1-ая катэгорыя Еўрапейскага ахоўнага статусу (SPEC)*).

У нашай краіне гняздуецца 6 такіх відаў.

Criteria for globally important bird areas (Category A)

Category A1. Globally threatened species

The site is a globally important IBA if it regularly holds significant numbers of a *globally threatened species, or other species of global conservation concern* (Species of European Conservation Concern (SPEC)* category 1 and all Near-Threatened species).

Belarus hosts six species in this category:

Табліца 2. **Віды, якія знаходзяцца пад глабальнай пагрозай знікнення**
Table 2. **Species of global conservation concern**

Від / Species				Неабходная колькасць для выдзялення ТВП (пар) / Threshold level (pairs)
Aythya nyroca	Белавокі нырок	Белоглазый нырок	Ferruginous Duck	20
Haliaeetus albicilla	Арлан-белахвост	Орлан-белохвост	White-tailed Eagle	5
Aquilla clanga	Вялікі арлец	Большой подорлик	Greater Spotted Eagle	2
Crex crex	Драч	Коростель	Corncrake	20
Gallinago media	Дубальт	Дупель	Great Snipe	20
Acrocephalus paludicola	Вяртлявая чаротаўка	Вертлявая камышевка	Aquatic Warbler	10

Для захавання сусветных папуляцый вялікага арляца, дубальта і вяртлявай чаротаўкі тэрыторыя Беларусі мае асаблівае значэнне. Асноўная прычына таго, што гэтыя віды апынуліся пад пагрозай знікнення, — трансфармацыя гнездавых біятопаў у выніку асушальнай меліярацыі. Тэрыторыя Беларусі падтрымлівае каля 15% агульнаеўрапейскай папуляцыі вялікага арляца (150—200 пар), прычым большая частка птушак (100—150 пар) гняздуецца ў Палескім рэгіёне. Беларуская папуляцыя дубальта ацэньваецца прыблізна ў 5 тысяч пар, што складае 2,5% ад агульнаеўрапейскай і 38% ад заходнееўрапейскай папуляцый. У захаванні гэтага віду вызначальную ролю іграюць нізінныя балоты і пойменныя лугі Палесся. Вяртлявая чаротаўка гняздуецца толькі на нізінных балотах пэўнага тыпу. На палескіх балотах захавалася большая частка яе сусветнай папуляцыі (каля 60%).

The conservation of three of these globally threatened species depends primarily on Belarus. These are Greater Spotted Eagle, Great Snipe, and Aquatic Warbler. The main threat to these species is transformation of their main nesting habitats as a consequence of drainage. Belarus supports about 15% of the overall European population of the Greater Spotted Eagle (150—200 pairs) with most birds (100—150 pairs) breeding in the Polesie region. The Belarusian population of the Great Snipe is estimated to be about 5,000 pairs, which is 2.5% of the overall European population and 38% of the West-European population of this species. Preservation of these species depends mainly on the condition of fen mires and floodplain meadows of the Polesie. The Aquatic Warbler is breeding only on fen mires of a specific type. Polesian mires have retained the largest share of this bird's world population (about 60%).

Крытэрый А4. Тэрыторыя з'яўляецца ТВП міжнароднай значнасці, калі на ёй рэгулярна гняздуецца, зімуе альбо канцэнтруецца на міграцыі *больш за 1% еўрапейскай папуляцыі водна-балотных (i), наземных відаў птушак (ii), альбо 20 тысяч водна-балотных птушак аднаго ці некалькіх відаў (iii)*.

У *табліцы 3* прыведзены даныя аб некаторых відах, для якіх можна вылучыць тэрыторыі па крытэрыі ***А4***.

Category A4. Congregations

The site is a globally important IBA if it is known or thought to hold, on a regular basis, *more than 1% of European population of a congregatory waterbird (i) or terrestrial species (ii), or more than 20,000 waterbirds* of one or more species (iii).

Population thresholds for some congregatory bird species to identify IBAs according to ***A4*** criterion are shown in *Table 3.*

Крытэрыі для выдзялення ТВП рэгіянальнай значнасці (група В)

Крытэрыі В2 і В3. Тэрыторыя з'яўляецца ТВП рэгіянальнай значнасці, калі на ёй рэгулярна гняздуецца, зімуе альбо канцэнтруецца пасля гнездавання ці на міграцыях *больш за 1% агульнай колькасці віду ў Беларусі*. Ужываюцца для відаў, колькасць якіх змяншаецца, уразлівых альбо рэдкіх (2-ая ці 3-яя катэгорыя SPEC) — ***В2*** і для відаў са стабільнай колькасцю (4-ая катэгорыя SPEC) — ***В3***. У краіне можа быць вылучана абмежаваная колькасць ТВП па дадзеных крытэрыях.

Некаторыя віды, для якіх можна вылучыць ТВП па крытэрыях ***В2*** і ***В3,*** пералічаны ў *табліцы 4*.

Criteria for regionally important bird areas (Category B)

Categories B2 and B3. The site is an IBA of regional importance if it regularly holds breeding, wintering or on passage *more than 1% of the Belarusian population* of a species for which the site protection approach is thought to be appropriate. Category B2 is applied to regionally declining, vulnerable or rare species (SPEC 2, 3) and Category B3 to species with a favorable conservation status but concentrated in Europe (SPEC 4). The number of IBAs that a country may identify on the basis of these criteria is limited.

Population thresholds of some bird species identified as IBAs according to ***B2*** and ***B3*** criteria are shown in *Table 4.*

* Віды Еўрапейскага ахоўнага статусу (SPEC):
Катэгорыя 1. Віды, якія адносяцца да глабальна пагражаемых і залежаць ад мер ахо вы альбо па якіх недастаткова даных.
Катэгорыя 2. Віды, сусветная папуляцыя якіх сканцэнтравана ў Еўропе (больш за 50%) і якія маюць неспрыяльны статус (недастаткова даных, вузкалакалізаваныя, памяншаецца колькасць, рэдкія, уразлівыя, пагражаемыя).
Катэгорыя 3. Віды, сусветная папуляцыя якіх не сканцэнтравана ў Еўропе, але яны маюць неспрыяльны статус.
Катэгорыя 4. Віды, сусветная папуляцыя якіх сканцэнтравана ў Еўропе, але яны маюць спрыяльны статус (папуляцыя складае больш за 10 000 пар, альбо 40 000 зімуючых асобін, віды не лакалізаваны ў пэўных месцах і не схільны да значнага зніжэння колькасці).

* Species of European Conservation Concern (SPEC):
Category 1. Species of global coservation concern because they are classified as Globally Threatened, Conservation Dependent or Data Deficient in *Birds to Watch 2: the World List of Threatened Birds (Collar et a 1994).*
Category 2. Species whose global population is concentrated in Europe (more than 50%) and which have an Unfavorable Conservation Status in Europe.
Category 3. Species whose global population is not concentrated in Europe, but which have an Unfavorable Conservation Status in Europe.
Category 4. Species whose global population is concentrated in Europe (more than 50%) but which have a Favorable Conservation Status in Europe.

Табліца 3. **Некаторыя віды, для якіх можна вылучыць ТВП па крытэрыі А4**
Table 3. **Popullation threshold for some bird species to identify IBAs according to A4 criterion**

Від / Species				1% Еўрапейскай папуляцыі / 1% of European population	
				На гнездаванні (пар) breeding (pairs)	На зімоўцы і на міграцыі (асобін) wintering and on passage (ind.)
Botaurus stellaris	Чапля-бугай	Большая выпь	Bittern	200	-
Phalacrocorax carbo	Вялікі баклан	Большой баклан	Cormorant	2000	2000
Egretta alba	Вялікая белая чапля	Большая белая цапля	Great White Egret	140	-
Ciconia nigra	Чорны бусел	Черный аист	Black Stork	63	250
Ciconia ciconia	Белы бусел	Белый аист	White Stork	1200	4000
Anser fabalis	Гусь-гуменніца	Гуменник	Bean Goose	830	3000
Anser albifrons	Белалобая гусь	Белолобый гусь	White-fronted Goose	520	1000
Anser anser	Шэрая гусь	Серый гусь	Greylag Goose	670	2000
Anas strepera	Качка-неразня	Серая утка	Gadwall	700	1000
Anas querquedula	Качка-чырка	Чирок-трескунок	Garganey	6500	20 000
Grus grus	Шэры журавель	Серый журавль	Crane	520	600

Табліца 4. **Некаторыя віды, для якіх можна вылучыць ТВП па крытэрыях *B2* і *B3***
Table 4. **Popullation threshold for some bird species to identify IBAs according to *B2* and *B3* criteria**

Від / Species				Катэгорыя SPEC / SPEC category	1% нацыянальнай папуляцыі (пар) / 1% of national population (pairs)	Максімальная колькасць ТВП, якую можна вылучыць у Беларусі / Maximum number of IBAs that could be identified in Belarus
Botaurus stellaris	Чапля-бугай	Большая выпь	Bittern	3	10	5
Ciconia nigra	Чорны бусел	Черный аист	Black Stork	3	10	10
Ciconia ciconia	Белы бусел	Белый аист	White Stork	2	105	10
Anas strepera	Качка-неразня	Серая утка	Gadwall	3	10	5
Anas querquedula	Качка-чырка	Чирок-трескунок	Garganey	3	350	5
Pernis apivorus	Звычайны асаед	Обыкновенный осоед	Honey Buzzard	4	10	5
Circaetus gallicus	Арол-вужаед	Змееяд	Short-toed Eagle	3	4	10
Circus cyaneus	Палявы лунь	Полевой лунь	Hen Harrier	3	3	5
Circus pygargus	Поплаўны лунь	Луговой лунь	Montagu's Harrier	4	6	5
Aquila pomarina	Малы арлец	Малый подорлик	Lesser Spotted Eagle	3	30	40
Aquila chrysaetos	Арол-маркут	Беркут	Golden Eagle	3	0,5	5
Pandion haliaetus	Скапа	Скопа	Osprey	3	1	5
Tetrao tetrix	Цецярук	Тетерев	Black Grouse	3	150	5
Grus grus	Шэры журавель	Серый журавль	Crane	3	8	5
Larus minutus	Малая чайка	Малая чайка	Little Gull	3	10	5
Sterna albifrons	Малая крычка	Малая крачка	Little Tern	3	9	5
Chlidonias niger	Чорная рыбачка	Черная крачка	Black Tern	3	60	10
Bubo bubo	Пугач	Филин	Eagle Owl	3	2	5
Strix aluco	Шэрая кугакаўка	Серая неясыть	Tawny Owl	4	85	5
Asio flammeus	Балотная сава	Болотная сова	Short-eared Owl	3	5	5
Alcedo atthis	Звычайны зімародак	Обыкновенный зимородок	Kingfisher	3	30	10
Riparia riparia	Ластаўка-зямлянка	Береговая ласточка	Sand Martin	3	2000	10

РАМСАРСКІЯ ЎГОДДЗІ

Рамсарская канвенцыя была распрацавана па ініцыятыве Міжнароднага бюро па вывучэнні водна-балотных угоддзяў і вадаплаўных птушак. Яна была падпісана 2 лютага 1971 года ў іранскім горадзе Рамсар і атрымала афіцыйную назву "Канвенцыя аб водна-балотных угоддзях, якія маюць міжнароднае значэнне, галоўным чынам, у якасці месцапражыванняў вадаплаўных птушак". Гэта канвенцыя стала першым міжнародным пагадненнем аб ахове і рацыянальным выкарыстоўванні прыродных рэсурсаў.

Назва дагавора адлюстроўвае першапачаткова зроблены акцэнт на ахову і разумнае выкарыстанне водна-балотных угоддзяў, у асноўным з мэтай захавання месцаў пражывання птушак. З цягам часу канвенцыя пашырыла сферу сваёй дзейнасці і ахапіла ўсе аспекты аховы і выкарыстоўвання водна-балотных угоддзяў, выдзяляючы іх у якасці экасістэм, якія маюць надзвычайную важнасць для захавання біяразнастайнасці і падтрымання дастатку ўсяго чалавецтва.

Дагавор уступіў у сілу ў 1975 годзе, да студзеня 2001 года налічвалася ўжо 117 краін, якія падтрымалі пагадненне, а ў Спіс угоддзяў міжнароднага значэння (Рамсарскіх угоддзяў), створаны ў межах канвенцыі, было занесена 1011 тэрыторый. Інфармацыя аб стане гэтых аб'ектаў утрымліваецца ў базе даных і ўвесь час абнаўляецца. Адной з асноўных умоў далучэння да Рамсарскай канвенцыі з'яўляецца аб'яўленне ўрадам краіны па меншай меры аднаго Рамсарскага ўгоддзя на сваёй тэрыторыі.

Беларусь далучылася да Рамсарскай канвенцыі ў канцы 1999 года. Першым Рамсарскім угоддзем на тэрыторыі нашай краіны стаў заказнік "Спораўскі", крыху пазней да яго былі далучаны заказнікі "Сярэдняя Прыпяць" і "Альманскія балоты". У 2002 годзе ўрад Беларусі накіраваў у бюро канвенцыі апісанні яшчэ трох патэнцыяльных Рамсарскіх тэрыторый. Гэта найбольш значныя водна-балотныя ўгоддзі Беларусі — заказнікі рэспубліканскага значэння "Ельня", "Асвейскі" і "Званец".

Вылучэнне Рамсарскіх тэрыторый ажыццяўляецца на аснове спецыяльна распрацаваных крытэрыяў:

Крытэрыі групы А

Тэрыторыі, якія ўяўляюць сабой характэрныя, рэдкія альбо незвычайныя тыпы водна-балотных угоддзяў.

Крытэрый 1. Водна-балотнае ўгоддзе мае міжнароднае значэнне, калі яно ўяўляе сабой прыклад натуральнага альбо блізкага да натуральнага ВБУ, характэрнага, рэдкага альбо незвычайнага тыпу для адпаведнага біягеаграфічнага рэгіёна.

Крытэрыі групы В

Тэрыторыі міжнароднага значэння для захавання біялагічнай разнастайнасці.

RAMSAR SITES

The Convention on Wetlands of International Importance Especially as Waterfowl Habitat was initiated by the International Bureau on Study of Wetlands and Waterfowl. This intergovernmental treaty, adopted on 2 February 1971 in the Iranian city of Ramsar (hence known as the Ramsar Convention), was the first global agreement on the conservation and rational use of natural resources.

Initially, the treaty focused primarily on the conservation of wetlands and related waterbirds. This role has expanded and the Convention has grown into a powerful tool for the protection and wise use of wetlands and related ecosystems, biodiversity conservation and maintenance of sustainable livelihoods for people.

The treaty entered into force in 1975 and now has 117 contracting parties. 1,011 wetlands have been designated for inclusion in the List of Wetlands of International Importance (so-called Ramsar sites). Information on Ramsar sites is kept in a centralized database and is updated regularly. One of the key requirements for a country to join the Ramsar Convention is for it to designate at least one wetland as a Ramsar site.

Belarus joined the Ramsar Convention in 1999 declaring Sporovski zakaznik as its first national Ramsar site. Ramsar designation was subsequently granted to Mid-Pripyat zakaznik and Olmany mires. In 2002 the Belarus Government submitted to the Ramsar Convention descriptions of three more potential Ramsar sites, requesting their designation. These are Yelnia, Osveiski and Zvanets zakazniks.

The identification and designation of Ramsar sites is performed on the basis of special Ramsar criteria.

A wetland is identified as being of international importance if it meets at least one of the following criteria:

Group A of the Criteria

Sites containing representative, rare or unique wetland types.

Criterion 1. A wetland should be considered internationally important if it contains a representative, rare, or unique example of a natural or near-natural wetland type found within the appropriate biogeographic region.

Group B of the Criteria

Sites of international importance for conserving biological diversity.

Criteria based on species and ecological communities

Criterion 2. A wetland should be considered internationally important if it supports vulnerable, endangered, or critically endangered species or threatened ecological communities.

Criterion 3. A wetland should be considered internationally important if it supports populations

Крытэрыі, заснаваныя на відах і экалагічных супольнасцях

Крытэрый 2. Водна-балотнае ўгоддзе мае міжнароднае значэнне, калі яно падтрымлівае ўразлівыя віды; віды, якія знаходзяцца пад пагрозай і крытычнай пагрозай; а таксама экалагічныя згуртаванні, якія знаходзяцца пад пагрозай знікнення.

Крытэрый 3. Водна-балотнае ўгоддзе мае міжнароднае значэнне, калі яно падтрымлівае папуляцыі відаў жывёл і раслін, важныя для захавання біялагічнай разнастайнасці асобнага біягеаграфічнага рэгіёна.

Крытэрый 4. Водна-балотнае ўгоддзе мае міжнароднае значэнне, калі яно падтрымлівае віды жывёл і раслін на крытычнай стадыі іх біялагічнага цыкла альбо з'яўляецца для іх прыстанішчам пры неспрыяльных умовах.

Спецыфічныя крытэрыі, заснаваныя на вадаплаўных птушках

Крытэрый 5. Водна-балотнае ўгоддзе мае міжнароднае значэнне, калі яно рэгулярна падтрымлівае не менш за 20 000 вадаплаўных птушак.

Крытэрый 6. Водна-балотнае ўгоддзе мае міжнароднае значэнне, калі яно рэгулярна падтрымлівае 1% папуляцыі пэўнага віду альбо падвіду вадаплаўных птушак.

Спецыфічныя крытэрыі, заснаваныя на рыбах

Крытэрый 7. Водна-балотнае ўгоддзе мае міжнароднае значэнне, калі яно падтрымлівае значную частку абарыгеннага падвіду, віду альбо сямейства рыб; пэўную стадыю/стадыі іх жыццёвага цыкла, узаемадзеянне відаў і/альбо папуляцый, якія з'яўляюцца індыкатарамі каштоўнасці і/альбо прадуктыўнасці ВБУ і маюць значэнне для захавання біяразнастайнасці.

Крытэрый 8. Водна-балотнае ўгоддзе мае міжнароднае значэнне, калі яно з'яўляецца важнай крыніцай корму для рыб, месцам іх нерасту, росту моладзі і/альбо міграцыйным шляхам, ад якога залежаць гэтыя віды.

of plant and/or animal species important for maintaining the biological diversity of a particular biogeographic region.

Criterion 4. A wetland should be considered internationally important if it supports plant and/or animal species at a critical stage in their life cycles, or provides refuge during adverse conditions.

Specific criteria based on waterbirds

Criterion 5. A wetland should be considered internationally important if it regularly supports 20,000 or more waterbirds.

Criterion 6. A wetland should be considered internationally important if it regularly supports 1% of the individuals in a population of one species or subspecies of waterbird.

Specific criteria based on fish

Criterion 7. A wetland should be considered internationally important if it supports a significant proportion of indigenous fish subspecies, species or families, life-history stages, species interactions and/or populations that are representative of wetland benefits and/or values and thereby contributes to global biological diversity.

Criterion 8. A wetland should be considered internationally important if it is an important source of food for fishes, spawning ground, nursery and/or migration path on which fish stocks, either within the wetland or elsewhere, depend.

СЯРЭДНЯЯ ПРЫПЯЦЬ

Пойма Прыпяці — важнейшы шлях міграцыі баталёнаў і іншых водна-балотных птушак. *Фота: А.Казулін*

The Pripyat river floodplain is an important migrating route of Ruff and other water birds. *Photo: A.Kozulin*

Сімвал пойменных лугоў — вялікі грыцук. *Фота: І.Бышнёў*

Black-tailed Godwit is the symbol of floodplain meadows. *Photo: I.Byshniov*

Месцазнаходжанне: Брэсцкая вобласць, Столінскі, Лунінецкі, Пінскі раёны; Гомельская вобласць, Жыткавіцкі раён
Каардынаты: 52°15 N 27°00 E
Плошча: 90 447 гектараў
Нацыянальны статус аховы: ландшафтны заказнік рэспубліканскага значэння "Сярэдняя Прыпяць", створаны ў 1999 годзе
Міжнародны статус аховы: ТВП утворана ў 1998 годзе (код BY 017, крытэрыі A1, A4, B1, B2, B3). Рамсарскае ўгоддзе заснавана ў 2001 годзе (крытэрыі 1, 2, 5, 6, 8)

Location: Brest Region: Stolin, Luninets, Pinsk Districts; Gomel Region: Zhitkovichi District
Coordinates: 52°15 N 27°00 E
Area: 90,447 ha
National Conservation Status:
A Mid-Pripyat National Landscape zakaznik was established in 1999
International Conservation Status: An IBA was established in 1998 (code BY 017, criteria A1, A4, B1, B2, B3).
The area was designated with Ramsar site status in 2001 (criteria 1, 2, 5, 6, 8)

Ясельда
Ясельда
Прыпяць
Стыр

Сярэдняя Прыпяць — гэта буйнейшы ў Еўропе ўчастак рачной поймы, які захаваўся ў натуральным стане. Заказнік створаны ў сярэдняй плыні галоўнай воднай артэрыі Палесся — ракі Прыпяць (ад вусця Ясельды да вусця Сцвігі). Працягласць участка каля 120 кіламетраў, шырыня вар'іруе ад 4 да 14 кіламетраў.

Плошчы, занятыя натуральнай расліннасцю, складаюць каля 92% тэрыторыі. Каштоўнасць заказніка заключаецца ў захаванасці не-

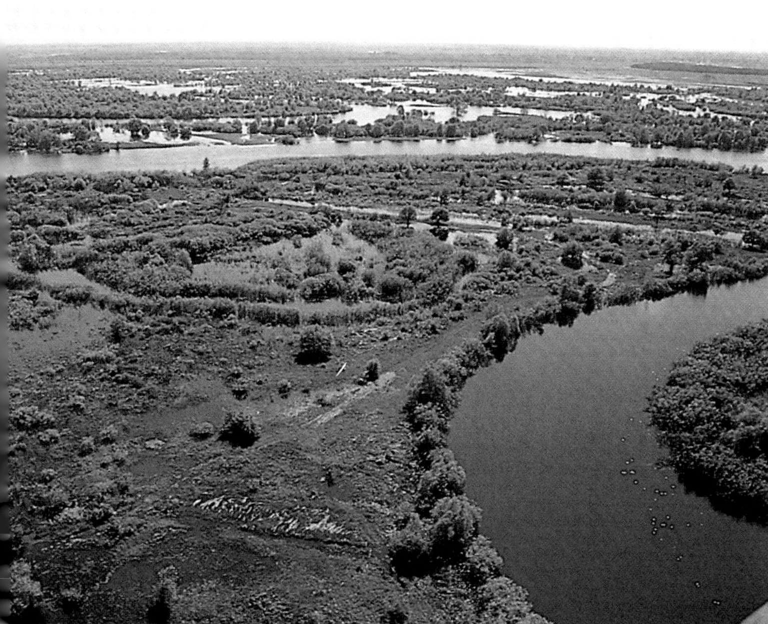

Веснавая паводка ў пойме. *Фота: А.Казулін*

Spring flood in the river valley. *Photo: A.Kozulin*

кранутых пойменных лясоў і лугоў. Сярод лясоў пераважаюць дубравы і чорнаалешнікі з тыповай для Палесся флорай і фаунай. Заліўныя лугі поймы Прыпяці могуць служыць эталонам натуральных лугоў Палесся. У заказніку прадстаўлены ўсе тыпы лугоў: ад вельмі забалочаных да сухіх, блізкіх па структуры да стэпаў. Захаваліся ў пойме і тыповыя нізінныя балоты, біятопы, якія знаходзяцца ў Еўропе пад пагрозай знікнення. Асабліва вялікія балоты сканцэнтраваны ў вусцях прытокаў Прыпяці: рэк Ясельда і Стыр. З іншых біятопаў, якія заслугоўваюць увагі, трэба адзначыць вялікую колькасць прыгажэйшых пойменных азёр і старыц і, безумоўна, рэчышча самой Прыпяці. У даліне гэтай ракі сканцэнтраваны самыя вялікія плошчы натуральных алювіяльных ландшафтаў не толькі на тэрыторыі Беларусі, але і ўсёй Еўропы.

Прыпяць і яе прытокі належаць да раўніннага тыпу рэк і характарызуюцца параўнальна невысокай і распрасцёртай веснавой паводкай, нізкай летняй межанню, якая амаль штогод парушаецца навадненнямі. Працягласць паводак вар'іруе ад 40—45 дзён на малых рэках да 3,5—4 месяцаў

...прыпяцкіх балотах ...чэ сустракаецца ...отлявая чаротаўка — ..., які знаходзіцца на ...жы знікнення. ...ота: А.Казулін*

...e now globally disap...aring Aquatic Warbler ...n still be encountered in ...Pripyat mires. ...oto: A.Kozulin*

The site is the largest floodplain tract of the main waterway of the Polesie region, i.e. the Pripyat river. The site is located between the mouths of the Yaselda and the Stviga rivers, and has preserved its naturalness well. The IBA is about 120 km long and 4–14 km wide.

Natural vegetation covers about 92% of the IBA. The site is very important for its primeval floodplain forests and meadows. Oak and black alder forests bearing typical Polesian flora and fauna dominate. The floodplain meadows of Mid-Pripyat are a model of typical natural Polesian meadows. The full assemblage of meadows is found on the site, from extremely waterlogged to steppe-type. The site has also retained a large share of a once widely spread European habitat – fen floodplain mires. The largest fens are located in the mouths of the Pripyat's tributaries, the Yaselda and Styr rivers. The IBA is also famous for its picturesque lakes and oxbows, and for the channel of the Pripyat itself. The river valley hosts the largest alluvial landscape in Belarus and Europe.

The Pripyat and its tributaries belong to the flatland river type with a relatively low-level and large-scale spring flood, followed by a short period of no flooding in summer, which almost every year is interrupted by floods. The flood period varies from 40-45 days on small rivers to 3.5-4 months on the Pripyat. The average water rise in spring is 3.5-4.5 m. Water level rises during rain (as compared to that during normal annual floods) are irregular and in some instances exceed spring floods. Rainfall and normal floods can inundate the whole floodplain including dwellings, public and administrative buildings, and communication facilities.

The site is used for hay-making and cattle pasturing (14% of the territory), forestry, shipping, hunting and fishing. One of the traditional economic activities still practiced in the Pripyat floodplain is apiculture.

Throughout the history of scientific research in the Mid-Pripyat Reserve, 182 bird species, including 155 breeding species, have been recorded. 52 National Red Data Book species are registered in the area, of which 39 breed here. The Pripyat floodplain hosts constant and large populations of the following globally threatened species: Aquatic Warbler *Acrocephalus paludicola*, Greater Spotted Eagle *Aquila clanga*, Corncrake *Crex crex*, Great Snipe *Gallinago media*, Ferruginous Duck *Aythya nyroca*, and Lesser White-fronted Goose *Anser erythropus*.

A considerable part of the European population of Bittern *Botaurus stellaris* breeds here (100 males). For 27 bird species, the area supports more than 1% of their national populations. The floodplain of the Pripyat river has a special international value for several waterfowl species during their spring migration. The overall number of geese that migrate along the Pripyat floodplain is estimated at 50,000 individuals. The figure for Wigeon *Anas penelope* is estimated to be 20,000 birds.

Прыпяць
Гарынь
Лань
Прыпяць
Случ
Тураў
Прыпяць

на Прыпяці. Сярэдняя вышыня веснавой паводкі над ніжэйшым летнім узроўнем складае 3,5—4,5 метра. Пад'ёмы ўзроўняў вады ў перыяд дажджоў, у адрозненне ад веснавых паводак, узнікаюць нерэгулярна і часам перавышаюць іх. У час паводак і навадненняў вада затапляе пойму разам з населенымі пунктамі, грамадскімі збудаваннямі і камунікацыямі.

Пойменныя землі выкарыстоўваюцца ў асноўным для сенакашэння і выпасу жывёлы (14%

Eleven plant species listed in the National Red Data Book can be found. These include very rare, formerly unknown to be occurring in the Polesie region, such as Three-toothed Saxifrage *Saxifraga tridactilis*, Fen Violet *Viola stagnina*, and Small-flowered Bittercress *Cardamine parviflora*.

The Pripyat floodplain supports considerable populations of several mammal species. It hosts the largest Belarusian breeding centres of Beaver *Castor fiber*, Otter *Lutra lutra*, Water Vole *Arvicola*

Жыхар парослых хмызнякамі лугоў — кралька. *Фота: С.Зуёнак, Б.Ямінскі*

Bluethroat, the inhabitant of shrubby meadows. *Photo: S.Zuenok, B.Yaminski*

Від / Species				Ацэнка колькасці, пар / Population estimates, pairs	Крытэрый ТВП / IBA Criteria
Ciconia nigra	Чорны бусел	Черный аист	Black Stork	50—70	A4i, B1i
Ciconia ciconia	Белы бусел	Белый аист	White Stork	300—500	B2
Anser fabalis	Гусь-гуменніца	Гуменник	Bean Goose	2000—10 000 асобін на міграцыі birds on migration	A4i, B1i
Anser albifrons	Белалобая гусь	Белолобый гусь	White-fronted Goose	10 000—30 000 асобін на міграцыі birds on migration	A4i, B1i
Anser erythropus	Гусь-піскулька	Пискулька	Lesser White-fronted Goose	50—250 асобін на міграцыі birds on migration	B1i
Anser anser	Шэрая гусь	Серый гусь	Greylag Goose	200—500 асобін на міграцыі birds on migration	B1i
Anas penelope	Качка-свіцьва	Свиязь	Wigeon	10 000—20 000 асобін на міграцыі birds on migration	A4i, B1i
Anas strepera	Качка-неразня	Серая утка	Gadwall	600—800	A4i, B1i
Anas platyrhynchos	Качка-крыжанка	Кряква	Mallard	10 000—15 000	B1i
Anas querquedula	Качка-чырка	Чирок-трескунок	Garganey	6000—10 500	A4i, B1i
Aythya ferina	Нырок-сівак	Красноголовый нырок	Pochard	1500—2000	B1i
Aythya nyroca	Белавокі нырок	Белоглазый нырок	Ferruginous Duck	50—150	A1
Circus pygargus	Поплаўны лунь	Луговой лунь	Montagu's Harrier	50	B3
Aquila clanga	Вялікі арлец	Большой подорлик	Greater Spotted Eagle	13—20	A1
Porzana porzana	Звычайны пагоніч	Погоныш	Spotted Crake	700 самцоў males	B3
Porzana parva	Малы пагоніч	Малый погоныш	Little Crake	300 самцоў males	Б3
Crex crex	Драч	Коростель	Corncrake	500—2000 самцоў males	A1
Gallinago media	Дубальт	Дупель	Great Snipe	1000 самцоў males	A1
Limosa limosa	Вялікі грыцук	Большой веретенник	Black-tailed Godwit	500—1000	B2
Tringa totanus	Кулік-случок	Травник	Redshank	1000	A4i, B1i
Larus minutus	Малая чайка	Малая чайка	Little Gull	50—100	B2
Sterna albifrons	Малая крычка	Малая крачка	Little Tern	150—250	B1i, B2
Chlidonias niger	Чорная рыбачка	Черная крачка	Tern	500—1000	A4i, B1i
Chlidonias leucopterus	Белакрылая рыбачка	Белокрылая крачка	White-winged Black Tern	3000—7000	A4i, B1i
Bubo bubo	Пугач	Филин	Eagle Owl	10—20	B2
Strix aluco	Шэрая кугакаўка	Серая неясыть	Tawny Owl	300	B3
Asio flammeus	Балотная сава	Болотная сова	Short-eared Owl	30—60	B2
Coracias garrulus	Сіні сіваграк	Сизоворонка	Roller	30	B2
Picus viridis	Зялёная жаўна	Зеленый дятел	Green Woodpecker	100	B2
Riparia riparia	Ластаўка-зямлянка	Береговая ласточка	Sand Martin	20 000—30 000	B1i, B2
Acrocephalus paludicola	Вяртлявая чаротаўка	Вертлявая камышевка	Aquatic Warbler	150—400 самцоў males	A1

Веснавымі вечарамі ўс заглушаюцца канцэрт квакшы — адзінай з на жаб, якая жыве на дрэ *Фота: І.Бышнёў*

Evenings in spring are famous for concerts of tree frogs. *Photo: I.Byshniov*

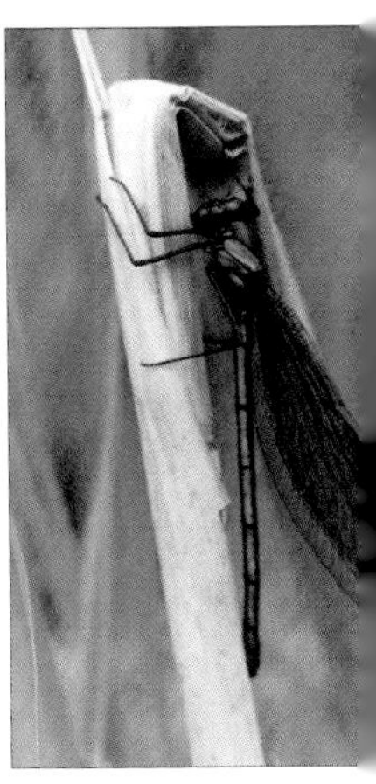

Разнастайнасць страк асабліва вялікая ў пой Прыгажуня бліскучая. *Фота: І.Бышнёў*

Numerous dragonfly sp are found in the floodpl Colopteryx splendens. *Photo: I.Byshniov*

тэрыторыі), лясной гаспадаркі, палявання і рыбалоўства. У пойме Прыпяці да цяперашняга часу захаваўся такі традыцыйны від дзейнасці, як бортніцтва. Акваторыя ракі выкарыстоўваецца для суднаходства.

За ўвесь перыяд назіранняў у пойме сярэдняй плыні ракі Прыпяць адзначана 182 віды птушак, 52 з якіх занесены ў Чырвоную кнігу Беларусі. На гнездаванні зарэгістравана 155 відаў, 39 з якіх ахоўваюцца. Пойма ракі Прыпяць мае міжнароднае значэнне для захавання шэрага відаў, якія знаходзяцца пад глабальнай пагрозай знікнення: вяртлявай чаротаўкі *Acrocephalus paludicola*, вялікага арляца *Aquila clanga*, драча *Crex crex*, дубальта *Gallinago media*, белавокага

terrestris, and Foumart *Mustela putorius*. The swampy forests and shrub stands are concentration grounds for Elk *Alces alces* and Wild Boar *Sus scrofa*.

The Mid Pripyat has favorable conditions for various amphibians and reptiles (16 species), including the rare Fresh-water Turtle *Emys orbicularis*, Running Toad *Bufo calamita*, and Tree Frog *Hyla arborea*. The Pripyat is one of the main fishing rivers in Belarus. 37 fish species are known to occur in the river and its floodplain waters. Balon's Pope *Gymnocephalus baloni* was first found here in 1974: before that the species was considered to breed only in the Danube catchment. The river is also important for Sheat-fish *Silurus glanis*.

нырка *Aythya nyroca* і гусі-піскулькі *Anser erythropus*.

Акрамя таго, у пойме Сярэдней Прыпяці гняздуецца значная частка еўрапейскай папуляцыі чаплі-бугая *Botaurus stellaris* (100 самцоў) і больш за 1% беларускіх папуляцый 27 відаў птушак. Пойма Прыпяці мае міжнароднае значэнне для шэрага водна-балотных відаў птушак і ў перыяд веснавой міграцыі. Агульная колькасць мігрыруючых уздоўж Прыпяці гусей складае, па

Threats

Disturbances in the hydrological regime

Most of the problems pertaining to Mid-Pripyat have been brought about by extensive drainage of wetlands, embankment and canalization of the Pripyat and its tributaries to guard against floods. Narrowing of the floodplain and the elevated water level resulted in the loss of valuable habitats, over-wetting of forests, shrinking of fish spawning grounds, and changes in the flora and fauna.

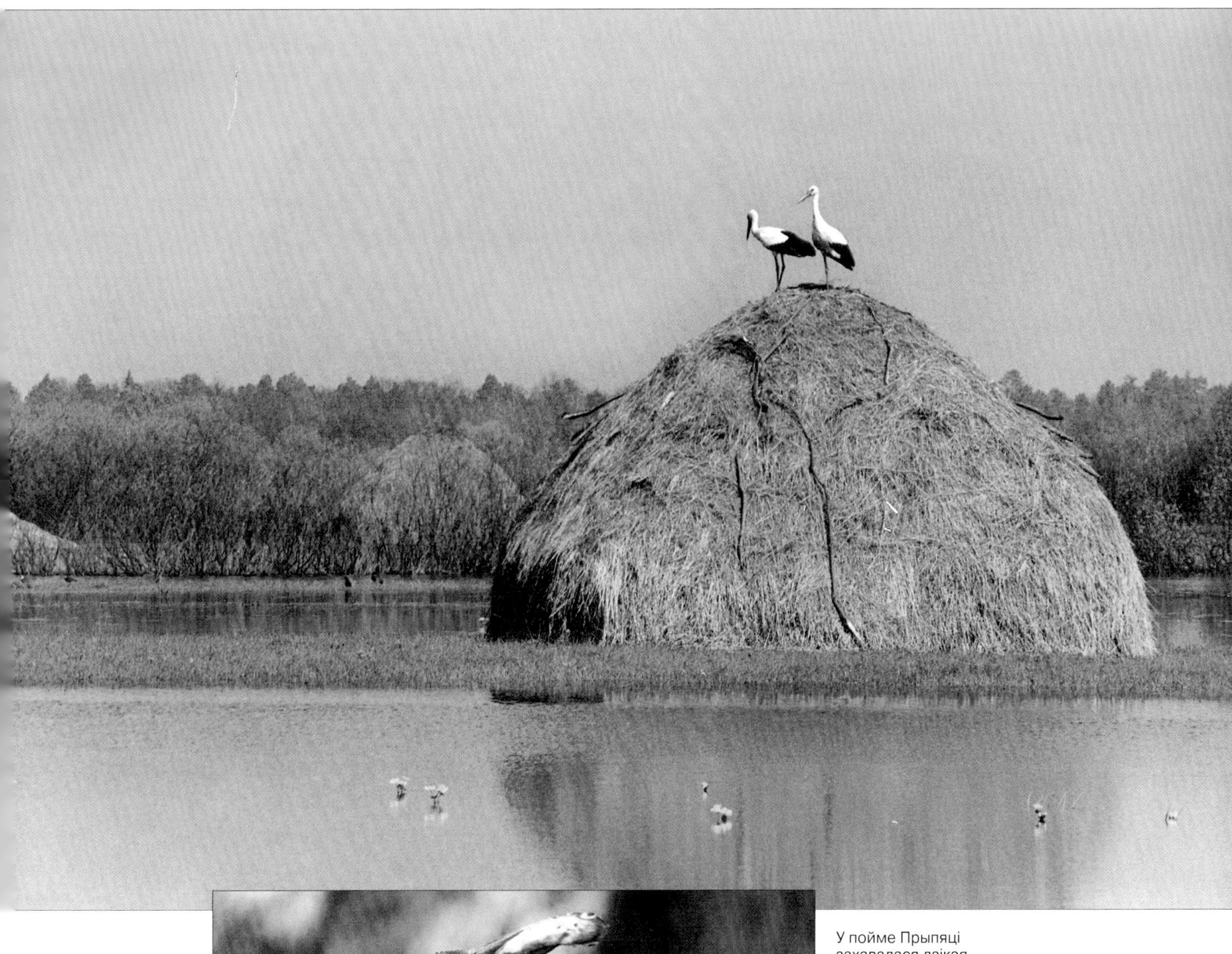

У пойме Прыпяці захавалася дзікая папуляцыя белага бусла. *Фота: А.Казулін*

The Pripyat floodplain hosts a wild population of White Stork. *Photo: A.Kozulin*

Для прафесійнага рыбалова-зімародка звычайнага Прыпяць — ідэальнае месца жыхарства. *Фота: І.Бышнёў*

For Kingfisher, a professional fish-catcher, the Pripyat is an ideal dwelling place. *Photo: I.Byshniov*

папярэдніх падліках, каля 50 тысяч асобін, качак-свіцьваў *Anas penelope* — каля 20 тысяч.

У межах заказніка выяўлена 11 відаў раслін, якія занесены ў Чырвоную кнігу, а таксама шэраг унікальных, раней невядомых для Прыпяцкага рэгіёна, відаў. Да такіх знаходак можна аднесці каменяломнік трохпальцавы *Saxifraga tridactilis*, фіялку сажалкавую *Viola stagnina*, буйміну мелкакветкавую *Cardamine parviflora*.

Пойма Прыпяці мае вялікае значэнне для

Burning of vegetation has serious consequences for vegetation and animals, especially in years with no floods.

Forest cutting without account of their value for biodiversity is a serious threat.

Overgrazing. Natural vegetation communities on numerous parts of the floodplain suffer from pasture digression resulting from overgrazing. This leads to changes in the vegetation structure of meadows, and the destruction of young forest undergrowth.

Вялікая белая чапля гняздуецца ў Беларусі толькі ў пойме Прыпяці. *Фота: С.Плыткевіч*

In Belarus Great Egret is breeding only in the Pripyat floodplain. *Photo: S.Plytkevich*

Бакас — адзін з самых шматлікіх кулікоў поймы. *Фота: В.Юрко*

Snipe is one of the most numerous waders in the floodplain. *Photo: V.Jurko*

Дубальт, від, які знікае ў Еўропе, пакуль яшчэ звычайны ў пойме Прыпяці. *Фота: В.Юрко*

The Europe's disappearing species, Great Snipe, is still quite common in the floodplain. *Photo: V.Jurko*

Гняздуецца тут і вялікі зуёк. *Фота: І. Бышнёў*

Ringed Plover breeds here as well. *Photo: I. Byshnev*

На славутым Тураўскім лузе гняздуюцца тундравыя віды кулікоў. Найбольш вядомы сярод іх кулік-марадунка. *Фота: С.Зуёнак, Б.Ямінскі*

The famous Turov meadow hosts breeding populations of tundra waders, the most known of which are Terek Sandpiper. *Photo: S.Zuenok, B.Yaminski*

падтрымання папуляцый каляводных відаў млекакормячых. Тут знаходзяцца буйнейшыя ў Беларусі рэпрадуктыўныя цэнтры бабра *Castor fiber*, выдры *Lutra lutra*, вадзяной палёўкі *Arvicola terrestris*, лясного тхара *Mustela putorius*. Забалочаныя лясы і хмызнякі з'яўляюцца для рэгіёна асноўным месцам канцэнтрацыі лася *Alces alces* і дзіка *Sus scrofa*.

Спрыяе гэты ўчастак поймы і для пражывання шматлікіх (16 відаў) земнаводных і паўзу-

Changes in traditional economic activities
The cessation of hand hay-making has been widely observed on the site for the last several years. As a result, open floodplain meadows and fens have become rapidly overgrown with willow shrubs.

Water pollution. The main pollution sources in the Pripyat catchment are heat-producing, wood-processing, paper-production, light and food enterprises, as well as agriculture (arable farming, cattle breeding) and municipal economic activities.

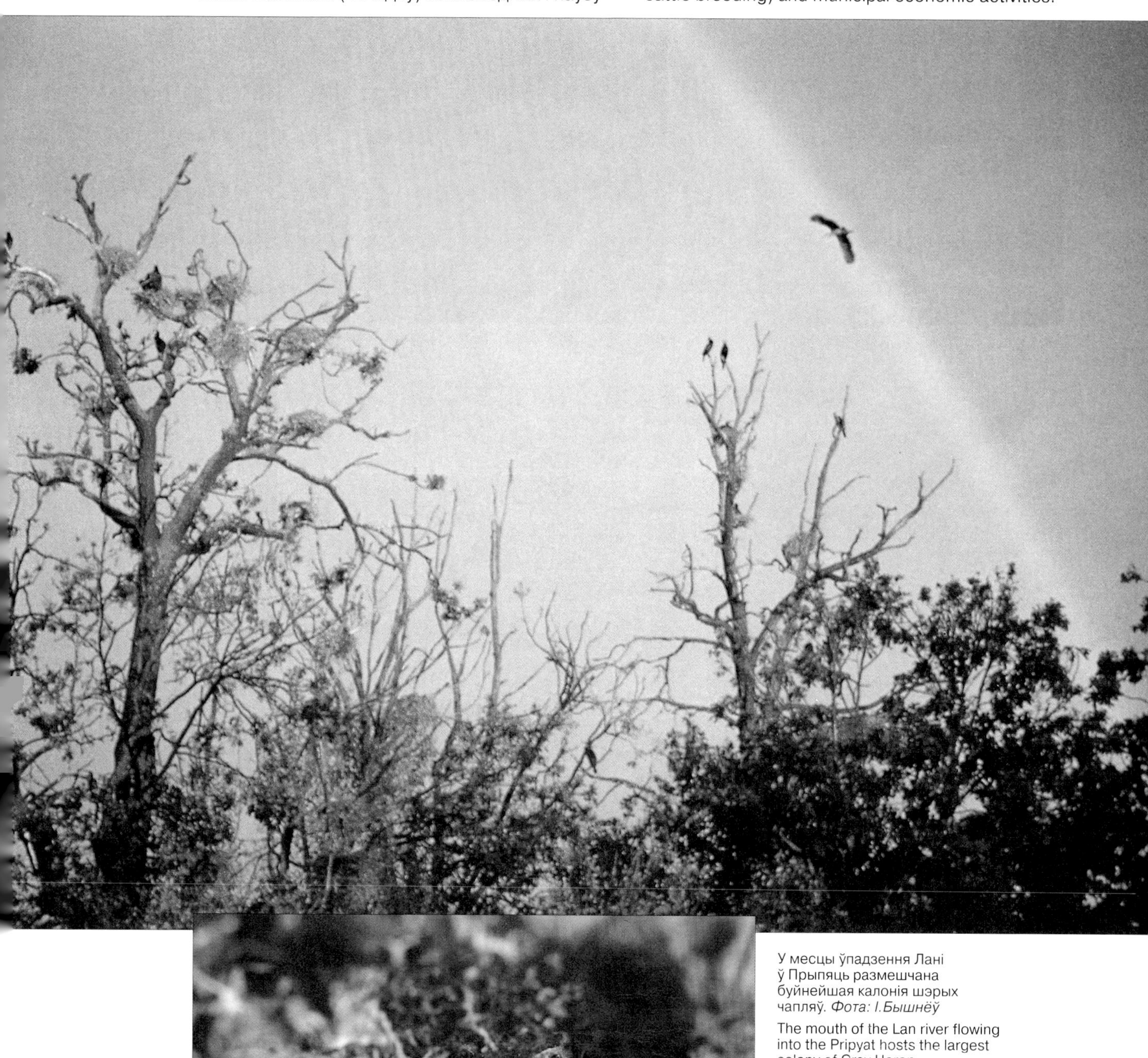

У месцы ўпадзення Лані ў Прыпяць размешчана буйнейшая калонія шэрых чапляў. *Фота: І.Бышнёў*

The mouth of the Lan river flowing into the Pripyat hosts the largest colony of Grey Heron. *Photo: I.Byshniov*

Чаротная рапуха занесена ў Чырвоную кнігу Беларусі. *Фота: І.Бышнёў*

Running Toad is listed in the National Red Data Book of Belarus. *Photo: I.Byshniov*

ноў. Сярод іх адзначаны і рэдкія для Беларусі: балотная чарапаха *Emys orbicularis*, чаротная рапуха *Bufo calamita*, звычайная квакша *Hyla arborea*.

Прыпяць з'яўляецца адной з асноўных рыбапрамысловых рэк Беларусі. У ёй і ў пойменных вадаёмах сустракаецца 37 відаў рыб. На тэрыторыі заказніка ў 1974 годзе ўпершыню ў Беларусі быў знойдзены ёрш Балона *Gymnocephalus baloni*, від, які дагэтуль лічыўся дунайскім

Almost all indicators of water quality have declined considerably.

Proposed conservation measures

To resolve the above problems the IBA requires a management plan and a separate management unit.

Information on the contemporary status of flora and fauna was provided by: *Dombrovski V.Ch., Kozulin A.V., Kunitski D.F., Mongin E.A., Moroz M.D., Nikiforov M.E., Pinchuk P.V., Samusenko I.E., Skuratovich A.N., Stepanovich J.M., Yaminski B.V., Zuenok S.V.*

Дзякуючы капрызам моды колькасць баброў стала павялічвацца. *Фота: І.Бышнёў*

The number of the European Beaver has been increasing recently. *Photo: I.Byshniov*

Інтрадукцыя амерыканскай норкі стварыла шмат праблем для абарыгенных відаў. *Фота: В.Сідаровіч*

Introduction of American Mink entailed many problems for indigenous species. *Photo: V.Sidorovich*

Рэдкі ў Беларусі від — белашчокая рыбачка. *Фота: С.Зуёнак, Б.Ямінскі*

Whiskered Tern: a species rare in Belarus. *Photo:* S.Zuenok, B.Yaminski

Балотная сава — пакуль яшчэ звычайны від у пойме Прыпяці. Аднак асушэнне балот прыводзіць да змяншэння яе колькасці. *Фота: І.Бышнёў*

Short-eared Owl is still common in the Pripyat floodplain. Drainage of mires resulted in a decline in its populations. *Photo: I.Byshniov*

Кулік-паручайнік — адзін з найбольш рэдкіх кулікоў у пойме. *Фота: А.Казулін*

Marsh-Sandpiper is one of the rarest waders in the floodplain. *Photo: A.Kozulin*

Тураўскі луг — адна з нямногіх мясцін, дзе штогод гняздуецца качка-шылахвостка. *Фота: І.Бышнёў*

The Turov meadow is one of the few regular breeding grounds of Pintail. *Photo: I.Byshniov*

эндэмікам. Рака Прыпяць іграе важную ролю для захавання запасаў сома *Silurus glanis*.

Неспрыяльныя фактары

Парушэнні гідралагічнага рэжыму. Большасць праблем заказніка "Сярэдняя Прыпяць" вызвана асушэннем значнай часткі балот на тэрыторыі вадазбору Прыпяці і звужэннем поймы ў выніку яе абвалавання для папярэджання навадненняў. Звужэнне поймы і павышэнне ўзроўню выражаецца ў змяненні складу расліннасці лугоў, знішчэнні падросту ў лясах.

Змяненне гаспадарчай дзейнасці. У апошнія дзесяцігоддзі адбылося істотнае скарачэнне сенакосных плошчаў у пойме. Гэта выклікала хуткае зарастанне балот і адкрытых заліўных лугоў лазняком.

Забруджванне вады. Асноўнымі крыніцамі забруджвання ў басейне Прыпяці з'яўляюцца прадпрыемствы цеплаэнергетыкі, дрэваапра-

…фармацыю аб сучасным …тане флоры і фауны …адрыхтавалі: …Ч. Дамброўскі, С.В. Зуё…ак, А.В. Казулін, Д. Ф. Ку…цкі, Э.А. Мангін, …Д. Мароз, М.Я. Нікіфа…аў, П.В. Пінчук, І.Э. Саму…енка, А.Н. Скуратовіч, …М. Сцепановіч, …В. Ямінскі.

вады прывялі да знікнення шэрага каштоўных біятопаў, падтапліванне лясоў, скарачэння месцаў, прыдатных для нерасту рыб, змены відавога складу флоры і фауны.

Веснавое выпальванне расліннасці ў пойме, асабліва ў гады, калі адсутнічаюць паводкі, аказвае крайне негатыўны ўплыў на жывёл і расліны.

Высечка лясоў без уліку іх значнасці для захавання біялагічнай разнастайнасці.

У выніку **перавыпасу жывёлы** на многіх участках поймы адбываецца парушэнне структуры натуральных раслінных супольнасцей. Гэта

цоўчай, цэлюлозна-папяровай, лёгкай і харчовай прамысловасці, сельскагаспадарчая вытворчасць (земляробства, жывёлагадоўля) і камунальная гаспадарка. Тэндэнцыя пагаршэння якасці вады наглядаецца практычна па ўсіх паказчыках.

Неабходныя меры аховы

Для вырашэння экалагічных праблем неабходна распрацаваць комплексны план кіравання заказнікам "Сярэдняя Прыпяць" і заснаваць структуру кіравання.

У пойменных дубравах гняздуецца адна з буйнейшых у Еўропе папуляцый чорнага бусла.
Фота: І.Бышнёў

The floodplain oak woods give shelter to one of the Europe's largest population of Black Stork.
Photo: I.Byshniov

Порсткая яшчарка.
Фота: І.Бышнёў

Sand Lizard.
Photo: I.Byshniov

Прыпяцкія дубравы, у якіх гняздуецца беларуская папуляцыя белай сініцы, знаходзяцца далёка ад асноўнага арэала гэтага віду. *Фота: А.Казулін*

Azure Tit is breeding here, in the Pripyat oak woods, far from its main breeding range. *Photo: A.Kozulin*

Гнездаванне ў пойме Прыпяці чаплі-кваквы было даказана толькі ў 2000 годзе. *Фота: І.Бышнёў*

Breeding of Night Heron in the Pripyat floodplain was confirmed only in 2000. *Photo: I.Byshniov*

рэшнікавая соня. *ота: С.Зуёнак, Б.Ямінскі*

ommon Dormouse. *hoto: S.Zuenok, B.Yaminski*

авук каемчаты паляўнічы. *ота: В.Юрко*

pider Dolomedes bimbriatus. *hoto: V.Jurko*

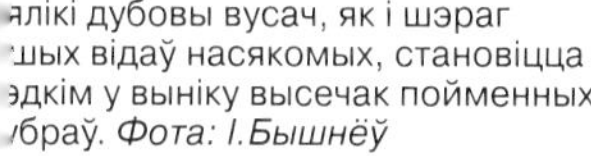

ялікі дубовы вусач, як і шэраг шых відаў насякомых, становіцца эдкім у выніку высечак пойменных ібраў. *Фота: І.Бышнёў*

reat Capricorn Beetle and a number other species are becoming rare llowing logging of floodplain oak oods. *Photo: I.Byshniov*

ЛЕСА-БАЛОТНЫ КОМПЛЕКС «АЛЬМАНСКІЯ БАЛОТЫ»

Буйнейшыя ў Палессі Альманскія балоты захаваліся дзякуючы размешчанаму тут вайсковаму палігону. *Фота: М.Нікіфараў*

The vast Polesian Olmany mires have managed to survive only because this area was used by the military. *Photo: M.Nikiforov*

Тут існуе буйная папуляцыя арла-вужаеда. *Фота: М.Нікіфараў*

A large population of Short-toed Eagle was identified here. *Photo: M.Nikiforov*

Месцазнаходжанне: Брэсцкая вобласць, Столінскі раён
Каардынаты: 51°50 N 27°15 E
Плошча: 94 219 гектараў
Нацыянальны статус аховы: ландшафтны заказнік рэспубліканскага значэння, створаны ў 1998 годзе
Міжнародны статус аховы: ТВП утворана ў 1998 годзе (код BY 018, крытэрыі A1, B2, B3). Рамсарская тэрыторыя ўтворана ў 2001 годзе (крытэрыі 1, 2)

Location: Brest Region, Stolin District
Coordinates: 51°50 N 27°15 E
Area: 94,219 ha
National Conservation Status: A national landscape zakaznik, established in 1998
International Conservation Status: An IBA, established in 1998 (code BY 018, criteria A1, B2, B3). Ramsar site designation was granted in 2001 (criteria 1, 2)

Альманскія балоты — гэта буйнейшы ў Еўропе комплекс верхавых, пераходных і нізінных балот, які захаваўся да нашых дзён у натуральным стане. На яго тэрыторыі размешчаны ваенны авіяцыйны палігон, які дзейнічае і зараз. Паўднёва-заходняя частка масіву распасціраецца на тэрыторыю Украіны, у сувязі з чым паўднёвая мяжа заказніка праходзіць па дзяржаўнай мяжы. Плошча трансфармаваных зямель (дарогі, тэрыторыі вайсковых пастоў) складае не

олькасць пугача асабліва высокая ў поймах эк Льва і Сцвіга. *Фота: М.Нікіфараў*

ne numbers of Eagle Owl are especially high the Lva and Stviga river floodplains. *hoto: M.Nikiforov*

Капытнік балотны. *Фота: І.Бышнёў*

Bog Arum. *Photo: I.Byshniov*

існы тхор. *ота: В.Кавалёнак*

umart. *oto: V. Kovalionok*

больш за 1% ад усёй плошчы заказніка. Каля 40% тэрыторыі займаюць адкрытыя балоты, пераважна пераходныя, парослыя разрэджаным трыснягом, мохам і рэдкімі бярозкамі. Сярод балот раскіданы пясчаныя дзюны (у выглядзе астравоў і працяглых град), парослыя хваёвымі альбо ліставымі лясамі. Увогуле, лясамі, пераважна забалочанымі, пакрыта амаль 50% плошчы заказніка. Акрамя балотных сустракаюцца сухія хвойнікі, пойменныя дубравы і чорнаалешнікі.

Альманскія балоты размешчаны ў міжрэччы правага прытока Прыпяці — ракі Сцвіга і ракі Льва, якая ўпадае ў Сцвігу і ўтварае паўночна-заходнюю мяжу заказніка. Акрамя Львы ў Сцвігу ўпадаюць некалькі старых меліярацыйных каналаў, якія былі пабудаваны яшчэ ў пачатку XX ста-

The site is one of the Europe's largest natural bog transition and fen mire complexes. It is located on the grounds of an active aviation military training area. The national landscape zakaznik was established here in 1998. In the south-west the mire extends into Ukraine. The border of the zakaznik, therefore, coincides with the border of Belarus. Transformed areas (roads, military check-points) make up more than 1% of the total area of the zakaznik. About 40% of the site is covered with open wetlands with numerous scattered sand dunes (islands and elongated ridges) overgrown with pine and small-leafed forests. Bogs with sparse reeds, mosses and birches, dominate the area. Woods occupy 50% of the area, mainly forest swamps. However, dry pinewoods, as well as floodplain oak and black alder forests, are also common.

Olmany wood and mire complex is located in the interfluve of the Lva and Stviga rivers, right-hand tributaries of the Pripyat. Several old drainage ditches, dated as early as the beginning of the 20th century flow into the Stviga river. The ditches are no longer used, but they continue to drain the wetland areas. The Lva river forms the north-west boundary of the IBA. Two comparatively large lakes, Big Zasominoie and Small Zasominoie, are located in the northern part of the site. Together, they cover about 100 ha. The site also comprises 23 more lakes, but these are all quite small (0.5—5 ha). The IBA is distinguished for its relatively large size, its natural state and its hydrological stability.

Part of the IBA is included in the Polesie Aviation Training Ground. The other parts of the site are used by Polesie Military Forestry of the Belarusian Ministry of Defense and the Rubelski Collective Farm. Despite traditional views about the interference of the military into nature, the activities of the military units have not caused any degradation of the IBA's ecosystems. On the contrary, the limits on the economic use of the area because of the area's military designation have resulted in outstanding close-to-natural conditions. The military activities have been localized to small limited areas of the IBA. The IBA is also used for regulated forestry, hunting, fishing, and the collection of berries and mushrooms by local people and outside visitors.

A total of 151 species have been recorded in the IBA, with 25 National Red Data Book species. The most important bird species are presented in the table below.

Olmany wood and mire complex supports a considerable part (10—20%) of the national populations of Great Grey Owl *Strix nebulosa*. One of the most valuable huntable birds breeds here, Capercaillie *Tetrao urogallus*, the Polesian population of which is much threatened.

26 mammal species occur on the site, including three National Red Data Book species. European Mink *Mustela lutreola*, a species threatened in Europe, was recorded here regularly until recently. The Stviga and Lva floodplains support one of the largest populations of Otter *Lutra lutra*.

687 plant species are found on the site, including 12 National Red Data Book species.

Threats

The site is still used as a military training ground, but the scale and frequency of military activity has declined and this has had a negative impact on the conservation level of the IBA – there has been a sharp rise in unofficial uses of the site's resources.

годдзя. У цяперашні час яны знаходзяцца ў паўразбураным стане, аднак сток вады з балот (асабліва інтэнсіўны вясной) па ім яшчэ працягваецца. Пойма ракі Льва ў межах заказніка вельмі забалочана. У паўночнай частцы комплексу знаходзяцца два возеры — Вялікае і Малое Засамiннае з агульнай плошчай каля 100 гектараў. Астатнія 23 возеры заказніка зусім дробныя — ад 0,5 да 5 гектараў. Альманскія балоты адрозніваюцца ад іншых падобных балотных комплексаў буйнымі памерамі, захаванасцю ў натуральным стане, стабільнасцю гідралагічных умоў.

Акрамя Палескага авіяцыйнага палігона на тэрыторыі заказніка дзейнічае Палескі вайсковы лясгас Міністэрства абароны Рэспублікі Беларусь, а таксама калгас "Рубельскі". Насуперак меркаванням, дзейнасць вайскоўцаў, якая праводзіцца на лакальных участках балота, не толькі не прывяла да дэградацыі прыродных супольнасцей, а, наадварот, абумовіла абмежаванне гаспадарчай дзейнасці, у асаблівасці гідрамеліярацыі, што дазволіла захаваць гэты балотны масіў у натуральным стане. Акрамя вайсковай дзейнасці на тэрыторыі заказніка ажыццяўляецца рэгламентаванае лесакарыстанне, дазволены паляванне і рыбная лоўля, праводзіцца нарыхтоўка вялікай колькасці грыбоў і ягад.

Арнітафауна Альманскіх балот прадстаўлена 151 відам птушак, 25 з іх занесены ў Чырвоную кнігу Беларусі. Даныя аб відах, найбольш значных для захавання біяразнастайнасці, прыведзены ў табліцы.

Drainage of the adjacent areas has caused declines in the groundwater table in the IBA, which eventually leads to degradation of natural communities on the site.

Burning of vegetation in spring is the main cause of fires. In summer, fires are caused by herdsmen and poachers who break up fire-places on peatlands or in dry forest openings.

Illegal forest logging on islands and ridges among the mires may result in their erosion and subsequent loss of shelter for animals.

Асаблівае значэнне для захавання біялагічнай разнастайнасці маюць старыя лясы на астравах. *Фота: В.Дамброўскі*

The old forests on the islands amidst mires are of special importance for conservation of the wetland biodiversity. *Photo: V.Dombrovski*

Від / Species				Ацэнка колькасці, пар / Population estimates, pairs	Крытэрый ТВП / IBA Criteria
Ciconia nigra	Чорны бусел	Черный аист	Black Stork	10—20	B2
Circaetus gallicus	Арол-вужаед	Змееяд	Short-toed Eagle	20—30	B2
Circus pygargus	Поплаўны лунь	Луговой лунь	Montagu's Harrier	10—20	B3
Aquila clanga	Вялікі арлец	Большой подорлик	Greater Spotted Eagle	20—30	A1
Grus grus	Шэры журавель	Серый журавль	Crane	30—40	B2
Gallinago media	Дубальт	Дупель	Great Snipe	20 самцоў males	A1
Bubo bubo	Пугач	Филин	Eagle Owl	5—6	B2
Strix aluco	Шэрая кугакаўка	Серая неясыть	Tawny Owl	100	B3

Граздоўнік шматраздзельны. *Фота: В.Юрко*

Leathery Grapefern. *Photo: V.Jurko*

Альманскія балоты забяспечваюць існаванне значнай часткі (10—20%) беларускай папуляцыі барадатай кугакаўкі *Strix nebulosa*, гняздуецца тут і адзін з найбольш каштоўных паляўнічых відаў птушак — глушэц *Tetrao urogallus*, палеская папуляцыя якога зараз знаходзіцца ў прыгнечаным становішчы.

На тэрыторыі заказніка сустракаецца 26 відаў млекакормячых, 3 з якіх занесены ў Чырвоную кнігу Беларусі. Тут яшчэ адзначаецца еўрапейская норка *Mustela lutreola* — від, які знаходзіцца ў Еўропе пад пагрозай глабальнага знікнення. Поймы рэк Сцвіга і Льва падтрымліваюць існаванне адной з буйнейшых папуляцый выдры *Lutra lutra*.

На тэрыторыі ўгоддзя выяўлена 687 відаў раслін, 12 з якіх занесены ў Чырвоную кнігу Беларусі.

Неспрыяльныя фактары

У даны час вайсковы палігон працягвае афіцыйна існаваць на тэрыторыі заказніка, аднак з-за рэзкага скарачэння вайсковых вучэбных

Unlimited collection of cranberries increases disturbance, limits the feeding base for many animals, and results in fires.

Uncontrolled hunting results in catastrophic declines in the numbers of Capercaillie, Elk, Wild Boar, and fur animal species.

Cattle pasturing in forest habitats leads to degradation of ground vegetation cover, declined feeding base for wild animals, aggravated disturbance, and herd dogs hunting young animals and destroying bird nests.

Proposed conservation measures

To secure the IBA's biodioversity conservation it is necessary to develop a management plan that would focus on maintaining the existing natural hydrological regime and diminishing the anthropogenic loads on the natural habitats.

Information on the contemporary status of flora and fauna was provided by: *Demongin L., Dmitrenok M.G., Dombrovski V.Ch., Kozulin A.V., Nikiforov M.E., Samusenko I.E., Skuratovich A.N., Tishechkin A.K.*

мерапрыемстваў рэжым яго аховы стаў менш строгім, у выніку чаго рэзка павялічылася неафіцыйнае выкарыстанне прыродных рэсурсаў, пачасціліся буйныя пажары, узмацнілася іншая антрапагенная нагрузка на прыродныя біяцэнозы.

Асушэнне прылягаючых да заказніка тэрыторый прыводзіць да зніжэння ўзроўню грунтовых вод і, як вынік, да дэградацыі натуральных супольнасцей.

Выпальванне расліннасці ў вясновы перыяд з'яўляецца асноўнай прычынай пажараў. Летам пажары ўзнікаюць ад вогнішчаў, якія раскладаюць на тарфяніках альбо ў сухім лесе пастухі і браканьеры.

Браканьерская высечка лясоў на астравах і градах сярод балот стварае небяспеку іх эразійнага разбурэння і пазбаўляе жывёл схованішч.

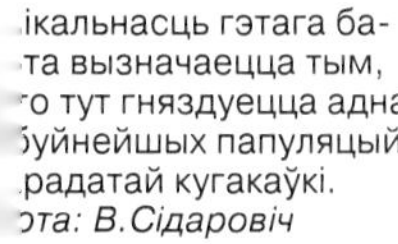

.ікальнасць гэтага ба-
-та вызначаецца тым,
-о тут гняздуецца адна
буйнейшых папуляцый
радатай кугакаўкі.
Фота: В.Сідаровіч

-е of the largest popula-
ns of Great Grey Owl is
.und in the Olmany mires.
Photo: V.Sidorovich

Старадаўняя кладка на балоце.
Фота: В.Дамброўскі

Ancient mire bridge.
Photo: V.Dombrovski

Жаўтагорлая мыш.
Фота: М.Нікіфараў

Yellow-necked mouse.
Photo: M.Nikiforov

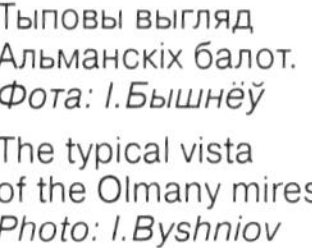

Тыповы выгляд
Альманскіх балот.
Фота: І.Бышнёў

The typical vista
of the Olmany mires.
Photo: I.Byshniov

На Альманскіх балотах гняздуецца каля 15 пар вялікага арляца — віду, які знаходзіцца на мяжы знікнення.
Фота: В.Дамбpоўскі

About 15 pairs of the globally disappearing Greater Spotted Eagle live in the Olmany mires. *Photo: V.Dombrovski*

Вялікія арляцы будуюць свае гнёзды ў забалочаных лясах, якія чалавек амаль не наведвае.
Фота: У.Іваноўскі

Greater Spotted Eagle build their nests in wet forest seldom visited by people.
Photo: V.Ivanovski

На захадзе мяжа заказніка праходзіць па рацэ Льва.
Фота: М.Нікіфараў

The Lva river makes up the western boundary of the Olmany mire zakaznik.
Photo: M.Nikiforov

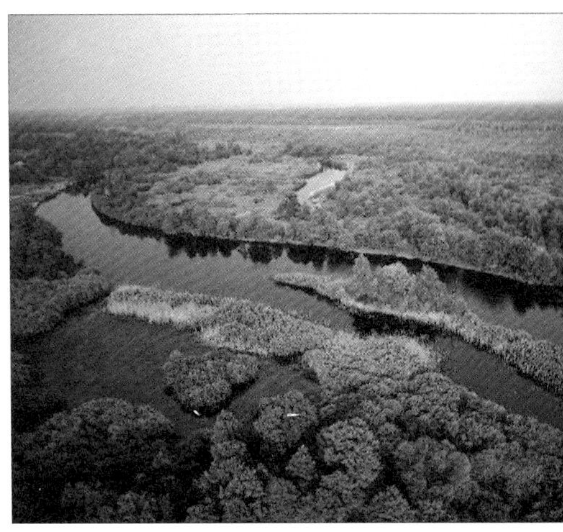

На рацэ Сцвіга захавалася адно з апошніх паселішчаў знікаючага віду — еўрапейскай норкі.
Фота: В.Сідаровіч

The Stviga river has retained one of the last populations of the now disappearing European Mink.
Photo: V.Sidorovich

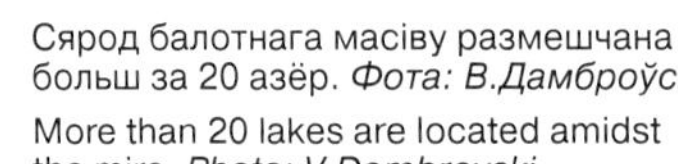

Сярод балотнага масіву размешчана больш за 20 азёр. *Фота: В.Дамбpоўскі*

More than 20 lakes are located amidst the mire. *Photo: V.Dombrovski*

Рэкі Льва і Сцвіга з’яўляюцца надзвычай спрыяльнымі для пражывання выдры.
Фота: В.Сідаровіч

The Lva and Stviga rivers host extremely favourable habitats for Eurasian Otter.
Photo: V.Sidorovich

…армацыю аб сучасным …ане флоры і фауны …рыхтавалі: *…. Дамброўскі, … Дзмітранок, … Дэмангін, А.В. Казулін, … Я. Нікіфараў, І.Э. Саму…чка, А.М. Скуратовіч, … Цішачкін.*

Неабмежаваны збор журавін вядзе да ўзмацнення фактару неспакою, значнага скарачэння кармавой базы для шэрага жывёл, павялічвае верагоднасць пажараў ад вогнішчаў, якія раскладаюцца зборшчыкамі ягад.

Некантралюемае паляванне прывяло да катастрафічнага зніжэння колькасці глушцоў, ласёў, дзікоў, відаў пушных звяроў.

Выпас жывёлы ў лясах вядзе да дэградацыі наглебавага покрыва, скарачэння кармавой базы дзікіх жывёл, павелічэння фактару неспакою, гібелі маладняку і разарэння гнёзд сабакамі.

Неабходныя меры аховы

У мэтах захавання біялагічнай разнастайнасці тэрыторыі неабходна распрацаваць план кіравання заказнікам “Альманскія балоты”. Аснову гэтага плана павінны саставіць меры, накіраваныя на захаванне натуральнага гідралагічнага рэжыму і зніжэнне антрапагенных нагрузак на прыродныя комплексы.

ПРОСТЫР

Вяртлявая чаротаўка.
Фота: А.Казулін

Aquatic Warbler.
Photo: A.Kozulin

У міжрэччы Прыпяці і Простыра захаваліся першародныя ландшафты Палесся. *Фота: А.Казулін*

The interfluve of the Pripyat and Prostyr rivers has retained the primeval Polesian landscape.
Photo: A.Kozulin

Месцазнаходжанне:
Брэсцкая вобласць, Пінскі раён
Каардынаты: 51°56 N 26°05 E
Плошча: 3440 гектараў
Нацыянальны статус аховы:
біялагічны заказнік рэспубліканскага значэння
Міжнародны статус аховы:
патэнцыяльная ТВП (крытэрый A1).
Патэнцыяльнае Рамсарскае ўгоддзе (крытэрыі 1, 2)

Location:
Brest Region: Pinsk District
Coordinates: 51°56 N 26°05 E
Area: 3,440 ha
National Conservation Status:
A national biological zakaznik
International Conservation Status: Potential IBA (criterion A1).
Potential Ramsar site (criteria 1, 2)

Заказнік "Простыр" размешчаны ў пойме ракі Прыпяць і ўяўляе сабой апошні тыповы куток прыроды Заходняга Палесся, які захаваўся сярод пераўтвораных ландшафтаў. На ўсходзе ён абмяжоўваецца аднайменнай ракой, на захадзе — Прыпяццю і на поўдні — дзяржаўнай мяжой Украіны і Беларусі. Гэты ўчастак поймы ўяўляе сабой чаргаванне забалочаных лугоў, адкрытых асаковых балот, лазняковых і трысняговых зараснікаў. Сярод гэтай суцэльна забалочаной прасторы раскіданы невялікія павышэнні (астравы) і цэлая сетка дробных азёр і старыц. Лясоў тут практычна няма, за выключэннем невялікага, усяго ў некалькі гектараў, участка алешніку, які працягнуўся ўздоўж ракі Простыр.

Гарлачык белы — від, які сустракаецца пераважна на Палессі. *Фота: А.Казулін*

White Water Lily is a species which is found mainly in Polesie. *Photo: A.Kozulin*

Вельмі багатыя пойменныя лугі раней інтэнсіўна выкарыстоўваліся для сенакашэння, зараз яны зарастаюць хмызнякамі. *Фота: А.Казулін*

The rich floodplain meadows were in the past intensely hay-cut. Today they are overgrown with shrubs. *Photo: A.Kozulin*

...ычайна ласіхі нара...аюць цялят у забало...ых кутках заказніка, ...я мала наведваюцца ...дзьмі. *...та: І.Бышнёў*

...seldom visited mires ...he zakaznik are calving ...unds of Elk. *...to: I.Byshniov*

Тэрыторыя моцна абводнена, у выніку чаго нават у засушлівыя гады яна цяжкадаступная, а пры высокай вадзе і ўвогуле непраходная. На ўчастку, які прымыкае да ракі Прыпяць, размешчаны шматлікія старычныя азёры. Шырыня Прыпяці на тэрыторыі заказніка вар'іруе ад 15 да 40 м, Простыра — ад 30 да 60. Да сённяшняга дня тут няма ніводнай дарогі, што звязана з адсутнасцю мастоў праз рэкі Прыпяць і Простыр.

Асноўныя віды землекарыстання ў заказніку — гэта сенакашэнне, выпас жывёлы, рэгламентаванае паляванне і аматарская рыбная лоўля.

Тэрыторыя заказніка з'яўляецца месцам гнездавання мноства водна-балотных відаў птушак. Сярод іх нямала рэдкіх: чапля-бугай *Botaurus stellaris*, вялікая белая чапля *Egretta alba* (тут знаходзіцца адна з двух вядомых у Беларусі гнездавых калоній гэтага віду), пагоніч *Porzana porzana*, розныя віды крычак і кулікоў. Міжнародная значнасць тэрыторыі заключаецца ў тым, што тут існуюць папуляцыі відаў — вяртлявай чаротаўкі *Acrocephalus paludicola* (30—500 самцоў) і драча *Crex crex*,— якія знаходзяцца пад глабальнай пагрозай знікнення. Колькасць большасці птушак на гэтай тэрыторыі нестабільная і моцна змяняецца ў розныя гады ў залежнасці ад вышыні і працягласці паводак.

У раслінным покрыве налічваецца 307 відаў раслін, сярод іх шмат лекавых. У Чырвоную кнігу Беларусі занесены 2 віды — сальвінія плывучая *Salvinia natans* і гарлачык белы *Nymphaea alba*. Дзякуючы цяжкай праходнасці тэрыторыі фактар

Prostyr zakaznik is located in the Pripyat river floodplain. Its natural eastern boundary is the Prostyr river; in the west it borders the Pripyat; while in the south its boundary coincides with the border between Belarus and Ukraine. Prostyr is a complex of meadows, open sedge fens, willow and reed stands. Small mineral islands are scattered across the wetland and there is also a chain of small lakes and oxbows. There are practically no forests, except a small alder tract of several hectares located along the Prostyr river. The area is extremely waterlogged and difficult to access.

The part of the zakaznik adjoining the Pripyat river has many picturesque oxbow lakes. The Pripyat river here is 15—40 m wide, while the Prostyr river channel is 30—60 m wide. The low and flat floodplains of the Pripyat in Prostyr are the reason for its prolonged flooding, sometimes for up to four months. The zakaznik is the last typical West-Polesie corner amid transformed landscapes. There are no roads within the zakaznik, and no bridges across the Pripyat or Prostyr rivers.

The site is used for hay-making, cattle pasturing, regulated hunting and fishing.

Prostyr is a breeding ground for many waterbird species, including the rare Bittern *Botaurus stellaris*, Great Egret *Egretta alba* (Prostyr is one of the two known Belarusian colonies of this species), Spotted Crake *Porzana porzana*, and various terns and waders. The site is internationally important because it supports such globally threatened species as Aquatic Warbler *Acrocephalus paludicola* (30—500 males) and Corncrake *Crex crex*. However, the population of these birds fluctuates significantly from year to year depending on the height and duration of the floods.

A total of 307 plant species grow in the zakaznik. Medicinal plants are very numerous. Two species, Eared Watermoss *Salvinia natans* and European White Waterlily *Nymphaea alba*, are included in the National Red Data Book.

Because of the difficult access, the site suffers little disturbance. The site is an important concentration ground for Elk *Alces alces*, providing shelter for females and young elks in summer.

неспакою ў пойме мінімальны, што спрыяе канцэнтрацыі ў заказніку розных відаў жывёл. Асабліва вялікае значэнне гэта тэрыторыя мае для лася *Alces alces*, паколькі пойма служыць месцам летняга прыстанішча для самак з маладняком.

Неспрыяльныя фактары

Парушэнне гідралагічнага рэжыму. У выніку абвалавання поймы паводкі сталі больш працяглымі і высокімі, што прыводзіць да змянення складу флоры і фауны.

Веснавое выпальванне расліннасці ў пойме, асабліва ў гады з адсутнасцю паводак, аказвае крайне негатыўны ўплыў на расліннасць і жывёл.

Змяненні гаспадарчай дзейнасці. У апошнія дзесяцігоддзі ў пойме значна скарацілася сенакашэнне, што прывяло да хуткага

Threats

Disruptions in the hydrological regime. The embankment of the Pripyat has produced higher and more prolonged floods, which has adversely changed the flora and fauna.

Burning of vegetation in spring, especially in years with no floods, has a very negative effect on numerous animals and plants.

Changes in the economic activities. Recent decades have seen the scale of hand hay-cutting in the Pripyat floodplain decline greatly. As a result, floodplain meadows and mires have become rapidly overgrown with willow shrubs.

Proposed conservation measures

A single cross-border protected area with Ukraine should be created. A separate management unit should be introduced for the site.

У 1999 годзе ў заказніку была выяўлена калонія вялікіх белых чапляў. *Фота: С. Плыткевіч*

A colony of Great Egret was found in the zakaznik in 1999. *Photo: S.Plytkevich*

Information on the conte[mporary status of flora an]d fauna was provided by: *Flade M., Kozulin A.V., Nikiforov M.E., Vynaev G., Zhuravliov D.V.*

зарастання адкрытых пойменных лугоў і балот лазняком.

Неабходныя меры аховы

На беларускім участку поймы ракі Прыпяць, які ўключаны ў заказнік "Простыр", і частцы поймы, якая размешчана на тэрыторыі Украіны, неабходна стварыць адзіную ахоўваемую трансмежавую тэрыторыю і ўвесці структуру кіравання.

Інфармацыю аб сучасным стане флоры і фауны падрыхтавалі:
Г.В. Вынаеў, Д.В. Жураўлёў, А.В. Казулін, М.Я. Нікіфараў, М. Фладэ.

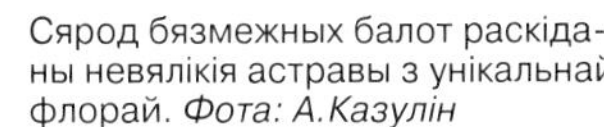

Сярод бязмежных балот раскіданы невялікія астравы з унікальнай флорай. *Фота: А.Казулін*

The never-ending wetlands host numerous small islands with unique flora. *Photo: A.Kozulin*

У вёсках, якія прылягаюць да поймы, колькасць белага бусла вельмі высокая. *Фота: В.Юрко*

The villages adjacent to the floodplain have high numbers of White Stork. *Photo: V.Jurko*

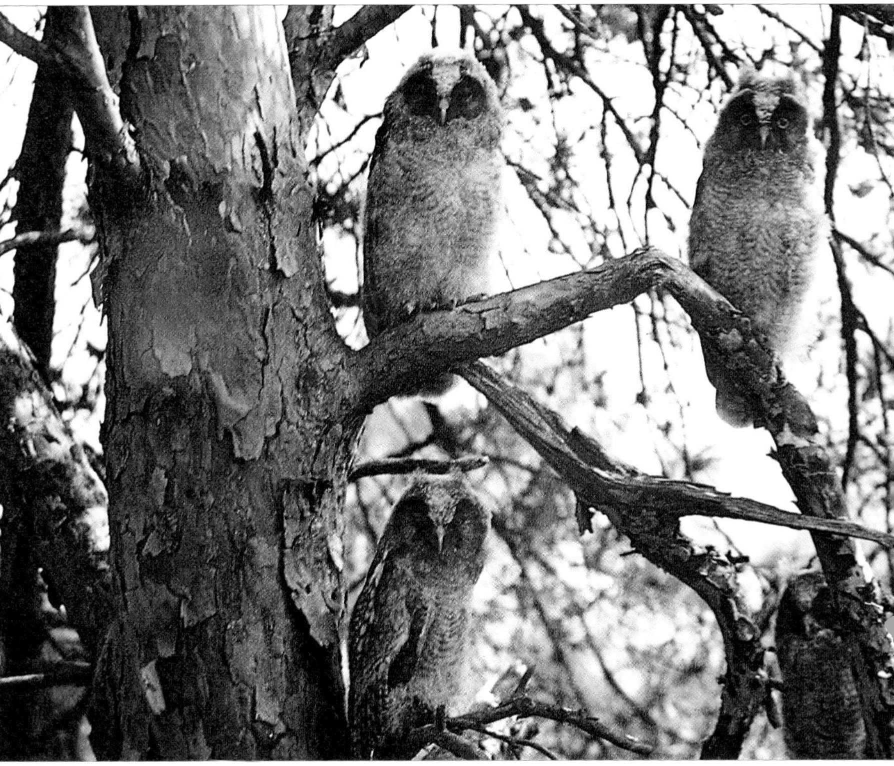

ачэрнім змроку балота напаўняецца актэрнымі крыкамі малых пагонічаў. *та: А.Казулін*

ng of spotted crakes floods the mire after dark. *oto: A.Kozulin*

оты заказніка вельмі спрыяльныя пражывання вадзяных пастушкоў. *та: М.Нікіфараў*

mires of the zakaznik are suitable Water Rail. *Photo: M.Nikiforov*

Па краях балота на невялікіх лясных астравах выводзяць сваіх птушанят вушатыя совы. *Фота: В.Юрко*

Long-eared Owls grow their young at small forest islands along the edge of the mire. *Photo: V.Jurko*

НАЦЫЯНАЛЬНЫ ПАРК «ПРЫПЯЦКІ»

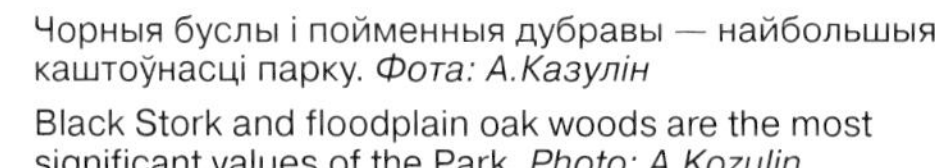

Чорныя буслы і пойменныя дубравы — найбольшыя каштоўнасці парку. *Фота: А.Казулін*

Black Stork and floodplain oak woods are the most significant values of the Park. *Photo: A.Kozulin*

Месцазнаходжанне:
Гомельская вобласць, Жыткавіцкі, Лельчыцкі, Петрыкаўскі раёны
Каардынаты: 52°00 N 28°00 E
Плошча: 82 461 гектар
Нацыянальны статус аховы: запаведнік "Прыпяцкі" быў створаны ў 1969 годзе. У 1996 годзе пературваны ў нацыянальны парк
Міжнародны статус аховы:
патэнцыяльная ТВП (крытэрыі A1, B2). Патэнцыяльнае Рамсарскае ўгоддзе (крытэрыі 1, 2)

Location:
Gomel Region, Zhitkovichi, Lelchitsy, Petrikov Districts
Coordinates: 52°00 N 28°00 E
Area: 82,461 ha
National Conservation Status:
The Pripyatski zapovednik was established in 1969. In 1996 it was re-organized into the Pripyatski National Park
International Conservation Status:
Potential IBA (criteria A1, B2).
Potential Ramsar site (criteria 1, 2)

←
Іарк размешчаны ў
іашырэнні старажытнай
даліны Прыпяці.
Фота: А.Казулін

The park is located in an
enlargement of the ancient
Pripyat river valley.
Photo: A.Kozulin

Нацыянальны парк размешчаны ў пашыранай частцы старажытнай даліны ракі Прыпяць у міжрэччы яе правых прытокаў — рэк Сцвіга і Убарць. Тэрыторыя ўяўляе сабой вялікую нізінную раўніну з агульным ухілам да поймы Прыпяці. Паўднёвая мяжа парку супадае з паўднёвым краем раўніны і прадстаўлена пясчанымі ўзгоркамі і дзюнамі, якія зараслі хвойнымі лясамі. За дзюнамі шырокім поясам працягнуліся буйнейшыя на Палессі верхавыя і пераходныя балоты, якія дзякуючы сваёй некранутасці і багатай біяразнастайнасці могуць з'яўляцца эталонам палескіх балот.

Большая частка балот нацыянальнага парку пакрыта хвойнікамі, хаця і даволі значная іх плошча (каля 15%) застаецца бязлесай. Бліжэй да поймы верхавыя і пераходныя балоты змяняюцца нізіннымі; яны ў сваю чаргу — паласой вельмі забалочаных, часам непраходных, алешнікаў, якія перамяжоўваюцца з адкрытымі альбо зараслымі хмызняком нізіннымі балотамі. Паласа алешнікаў пераходзіць у заліўныя шыракалістыя лясы, сярод якіх пераважаюць дубравы (13,6% ад агульнай плошчы лясоў). Менавіта пойменныя дубравы прыдаюць палескім ландшафтам непаўторны каларыт. Па краях поймы дубравы размяшчаюцца суцэльнымі палосамі, а бліжэй да ракі перамяжоўваюцца з шырокімі адкрытымі заліўнымі лугамі і шматлікімі старыцамі.

Асноўнымі вадацёкамі нацыянальнага парку "Прыпяцкі" з'яўляюцца рэкі Сцвіга і Убарць, якія абмяжоўваюць тэрыторыю з усходу і захаду. Па цэнтральнай частцы парку працякае яшчэ адна невялікая (каля 30 км), але дастаткова мнагаводная рака Свінавод. Акрамя натуральных буйных вадацёкаў і невялікіх азёр, якіх налічваецца крыху болей за 40, на тэрыторыі парку захавалася сетка каналаў, якія былі пракапаны яшчэ ў канцы XIX стагоддзя ў часы заходняй экспедыцыі І.І. Жылінскага для лесасплаву. Агульная працягласць

Pripyatski National Park is located in the wide middle Pripyat floodplain in the interfluve of its two right-hand tributaries, the Stviga and the Ubort. The site is a vast low-lying flatland inclined towards the Pripyat floodplain. The southern border of the Park coincides with the southern boundary of the flatland and is represented by sandy hills and dunes overgrown with pinewoods. The dunes are followed by a wide strip of vast bog and transition mires (the biggest in Polesie), followed by a belt of fens. The Park's wetlands are very typical of Polesian mires. Most of them are covered with pinewoods, but there are also considerable (15%) tracts of open wetland. The fens are followed by a strip of waterlogged, sometimes inaccessible, alder woods interspersed with open or shrub-overgrown fens. The alder woods are followed by a belt of broad-leafed forests dominated by oaks (13.6% by forest area). The oak forests are a defining feature of the unique Polesian landscape. At a distance from the river they form uniform stands; closer to the channel they mix with vast open floodplain meadows and numerous oxbows.

The Stviga and the Ubort rivers form the natural western and eastern boundaries of the Park correspondingly. The central part of the Park is crossed by another river, the Svinovod: the river is just 30 km long, but very affluent. Apart from the natural water bodies, there are also several artificial ditches and canals constructed in the late 19th century for timber shipment. The overall length of the canals is 280 km. Beavers and natural processes contribute to the dilapidation of the canals, which thus cannot have a significant influence on the hydrological regime of the Park. There are more than 40 small lakes within the Park's boundaries.

Limited forestry, hay-cutting, cattle pasturing, and hunting are the common economic activities.

Out of 246 bird species recorded for the Park, 66 are listed in the National Red Data Book.

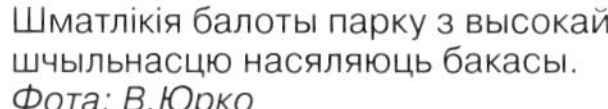

Шматлікія балоты парку з высокай шчыльнасцю насяляюць бакасы.
Фота: В.Юрко

The numerous mires of the Park are inhabited by snipes, who reveal here very high density.
Photo: V.Jurko

У нацыянальным парку захаваліся буйнейшыя дубравы Палесся.
Фота: А.Казулін

The National Park has retained the largest oak woods of the Polesie.
Photo: A.Kozulin

а шматлікіх рэчках і каавах жыве балотная чаэпаха — від, які занесеы ў Чырвоную кнігу еларусі. *Фота: С.Зуёэк, Б.Ямінскі*

esh-water Turtle, a ational Red Data Book ecies, occurs on numerіs rivers and canals. *noto: S.Zuenok, Yaminski*

каналаў складае амаль 280 кіламетраў. Дзякуючы дзейнасці баброў і натуральнаму разбурэнню большая частка гэтых каналаў не аказвае істотнага ўздзеяння на гідралагічны рэжым парку.

У нацыянальным парку пераважаюць наступныя віды гаспадарчай дзейнасці: абмежаваная высечка лясоў, сенакашэнне, выпас жывёлы, паляўнічы турызм.

З 246 відаў птушак, якія адзначаны на тэрыторыі, 66 відаў занесены ў Чырвоную кнігу Беларусі. У парку гняздуецца значная колькасць відаў, якія знаходзяцца пад глабальнай пагрозай знікнення: белавокі нырок *Aythya nyroca*, арлан-белахвост *Haliaeetus albicilla* (2—3 пары), вялікі арлец *Aquila clanga* (4—6 пар), драч *Crex crex*, дубальт *Gallinago media*. Наяўнасць такой колькасці відаў нацыянальнай і міжнароднай значнасці падкрэслівае важнасць тэрыторыі для захавання біялагічнай разнастайнасці Палесся, Беларусі і Еўропы ў цэлым.

Фауна млекакормячых нацыянальнага парку "Прыпяцкі" налічвае 49 відаў, 4 з іх (арэшнікавая соня *Muscardinus avellanarius*, барсук *Meles meles*, рысь *Felis linx*, белавежскі зубр *Bison bonasus*) уключаны ў Чырвоную кнігу Беларусі.

На тэрыторыі парку зарэгістравана 827 відаў вышэйшых раслін, 18 з якіх занесены ў Чырвоную кнігу і належаць ахове.

Неспрыяльныя фактары

Змяненне гідралагічнага рэжыму поймы ракі Прыпяць у выніку асушальнай меліярацыі і абвалавання рэк.

Раслінныя сукцэсіі. У выніку парушэння гідралагічнага рэжыму і скарачэння сенакашэння заліўныя лугі зарастаюць хмызняком, што прыводзіць да змяншэння разнастайнасці біятопаў і збяднення біялагічнай разнастайнасці.

Лесагаспадарчая дзейнасць. Пасля пераўтварэння запаведніка ў нацыянальны парк лесагаспадарчая дзейнасць на яго тэрыторыі значна пашырылася, што аказала істотны негатыўны ўплыў на экасістэмы. У цяперашні час лесагаспадарчая дзейнасць перамясцілася ў лясныя масівы, размешчаныя за тэрыторыяй парку.

Пажары аказваюць істотнае ўздзеянне на экасістэмы парку. Яны здараюцца даволі часта і ахопліваюць значныя плошчы.

Неабходныя меры аховы

Для вырашэння экалагічных праблем неабходна распрацаваць комплексны план кіравання нацыянальным паркам "Прыпяцкі". Асаблівая ўвага павінна быць нададзена правядзенню спецыяльнага лесаўпарадкавання і аптымізацыі гідралагічнага рэжыму.

Інфармацыю аб сучасным стане флоры і фауны прадрыхтавалі: *В.Ч. Дамброўскі, В.П. Клакоцкі, Э.А. Мангін, М.Д. Мароз, М.Е. Нікіфараў, П.В. Пінчук, А.У. Углянец.*

The following globally threatened species breed here. Ferruginous Duck *Aythya nyroca*, White-tailed Eagle *Haliaeetus albicilla* (2—3 pairs), Greater Spotted Eagle *Aquila clanga* (4—6 pairs), Corncrake *Crex crex*, and Great Snipe *Gallinago media*. The large amount of species of national and international importance confirms the value of the site for biodiversity conservation.

The fauna of the site includes 49 mammal species, with four species listed in the National Red Data Book: Common Dormouse *Muscardinus avellanarius*, Badger *Meles meles*, Lynx *Felis linx*, and European Bison *Bison bonasus*.

The flora of the Park is represented by 827 upper plant species, of which 18 are included in the National Red Data Book.

Найбольш вядомыя жыхары пойменных лясоў нацыянальнага парку.

The best known inhabitants of the floodplain forests of the National Park.

Белая сініца. *Фота: І.Бышнёў*

Azure Tit. *Photo: I.Byshniov*

Арэшнікавая соня. *Фота: С.Зуёнак, Б.Ямінскі*

Common Dormouse. *Photo: S.Zuenok, B.Yaminski*

Вялікі арлец. *Фота: В.Дамброўскі*

Greater Spotted Eagle. *Photo: V.Dombrovski*

Threats

Disruptions in the hydrological regime of the Pripyat floodplain due to drainage and construction of embankments.

Vegetation successions. Disruptions in the hydrological regime and the cessation of haymaking means that the floodplain meadows are

Information on the contemporary status of flora and fauna was provided by: *Dombrovski V.Ch., Klakotski V.P., Mongin E.A., Moroz M.D., Nikiforov M.E., Pinchuk P.V., Uglianets A.V.*

being overgrown with shrubs: this reduces habitat and biological diversity.

Forestry. After the zapovednik was re-organized into a National Park economic activities were significantly intensified, which has had a negative influence on the ecosystems. Forestry has been shifted away from the core area and is now carried out outside the borders of the Park.

Fires incur severe damage to the Park's ecosystems. They are large scale and frequent.

Proposed conservation measures

To resolve the environmental problems it is necessary to develop a management plan for the Park. The plan should focus on sustainable forestry and optimization of the hydrological regime.

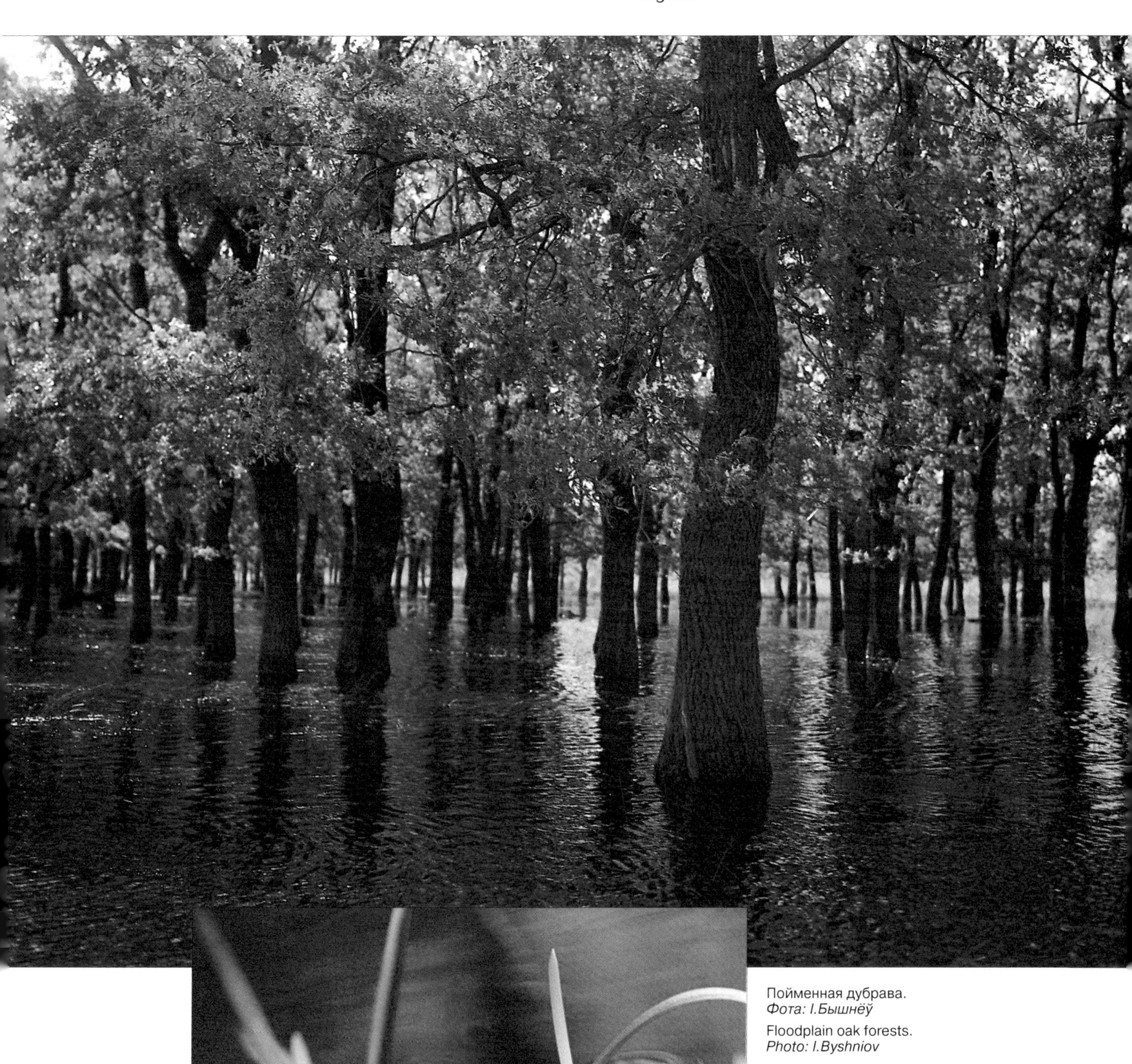

Пойменная дубрава.
Фота: I.Бышнёў

Floodplain oak forests.
Photo: I.Byshniov

Жаба сажалкавая.
Фота: I.Бышнёў

Edible Frog.
Photo: I.Byshniov

У пойменных дубравах часта сустракаецца сівая жаўна. *Фота: А.Казулін*

Grey-headed Woodpecker is commonly found in the floodplain oak woods. *Photo: A.Kozulin*

У нацыянальным парку да цяперашняга часу захаваліся традыцыйныя промыслы, асабліва бортніцтва. *Фота: І.Бышнёў*

Several traditional nature uses have been preserved in the National Park, especially wild apiculture. *Photo: I.Byshniov*

Зялёная жаўна стала рэдкім відам пасля інтэнсіўных высечак пойменных лясоў. *Фота: А.Казулін*

Green Woodpecker became rare upon intense logging of the floodplain forests. *Photo: A.Kozulin*

Паспяховае засяленне зуброў падкрэслівае першароднасць лясоў нацыянальнага парку. *Фота: І.Бышнёў*

Successful introduction of European Bison underscores the primeval nature of the National Park's forests. *Photo: I.Byshniov*

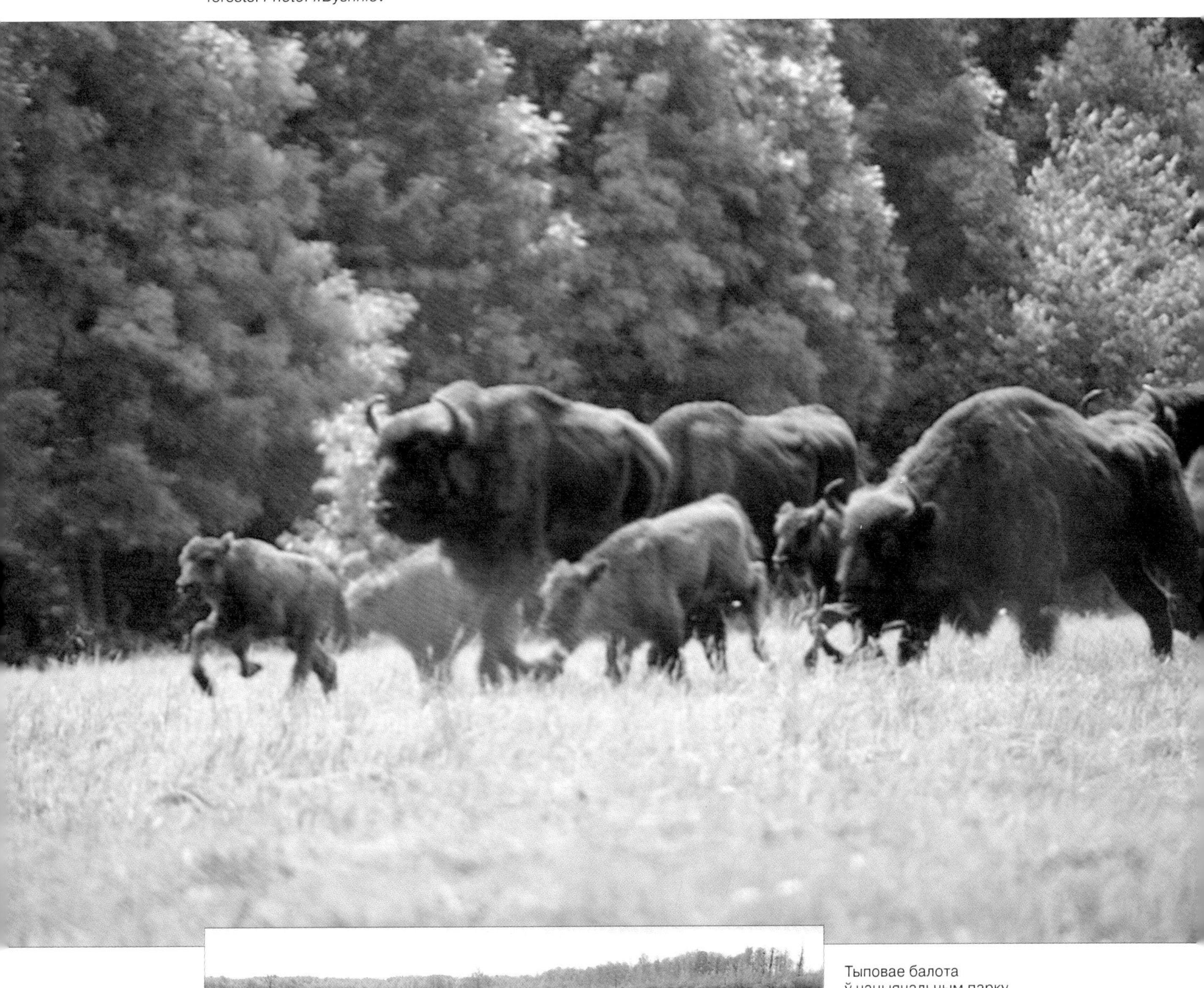

Тыповае балота ў нацыянальным парку. *Фота: А.Казулін*

A typical mire of the Park. *Photo: A.Kozulin*

Раніца ў дубраве. *Фота: А.Казулін*
Morning in an oak wood. *Photo: A.Kozulin*

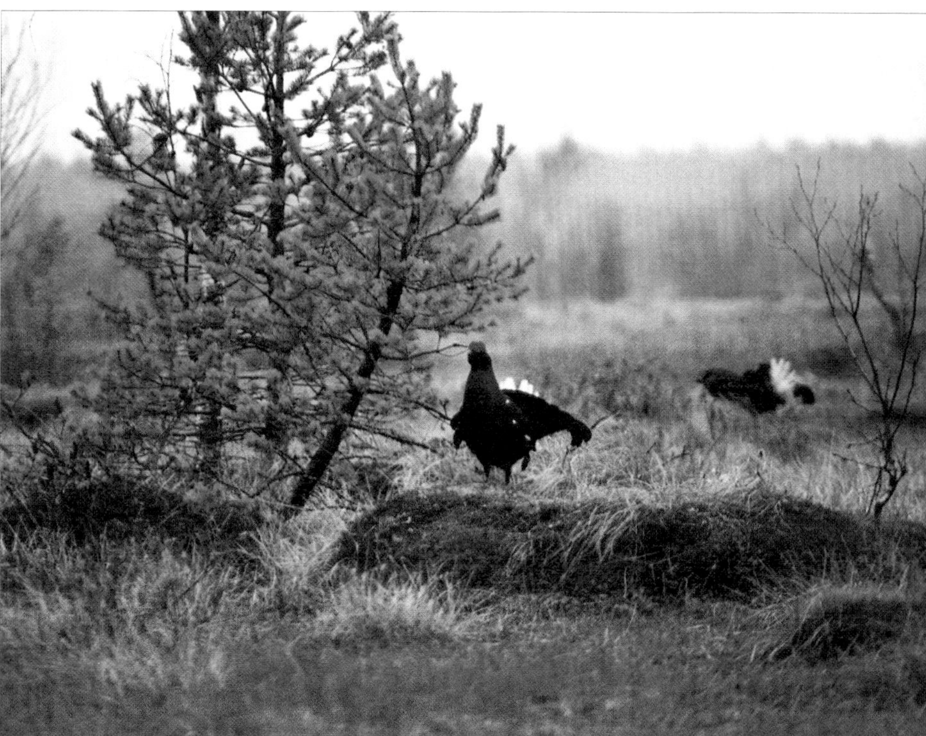

На верхавых балотах парку захаваліся буйныя такавішчы цецерукоў. *Фота: І.Бышнёў*

The bogs of the Park have retained large leks of Black Grouse. *Photo: I.Byshniov*

Жук-алень — рэдкі від, які знікае разам з апошнімі пойменнымі дубравамі. *Фота: В.Юрко*

Common Stag is a rare species disappearing together with the floodplain oak woods. *Photo: V.Jurko*

ачная частка лясоў парку моцна забалочана. *та: А.Казулін*

nificant part of Park's forests is swampy. *oto: A.Kozulin*

кія пясчаныя грывы сярод балот — месцы ажывання вельмі рэдкага віду змей — мядзянкі. *та: М.Нікіфараў*

sandy ridges among the mires are habitats a very rare snake species, Smooth Snake. *to: M.Nikiforov*

БАЛОТА ЗВАНЕЦ

Лугавы ерчык.
Фота: І.Бышнёў

Whinchat. *Photo: I.Byshniov*

Неабсяжныя прасторы самага буйнога ў Еўропе нізіннага балота Званец. *Фота: А.Казулін*

Vast reaches of Zvanets, Europe's largest fen mire. *Photo: A.Kozulin*

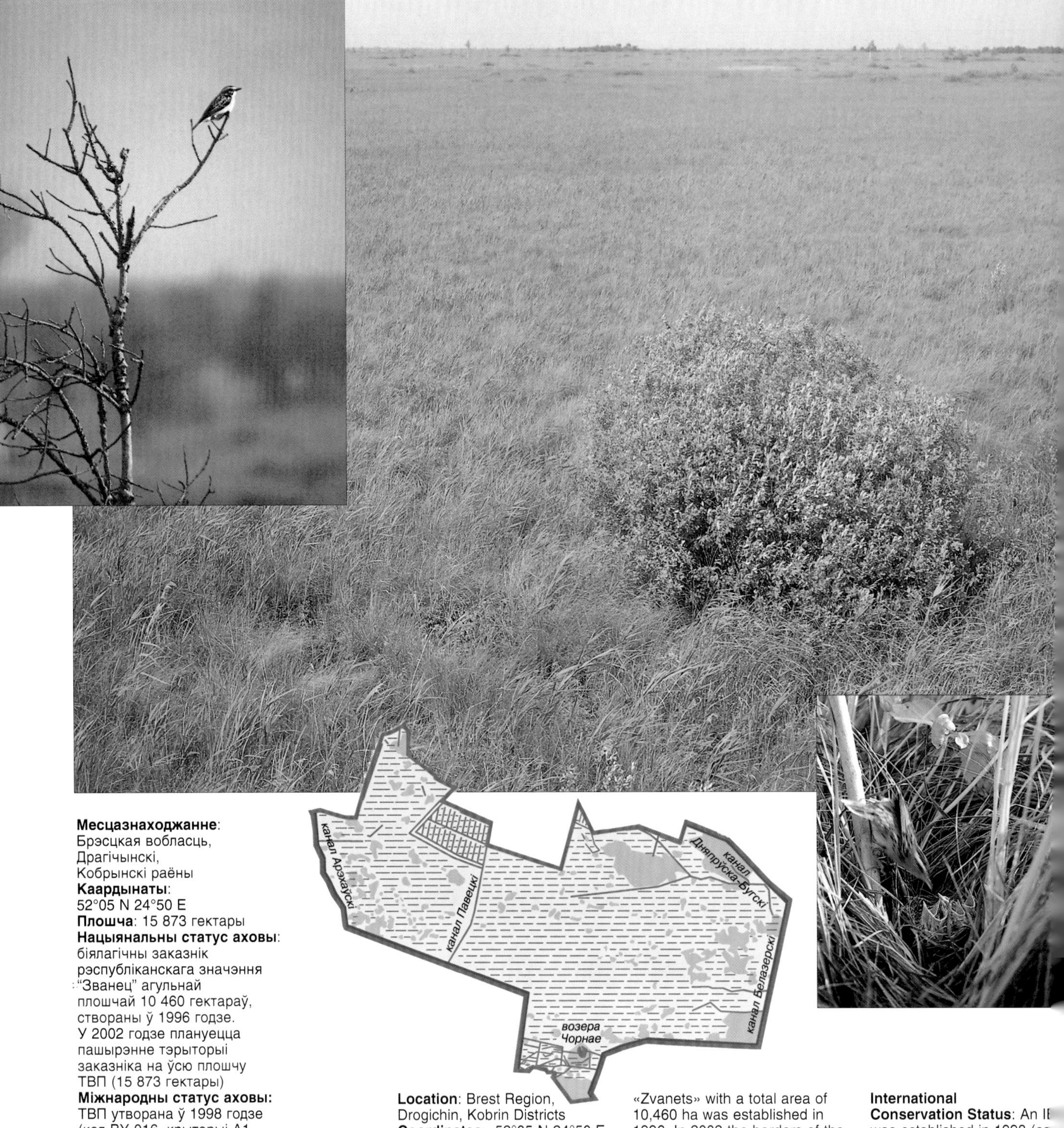

Месцазнаходжанне: Брэсцкая вобласць, Драгічынскі, Кобрынскі раёны
Каардынаты: 52°05 N 24°50 E
Плошча: 15 873 гектары
Нацыянальны статус аховы: біялагічны заказнік рэспубліканскага значэння "Званец" агульнай плошчай 10 460 гектараў, створаны ў 1996 годзе. У 2002 годзе плануецца пашырэнне тэрыторыі заказніка на ўсю плошчу ТВП (15 873 гектары)
Міжнародны статус аховы: ТВП утворана ў 1998 годзе (код BY 016, крытэрыі A1, B2, B3). Патэнцыяльнае Рамсарскае ўгоддзе (крытэрыі 1, 2, 3)

Location: Brest Region, Drogichin, Kobrin Districts
Coordinates: 52°05 N 24°50 E
Area: 15,873 ha
National Conservation Status: A national biological zakaznik «Zvanets» with a total area of 10,460 ha was established in 1996. In 2002 the borders of the zakaznik will be extended to encompass the whole area of the IBA

International Conservation Status: An IB was established in 1998 (cc BY 016, criteria A1, B2, B3). The site is a potential Rams site (criteria 1, 2, 3)

ʼ пачатку траўня балота
ıакрываецца белымі
веткамі бабка трох-
ıістага — тыповай
ıасліны нізінных балот.
Фота: М.Фладэ

ı early May the whole
ıire is covered by white
owers of Common
ıuckbean, a typical
en mire plant.
ʼhoto: M.Flade

ўнік балотны.
ота: А.Пугачэўскі

ırsh Helleborine.
ıoto: A.Pugachevski

домасць балоту
ıынесла вяртлявая
эотаўка.
ота: А.Казулін

e Aquatic Warbler
ıde Zvanets famous.
ıoto: A.Kozulin

Балотны масіў Званец размешчаны ў міжрэччы Днепра-Бугскага канала і яго прытокаў — Белаазёрскага і Арэхаўскага каналаў. З паўднёвага і паўночна-заходняга боку масіў абмежаваны меліярацыйнымі сістэмамі. Званец — буйнейшае ў Еўропе нізіннае балота мезатрофнага тыпу са шматлікімі адкрытымі мінеральнымі астравамі. Непасрэдна балота, па якім раскіданы астравы розных памераў (ад 0,2 да 10 гектараў), займае 70,2% масіву. На лясы і хмызнякі прыходзіцца 16,2% агульнай плошчы. Параўнанне аэрафотаздымкаў 1950-ых і 1990-ых гадоў сведчыць аб змяншэнні плошчы адкрытых балот і павелічэнні плошчы лясоў і хмызнякоў.

Вадаёмы з адкрытай вадой прадстаўлены адным возерам і сеткай каналаў. Возера Залескае ў выніку меліярацыйных работ на прылягаючай тэрыторыі моцна абмялела і ператварылася ў дыстрафуючы вадаём. Дзякуючы значным памерам і размяшчэнню на водападзеле басейнаў Прыпяці і Буга, балотны комплекс уяўляе сабой стабільную экасістэму, якая ў пэўнай ступені не залежыць ад змен на навакольных тэрыторыях. Аснову воднага сілкавання балота састаўляюць грунтовыя воды, вясной і восенню нязначную ролю адыгрываюць атмасферныя ападкі. Істотны ўплыў на гідрарэжым балотнага комплексу аказваюць прылягаючыя да яго меліярацыйныя сістэмы і сетка каналаў, па якіх вада выцякае з балота. Узровень грунтовых вод на балоце ў многім залежыць ад характару выкарыстання вады на гэтых асушаных землях і можа вар'іраваць у межах ±0,5 метра. Такі рэжым водакарыстання выклікае ў заказніку альбо паводкі, альбо засуху з вялікімі пажарамі, якія наносяць істотную шкоду біялагічнай разнастайнасці.

Асноўным відам землекарыстання на тэрыторыі ўгоддзя з'яўляецца сенакос, яго праводзяць амаль на 10% плошчы балотнага комплексу. Мінеральныя астравы выкарыстоўваюцца для вырошчвання прапашных культур, у асноўным бульбы. Найбольш інтэнсіўна выкарыстоўваюцца ўсходняя і заходняя часткі балота (апошняя знаходзіцца за межамі запаведнай тэрыторыі).

Усяго на балоце Званец гняздуецца 110

Zvanets fen mire is located in the interfluve of the Dnieper-Bug Canal and its tributaries: Belooziorsk and Orekhov Canals. In the south and north-west the site is surrounded by drainage systems. This is Europe's largest mesotrophic fen mire with numerous mineral islands. Open fen mires dominate by area (70.2%). Mineral islands of various size (0.2 –10 ha) are scattered across the mire. Forests and shrubs cover 16.2% of the area of the IBA. Comparison of aerial photos from the 1950s and the 1990s shows the shrinkage of the open fen area and the encroachment of shrubs and forests.

Open waters are represented by a lake and a network of canals and ditches. Zalesskoie Lake suffered significantly from drainage and has become a shallow dystrophic water body. Due to its considerable size and situation on the divide of two river basins (the Pripyat and the Bug), the mire acts as a steady-state ecosystem, relatively unsusceptible to changes in the surrounding environment. The main recharge source is underground water; atmospheric recharge is significant only in autumn and spring. The water level in the mire fluctuates from +0.5 to –0.5 m. The hydrological regime of the mire is impacted by the adjoining drainage systems and canals. The use of the surrounding drained areas defines the groundwater table regime in the mire. This situation very often results in either floods or droughts with subsequent severe fires damaging the biodiversity of the IBA.

Hay-making is the main land-use in the IBA, occurring on about 10% of the site. The mineral islands are partially used by the local people to grow arable crops, mainly potatoes. The western part of the mire is used most intensively; this part has not yet been included in the protected area. The eastern part of the mire adjoining the Belooziorsk Canal is also used quite intensively.

A total of 110 bird species breed on the mire, of which 21 are listed in the National Red Data Book.

The site is internationally significant because it supports one of the largest populations of the globally threatened Aquatic Warbler Acrocephalus paludicola, Corncrake *Crex crex*, and Greater Spotted Eagle Aquila clanga. The site hosts more

Від/ Species				Ацэнка колькасці, пар Population estimates, pairs	Крытэрый ТВП IBA Criteria
Circus cyaneus	Палявы лунь	Полевой лунь	Hen Harrier	5—10	B2
Circus pygargus	Поплаўны лунь	Луговой лунь	Montagu's Harrier	10—20	B3
Aquila clanga	Вялікі арлец	Большой подорлик	Greater Spotted Eagle	1—2	A1
Porzana porzana	Пагонiч	Погоныш	Spotted Crake	1000—4000 самцоў males	B3
Crex crex	Драч	Коростель	Corncrake	50—100 самцоў males	A1
Grus grus	Шэры журавель	Серый журавль	Crane	50—100	B2
Bubo bubo	Пугач	Филин	Eagle Owl	15	B2
Asio flammeus	Балотная сава	Болотная сова	Short-eared Owl	100—200	B2
Locustella naevia	Звычайны цвыркун	Обыкновенный сверчок	Grasshopper Warbler	100—200	B3
Locustella luscinioides	Салаўіны цвыркун	Соловьиный сверчок	Savi's Warbler	1500—3000	B3
Acrocephalus paludicola	Вяртлявая чаротаўка	Вертлявая камышевка	Aquatic Warbler	3000—6000 самцоў males	A1
Acrocephalus schoenobaenus	Звычайная чаротаўка	Камышевка-барсучок	Sedge Warbler	5000—8000	B3

відаў птушак, 21 з іх занесены ў Чырвоную кнігу Рэспублікі Беларусь.

Міжнародная значнасць балота Званец вызначаецца, у першую чаргу, падтрыманнем буйнейшай у свеце папуляцыі вяртлявай чаротаўкі *Acrocephalus paludicola* і іншых відаў, якія знаходзяцца пад глабальнай пагрозай знікнення: вялікага арляца *Aquila clanga*, драча *Crex crex*. Акрамя таго, на тэрыторыі балота гняздуецца каля 1% еўрапейскіх папуляцый чаплі-бугая *Botaurus stellaris* і вадзянога пастушка *Rallus aquaticus*. Тэрыторыя таксама мае рэспубліканскае значэнне для захавання папуляцый такіх рэдкіх відаў, як шэры журавель *Grus grus*, бакас *Gallinago gallinago*, вялікі кулён *Numenius arquata*.

На балоце зарэгістраваны і іншыя прадстаўнікі фауны Беларусі (2 віды млекакормячых, 15 наземных і 3 віды водных насякомых), занесеныя ў Чырвоную кнігу.

У межах балота Званец выяўлена 67 відаў вышэйшых сасудзістых раслін, якія патрабуюць розных форм аховы. Большасць з гэтых відаў знойдзена на мінеральных астравах, якія з'яўляюцца сапраўднымі аазісамі багацейшай, а часта і проста унікальнай флоры сярод аднастайнай расліннасці забалочанай прасторы. На тэрыторыі балота растуць 10 рэдкіх для Беларусі і Еўропы раслінных супольнасцей, раней шырока распаўсюджаных на нізінных балотах Палесся. З раслін, якія сустракаюцца на балоце Званец, 23 віды занесены ў Чырвоную кнігу Рэспублікі Беларусь.

Неспрыяльныя фактары

Парушэнне гідралагічнага рэжыму балотнага масіву пад уплывам прылягаючых меліярацыйных сістэм прыводзіць да паводак альбо засух і пажараў.

Узворванне глебы на мінеральных астравах, дзе растуць рэдкія віды раслін.

Скарачэнне сенакашэння з'яўляецца асноўнай прычынай зарастання адкрытых нізінных балот хмызнякамі.

Няўстойлівае лесакарыстанне. Лесакарыстанне на тэрыторыі заказніка праводзіцца без уліку яго значнасці для захавання біяразнастайнасці.

Штогадовае выпальванне расліннасці ў веснавы перыяд практыкуецца мясцовым насельніцтвам і наносіць істотную шкоду біялагічнай разнастайнасці. Асабліва буйныя пашкоджанні адбываюцца ва ўмовах сухой вясны і адсутнасці паводак, калі разам з расліннасцю выпальваецца верхні слой глебы, карані раслін і гінуць усе насякомыя. На такіх выпаленых балотах і лугах большасць птушак перастае гнездавацца.

Неабходныя меры аховы

У 2001 годзе распрацаваны план кіравання заказнікам "Званец", які ўтрымлівае рэкамендацыі па вырашэнні большасці пералічаных вышэй праблем. Асноўная ўвага ў плане ўдзелена аднаўленню гідралагічнага рэжыму, правядзенню спецыяльнага лесаўпарадкавання, укараненню прынцыпаў экалагічнага прыродакарыстання.

Прапанавана таксама пашырыць тэрыторыю заказніка на ўвесь балотны комплекс і заснаваць структуру кіравання.

Інфармацыю аб сучасным стане флоры і фауны падрыхтавалі:
Л.А. Вяргейчык, В.В. Грычык, В.Ч. Дамброўскі, М.Г. Дзмітранок, Л. Дэмангін, А.В. Казулін, А.А. Парэйка, А.М. Скуратовіч, Я.М. Сцепановіч, М. Фладэ.

than 1% of the European population of Bittern *Botaurus stellaris*, and Water Rail *Rallus aquaticus*. The site is of national importance for the conservation of Common Crane *Grus grus*, Snipe *Gallinago gallinago*, and Curlew *Numenius arquata*.

Two mammal, 15 terrestrial and three water invertebrate species from the National Red Data Book occur on the IBA.

67 upper vascular plant species requiring

Балота Званец — цэнтр размнажэння шэрага жураўля. *Фота: І.Бышнёў*

The Zvanets mire is an important breeding centre of Crane. *Photo: I.Byshniov*

Амаль на кожным востраве сярод балота ж ве па пары лугавых ерчыкаў. *Фота: І.Бышнё*

Almost each island of the mire is populated by a pair of Whinchats. *Photo: I.Byshniov*

various protection are found at the IBA, including 23 listed in the National Red Data Book. Most of these plants occur on the mineral islands, which are unique islands of outstanding flora diversity amid the vast uniform wetland. The mire hosts 10 vegetation communities rare for Europe and Belarus which were once widely spread across Polesie.

Threats

Disruptions in the hydrological regime due to the influence of the surrounding drained areas results in floods or droughts and fires.

Land-cultivation on mineral islands with rare flora.

Cessation of hay-making is the main reason for open mires overgrowing with shrubs.

Unsustainable forestry carried out on the IBA does not take into account the need to conserve biodiversity.

Burning of vegetation in spring is performed annually by local people, which damages the site, particularly in dry springs when the flood level is low. In that case, burning destroys the whole upper soil layer including plant roots and insects. Most bird species do not breed on such mires.

На балоце Званец выя лена некалькі новых дл Беларусі відаў членіст ногіх, сярод якіх і гэты павук Argyope bruennic *Фота: І.Бышнёў*

A number of new arthropod species were found on Zvanets for the first time for Belarus, includi this spider Argyope bru nichi. *Photo: I.Byshniov*

Proposed conservation measures

In 2001 a management plan for the IBA was developed. The plan contains recommendations to eliminate most of the above threats. The main focus of the plan is the restoration of the hydrological regime, the application of sustainable forestry and wise nature use. The plan recommends that the territory of the zakaznik should be enlarged to encompass the whole area of the IBA, and that a management unit should be introduced for the zakaznik.

Information on the contem-porary status of flora and fauna was rprovided by:
L. Demongin, M.G. Dmitrenok, V.Ch. Dombrovski, M. Flade, V.V. Grichik, A.V. Kozulin, O.A. Pareiko, A.N. Skuratovich, J.M. Stepanovich, L.A. Vergeichik

Амаль уся тэрыторыя балота размеркавана паміж парамі вялікага кулёна. *Фота: І.Бышнёў*

Almost all of the mire has been divided between Curlew pairs. *Photo: I.Byshniov*

Звычайная чаротаўка па экалогіі і знешнім выглядзе вельмі падобна на вяртлявую чаротаўку, але, у адрозненне ад яе, можа жыць на розных тыпах балот. *Фота: І.Бышнёў*

By its ecology and appearance Sedge Warbler resembles Aquatic Warbler, but unlike the Aquatic Warbler it can occur on various wetland types. *Photo: I.Byshniov*

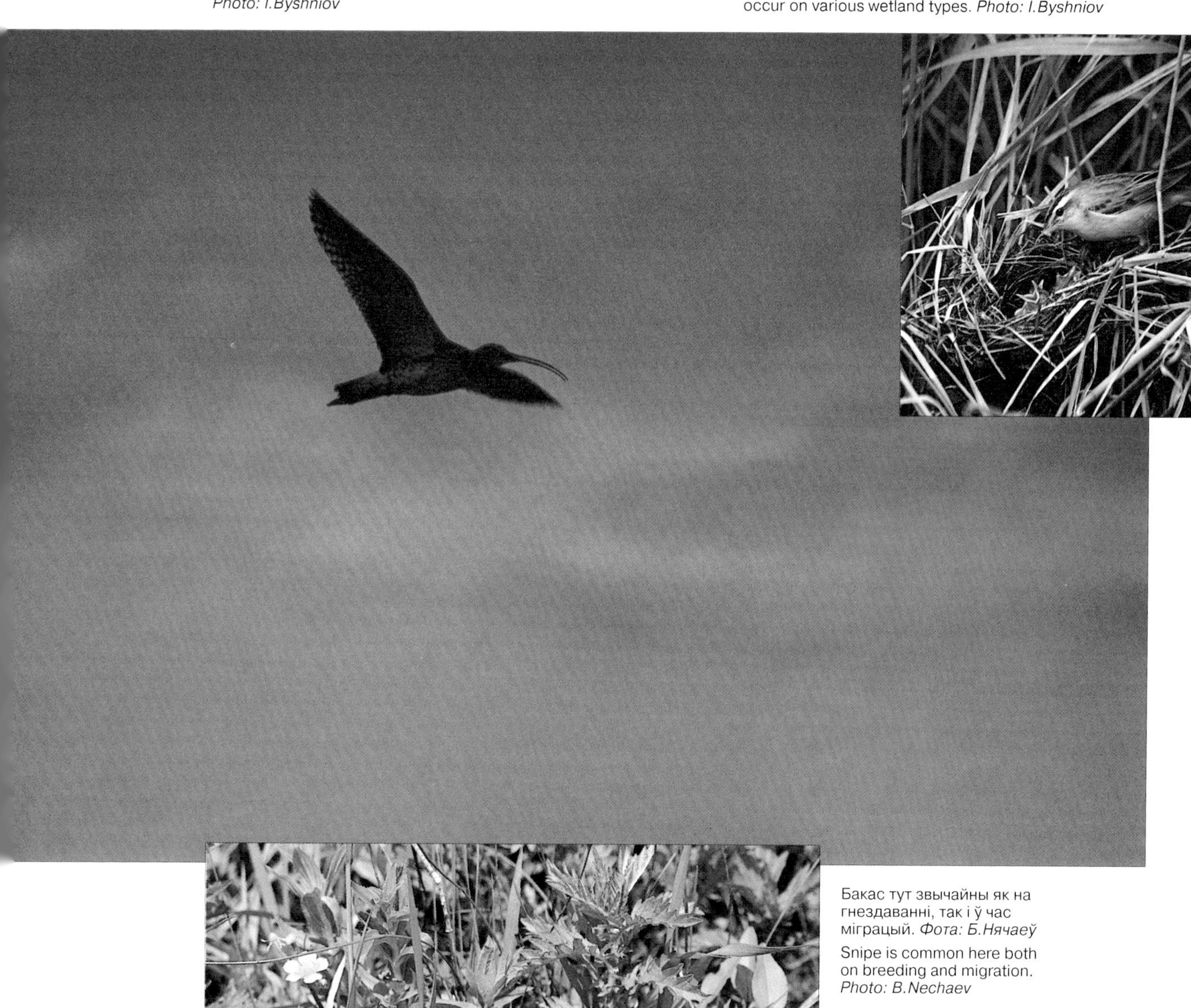

Бакас тут звычайны як на гнездаванні, так і ў час міграцый. *Фота: Б.Нячаеў*

Snipe is common here both on breeding and migration. *Photo: B.Nechaev*

На балоце Званец гняздуецца самая вялікая ў свеце (4000—7000 пар) групоўка вяртлявай чаротаўкі, віду, які знаходзіцца на мяжы знікнення. *Фота: А.Казулін*

The Zvanets mire has the world's largest population of the globally threatened Aquatic Warbler (4,000—7,000 pairs). *Photo: A.Kozulin*

У спрыяльныя гады колькасць пагоніча на балоце дасягае некалькіх тысяч пар. *Фота: М.Нікіфараў*

In favourable years the numbers of Spotted Crake on the mire reach several thousand pairs. *Photo: M.Nikiforov*

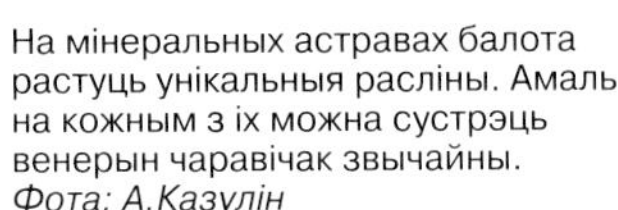

На мінеральных астравах балота растуць унікальныя расліны. Амаль на кожным з іх можна сустрэць венерын чаравічак звычайны. *Фота: А.Казулін*

The mineral islands of the mires provide shelter to unique plants. Almost each of the island hosts Ladies' Slipper Orchid. *Photo: A.Kozulin*

У сезоны з высокім узроўнем вады на балоце гняздуецца да 300 пар чаплі-бугая. *Фота: А.Казулін*

In years with high standing water level up to 300 pairs of Bittern breed on the mire. *Photo: A.Kozulin*

'ут гняздуецца буйнейшая папуляцыя балотнай савы — віду, анесенага ў Чырвоную кнігу. *Фота: І.Бышнёў*

)ne of the largest populations of Short-eared Owl, a National Red)ata Book species, breeds here. *Photo: I.Byshniov*

ПАЛЕСКІ ЗАПАВЕДНІК

Дзікі пры адсутнасці чалавека дасягнулі ў зоне незвычайнай колькасці. *Фота: І.Бышнёў*

In the absence of humans wild boars have become extremely numerous in the Chernobyl zone. *Photo: I.Byshniov*

Месцазнаходжанне:
Гомельская вобласць, Хойніцкі, Брагінскі і Нараўлянскі раёны
Каардынаты:
52°10 N 29°00 E
Плошча: 52 350 гектараў
Нацыянальны статус аховы:
Палескі радыеэкалагічны запаведнік
Міжнародны статус аховы:
патэнцыяльная ТВП (крытэрыі А1, В2).
Патэнцыяльнае Рамсарскае ўгоддзе (крытэрыі 1, 2, 8)

Location:
Gomel Region, Khoiniki, Bragin and Narovlia districts
Coordinates
52°10 N 29°00 E
Area: 52,350 ha
National Conservation Status:
Polesie Radio-Ecological Zapovednik
International Conservation Status:
Potential IBA (criteria A1, B2).
Potential Ramsar site (criteria 1, 2, 8)

Запаведнік знаходзіцца ў так званай трыццацікіламетровай зоне, утворанай пасля аварыі на Чарнобыльскай атамнай электрастанцыі ў 1986 годзе. Правядзенне любой гаспадарчай дзейнасці і знаходжанне людзей на тэрыторыі зоны забаронена.

Прыкладна трэцюю частку тэрыторыі запаведніка займае пойма ракі Прыпяць, для якой характэрны працяглыя веснавыя паводкі. У адкрытай частцы поймы разам з забалочанымі, паніжанымі ўчасткамі шырока распаўсюджаны сухія лугі, якія па сваёй структуры нагадваюць стэпы. Драўнінная расліннасць прадстаўлена разрэджанымі дубравамі, участкамі старых вербалознікаў, якія часта складаюцца з магутных векавых дрэў, а таксама ўзбярэжнымі лазовымі хмызнякамі, якія на працягу доўгага часу вясной і ў пачатку лета бываюць заліты вадой. Лясы, якія растуць за межамі поймы, мазаічныя і фрагментаваныя. У паніжэннях пераважаюць шыракалістыя і хваёва-шыракалістыя насаджэнні, на ўзвышшах і пясчаных дзюнах — сухія хвойнікі. Значную долю складаюць паўторныя асінава-бярозавыя лясы, па найбольш вільготных месцах растуць чорнаалешнікі і лазнякі.

Да аварыі на Чарнобыльскай АЭС большая частка адкрытых тэрыторый уяўляла сабой сельгасугоддзі на месцы асушаных балот. Пасля аварыі для прадухілення пажараў былі перакрыты ўсе магістральныя каналы меліярацыйных аб'ектаў. Гэта прывяло да затаплення і паўторнага забалочвання вялікай прасторы. Вясной у выніку слабага сцёку талай вады большая частка такіх тэрыторый ператвараецца ў вялікія мелкаводныя вадаёмы са шматлікімі невялікімі астраўкамі і мазаічна размешчанымі курцінамі рагозу і трыснягу. Да сярэдзіны лета яны мялеюць, высыхаюць і густа зарастаюць водна-балотнай расліннасцю. Па краях поймы і вялікіх забалочаных масіваў нярэдка цягнуцца грады пясчаных дзюн. Звычайна яны пакрыты сасновымі насаджэннямі, але месцамі захаваліся адкрытыя ўчасткі з незамацаванымі пяскамі. У сувязі са спыненнем сенакашэння і апрацоўкі глебы адбываецца паступовае зарастанне адкрытых пойменных лугоў і былых палёў хмызнякамі. Акрамя таго, у апошнія 3—5 гадоў на пустэчах і ўчастках былых сельгасугоддзяў, якія не затапляюцца вадой, усё шырэй практыкуецца пасеў лясных культур.

Асаблівыя біятопы ўтвараюцца на месцы пакінутых вёсак і сельгаскомплексаў. Тут яшчэ захоўваюцца зараснікі здзічэлых культурных раслін і сінантропнага пустазелля, але з кожным годам усё шырэй распаўсюджваюцца абарыгенныя віды дзікіх раслін. Спалучэнне такіх за-

The site is located within the 30-km exclusion zone, established after the Chernobyl Nuclear Power Plant explosion in 1986, which closed all access and economic activities. About one third of the area is Pripyat floodplain, characterized by prolonged spring floods. The open part of the floodplain is characterized by many dry steppe-like meadows that mix with waterlogged depressed areas. Trees are represented by thinned oak-woods, old willow plots including some very large trees, and willow shrubs along the river banks which stay under water in spring and early summer. Forests outside the floodplain are fragmented and mosaic. Broad-leafed or coniferous-broad-leafed plantations dominate lower-lying areas; the elevated areas and sandy dunes are covered with dry pine stands. Secondary asp and birch forests are numerous; the wettest parts, however, are dominated by black alder and willow stands. Before the Chernobyl disaster, most of the forest-free areas were drained wetlands used for agriculture. After the explosion, all the drainage canals were closed to prevent fires. This resulted in the re-naturalization of large wetland areas. In spring most of these areas turn into large shallow reservoirs with numerous islands and isolated reed and cattail stands because of very poor melt water flow. By summer these reservoirs have dried out and have become overgrown with water vegetation.

Sandy dune ridges stretch along the floodplain edge, as well as along the vast waterlogged parts. Almost all of them are covered with pine stands, but a few remain tree-less, revealing open sands. The cessation of hay-making and arable farming has resulted in gradual shrub encroachment on the open floodplain meadows and former fields. Apart from that, forest planting on barren and flood-free former agricultural areas has also become more frequent over the last 3—5 years. Abandoned villages, industrial and cattle-breeding enterprises retain thickets of so-called escape plants and contribute to the wide proliferation of synanthropic weeds. Indigenous wild plants, however, are also proliferating fast. This, combined with half-destroyed buildings, creates a very specific habitat and encourages the development of a unique wildlife assemblage.

The complete withdrawal of economic activities and no human disturbance, coupled with the wetland re-naturalization, has improved habitats rapidly and there has been a proliferation of several rare animal species. Today the exclusion zone is known to host a breeding group of Greater Spotted Eagle *Aquila clanga* (3—5 pairs). Numbers of other rare bird species have also grown: Black Stork *Ciconia nigra* (30—50 pairs), Short-toed Eagle *Circaetus gallicus* (10—15 pairs), Montagu's

асуля ў пакінутай ёсцы.
Зота: В.Дамброўскі

oe Deer in an abandoned illage.
Photo: V.Dombrovski

прычынах, якія пакуль о не высветленыя, лькасць сінягa сівагра- ў Еўропе катастра- чна зменшылася.
Эта: А.Казулін

e causes of the catastrophic decline in the mbers of Roller in rope have not been rified yet.
oto: A.Kozulin

рнобыльская зона стайцікавейшым навуым палігонам, які дэнструе, наколькі багам можа быць жывёльсвет пры адсутнасці лавека.
та: М.Нікіфараў

e Chernobyl zone has come a very interesting entific and research und, demonstrating w rich wildlife can come in the absence humans.
oto: M.Nikiforov

раснікаў з паўразбуранымі пабудовамі стварае спецыфічныя ўмовы пражывання і прыводзіць да фарміравання своеасаблівых фауністычных комплексаў.

Поўнае спыненне гаспадарчай дзейнасці і адсутнасць фактару неспакою, а таксама паўторнае забалочванне тэрыторый, якія раней былі асушаны, прывялі да хуткага павелічэння колькасці шэрага відаў жывёл і птушак, у тым ліку і рэдкіх для Беларусі.

Harrier *Circus pygargus* (40—60 pairs), Lesser Spotted Eagle *Aquila pomarina* (20—30 pairs), White-tailed Eagle *Haliaeetus albicilla* (8—10 pairs), Hobby *Falco subbuteo* (20—30 pairs), and Kestrel *Falco tinnunculus* (5—10 pairs). The sandy dunes are probably the last and the only breeding ground of the Stone-curlew *Burhinus oedicnemus*, a species that is disappearing from Belarus. The Pripyat floodplain within the zone hosts the largest Belarusian breeding group of Ortolan Bunting

Значную частку зоны займае пойма Прыпяці. *Фота: А.Казулін*

The Pripyat river occupies a substantial part of the Chernobyl zone. *Photo: A.Kozulin*

У зоне зімуе буйнейшая групоўка арлана-белахвоста. *Фота: Р.Чэрашкевіч*

The largest group of White-tailed Eagle is wintering in the zone. *Photo: R.Cherashkevich*

У час міграцый на пясчаных косах Прыпяці можна сустрэць і крычку чэграву. *Фота: А.Казулін*

Caspian Tern can be found on the sandy banks of the Pripyat during migration. *Photo: A.Kozulin*

Так, на гнездаванне ў запаведнік з'явіўся вялікі арлец *Aquila clanga* (3—5 пар) — від, які знаходзіцца пад пагрозай глабальнага знікнення. Павялічылася колькасць чорнага бусла *Ciconia nigra* (30—50 пар), арла-вужаеда *Circaetus gallicus* (10—15 пар), поплаўнага луня *Circus pygargus* (40—60 пар), малога арляца *Aquila pomarina* (20—30 пар), арлана-белахвоста *Haliaeetus albicilla* (8—10 пар), сокала-кабца *Falco subbuteo* (20—30 пар) і сокала-пустальгі *Falco tinnunculus* (5—10 пар). Пясчаныя дзюны з'яўляюцца, верагодна, апошнім і адзіным месцам гнездавання знікаючага ў Беларусі віду — паляніка *Burhinus oedicnemus*. У пойме Прыпяці на сухіх лугах гняздуецца найбольш шматлікая ў Беларусі групоўка садовай стрынаткі *Emberiza hortulana*, вакол пакінутых населеных пунктаў сустракаецца чарналобы грычун *Lanius minor*, даволі высокая колькасць і вялікага грычуна *Lanius excubitor*.

На тэрыторыі запаведніка ўтварылася унікальнае для Беларусі месца зімоўкі буйных драпежных птушак — арлана-белахвоста *Haliaeetus albicilla* (40—60 птушак) і арла-маркута *Aquila chrysaetos* (5—10 птушак). Узнікненне такіх згуртаванняў драпежнікаў абумоўлена наяўнасцю спрыяльнай харчовай базы (асноўнай іх ежай з'яўляюцца рэшткі ахвяр ваўка).

Ранняй вясной на затопленых тэрыторыях збіраюцца вялікія чароды гусей і качак, а ў асобныя гады ўлетку — вялікіх белых чапляў *Egretta alba* і чорных буслоў *Ciconia nigra*. За апошнія некалькі гадоў усё часцей рэгіструюцца такавішчы дубальта *Gallinago media*.

Пры адсутнасці антрапагеннага фактару надзвычай узрасла шчыльнасць капытных млекакормячых (дзіка, казулі, ласяі і ваўка). На тэрыторыі запаведніка стала высокай колькасць і некаторых іншых, больш дробных, драпежных млекакормячых (звычайная ліса, янотападобны сабака, каменная куніца). Акрамя таго, тут сустракаюцца барсук, рысь і арэшнікавая соня — віды, якія занесены ў Чырвоную кнігу Беларусі. У 1995

Emberiza hortulana (on steppe-like meadows) and Lesser Grey Shrike *Lanius minor* (in the vicinity of abandoned dwellings). The population density of Great Grey Shrike *Lanius excubitor* is also quite high.

Today the exclusion zone serves as an important wintering ground for the largest Belarusian populations of White-tailed Eagle (40—60 birds) and Golden Eagle (5—10 birds). The high wintering concentrations of these birds are explained by the favorable feeding conditions. In early spring the flooded areas host large populations of migrating geese and ducks. In some years, concentrations of Great White Egret and Black Stork have been recorded in summer. Displaying Great Snipe have been recorded here increasingly often in the last several years. The absence of people defines high densities of ungulates (Wild Boar, Roe Deer and

Перакрыццё каналаў ператварыла былыя меліяраваныя палі ў райскія месцы для водна-балотных птушак і водных насякомых

Closing of ditches has turned the former drained fields into a paradise for water birds and insects

годзе ў Палескі запаведнік быў завезены белавежскі зубр. Зараз статак гэтых велічных жывел існуе ў натуральных умовах.

Неспрыяльныя фактары

Зарастанне адкрытых тэрыторый лесам і расшырэнне хмызняковых зараснікаў, якое ўсё больш прагрэсіруе, можа прывесці да знікнення многіх відаў птушак (у тым ліку і рэдкіх), якія выкарыстоўваюць гэты біятоп для гнездавання

Elk) and Wolves. Numbers of some smaller terrestrial predators (Fox, Raccoon Dog and Stone Marten) on the territory of the Zapovednik have also grown.

Some National Red Data Book species can also be encountered here, including Badger, Lynx and Common Dormouse. In 1995 European Bison was introduced here. At present these animals live here freely.

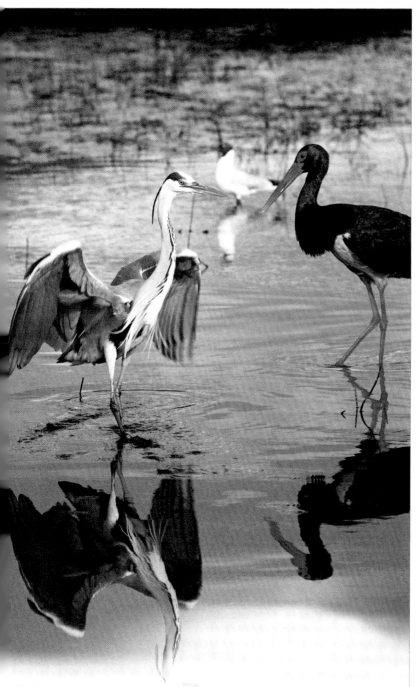

орныя буслы і шэрыя аплі . *Фота: І.Бышнёў*

lack Storks and Grey erons. *Photo: I.Byshniov*

к-марадунка. *а: І.Бышнёў*

k Sandpiper. *to: I.Byshniov*

аказа прыгажуня кучая. *Фота: І.Бышнёў*

gonfly *Colopteryx splens. Photo: I.Byshniov*

альбо як паляўнічыя ўгоддзі.

Высокая колькасць драпежнікаў і відаў-канкурэнтаў перашкаджае аднаўленню папуляцый некаторых відаў (палянік *Burhinus oedicnemus* і вялікі грычун *Lanius excubitor*), якія знаходзяцца ў прыгнечаным становішчы.

Празмернае знішчэнне ваўка прыводзіць

Threats

Overgrowth of the open areas with woods and shrubs may result in the disappearance of many bird species, including rare and threatened ones.

High numbers of predators and competition from other species bars the population recov-

да неабмежаванага павелічэння колькасці дзіка, які адмоўна ўплывае на ўзнаўленне некаторых рэдкіх відаў птушак, што гняздуюцца на зямлі.

Неабходныя меры аховы

Распрацаваць план кіравання тэрыторыяй. Асаблівая ўвага павінна быць нададзена мэтанакіраванаму рэгуляванню ўзроўню грунтовых вод. Правесці функцыянальнае занаванне тэры-

ery for several species that were previously put under serious pressure (Stone-curlew and Lesser Grey Shrike). **The mass hunting of wolves** results in unlimited growth in wild boar populations. This, in turn, adversely affects the breeding of several rare ground-nesting bird species.

Proposed conservation measures

A management plan for the site is required, which will focus on regulation of the groundwater

Інфармацыю аб сучасным стане флоры і фауны падрыхтавалі: *В.Ч. Дамброўскі, Д.В. Дубовік, Д.В. Жураўлёў, А.В. Казулін, М.Я. Нікіфараў, А.А. Парэйка, А.М. Скуратовіч.*

Палянік. *Фота: Б.Нячаеў*

Stone Curlew. *Photo: B.Nechaev*

Балотная чарапаха. *Фота: І.Бышнёў*

Fresh-water Turtle. *Photo: I.Byshniov*

Пясчаныя дзюны — знікаючы біятоп Палесся, становяцца рэдкімі і жывёлы, якія тут сустракаюцца. *Фота: І.Бышнёў*

Sandy dunes are a disappearing biotope of Polesie. Animals occuring here become rare as well. *Photo: I.Byshniov*

Малая крычка. *Фота: С.Зуёнак*

Little Tern. *Photo: S.Zuenok*

→

Пясчаныя наносы ўзд рэчышча Прыпяці — тыповае месца гнездавання крыўка. *Фота: І.Бышнёў*

Oystercatcher's habita sandy ridges along the Pripyat. *Photo: I.Byshn*

Птушаня крыўка. *Фота: І.Бышнёў*

A chick of Oystercatch *Photo: I.Byshniov*

Гняздо крыўка. *Фота: А.Казулін*

Nest of Oystercatcher. *Photo: A.Kozulin*

ıformation on the contem-
·orary status of flora and
ıuna was provided by:
.Ch. Dombrovski, D.V. Du-
ovik, A.V. Kozulin, M.E. Ni-
·forov, O.A. Pareiko,
.N. Skuratovich,
·huravliov D.V.

торыі, уключаючы найбольш каштоўныя ўчасткі ў зону абсалютнай запаведнасці. Распрацаваць і ажыццявіць праграмы аднаўлення папуляцый некаторых каштоўных і знікаючых відаў жывёл.

table. The area should be zoned into functions and the most valuable plots for biodiversity conservation should be included in a strictly protected zone. Programes should be developed for the population recovery of the most important and threatened animals.

ПОЙМА РАКІ СОЖ

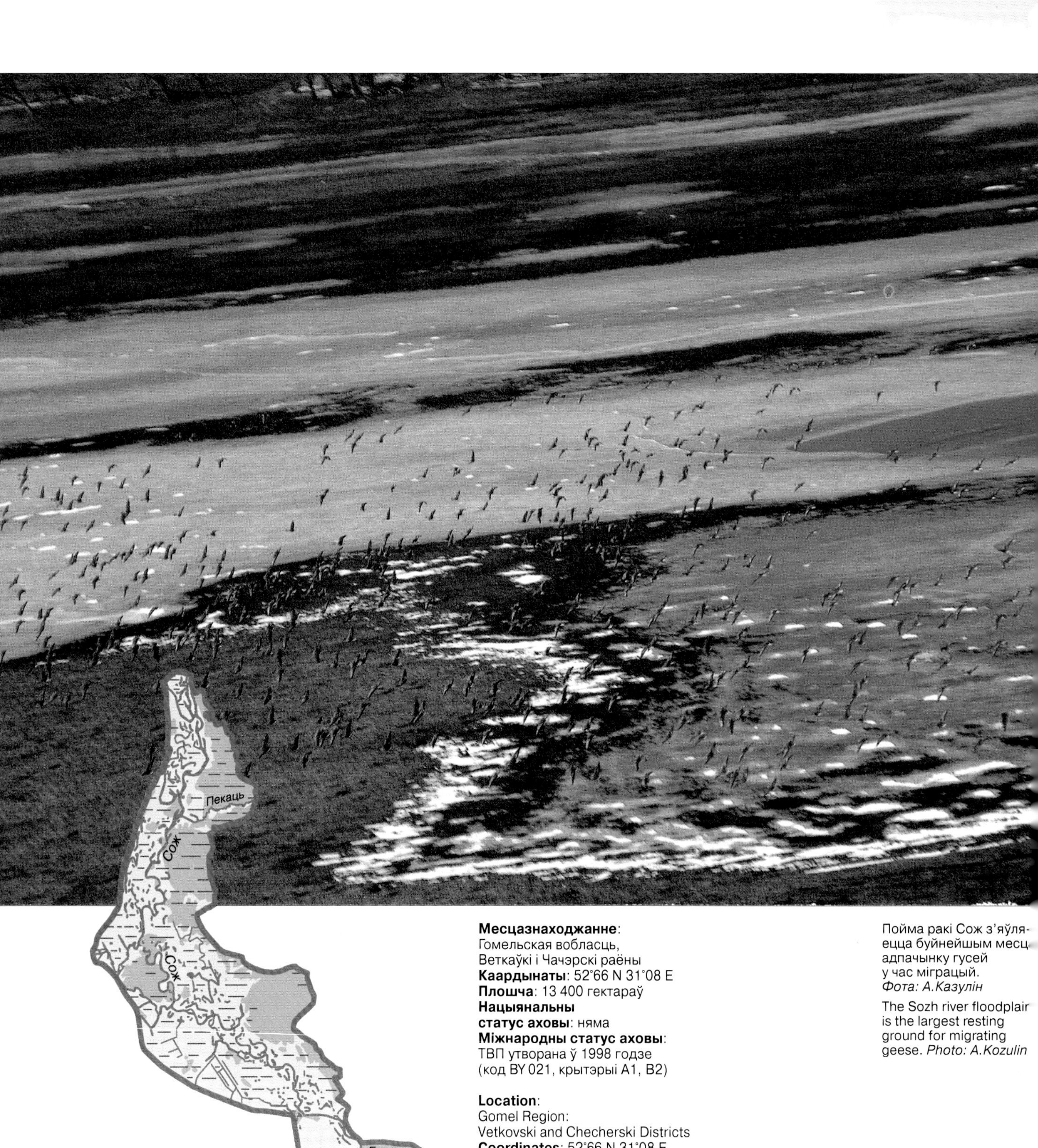

Месцазнаходжанне: Гомельская вобласць, Веткаўкі і Чачэрскі раёны
Каардынаты: 52°66 N 31°08 E
Плошча: 13 400 гектараў
Нацыянальны статус аховы: няма
Міжнародны статус аховы: ТВП утворана ў 1998 годзе (код BY 021, крытэрыі A1, B2)

Location: Gomel Region: Vetkovski and Checherski Districts
Coordinates: 52°66 N 31°08 E
Area: 13,400 ha
National Conservation Status: none
International Conservation Status: An IBA was established in 1998 (code BY 021, criteria A1, B2)

Пойма ракі Сож з'яўляецца буйнейшым месц адпачынку гусей у час міграцый. *Фота: А.Казулін*

The Sozh river floodplair is the largest resting ground for migrating geese. *Photo: A.Kozulin*

Тэрыторыя ўяўляе сабой найбольш значны для захавання біялагічнай разнастайнасці ўчастак поймы ракі Сож ад вусця ракі Беседзь да горада Ветка. Шырыня поймы на гэтым участку дасягае 5—6 кіламетраў. Пойма двухбаковая, месцамі левабярэжная альбо чаргуецца па берагах. З пойменных біятопаў па плошчы пераважаюць стэпавыя і забалочаныя лугі. У паніжэннях знаходзяцца нізінныя балоты з нязначнымі запасамі торфу. Рэчышча ракі вельмі звілістае, яго

The IBA covers the most significant part for biodiversity conservation of the Sozh floodplain from the mouth of the Besiad river up to the Vetka river. The Sozh floodplain is about 5—6 km wide. The floodplain is mainly present on both sides of the river, though sometimes only on one bank or the other. The floodplain is dominated by steppe-type and wet meadows. Fens with a weak peat layer are mainly found in depressed areas. The channel of the river is 50—90 m wide and meandering.

…амы шматлікі від качак …пойме — крыжанка. …ота: А.Казулін

…lallard is the most …umerous duck species … the floodplain. …hoto: A.Kozulin

На пойменных лугах даволі звычайны драч — від, які знікае ў Еўропе. *Фота: І.Бышнёў*

The Europe's threatened Corncrake is common on floodplain meadows. *Photo: I.Byshniov*

Вясной пойма заліваецца высокім, але непрацяглым паводкам. *Фота: А.Казулін*

In spring the floodplain gets inundated for a short period of time. The water level, however, is quite high. *Photo: A.Kozulin*

Від / Species				Ацэнка колькасці, пар Population estimates, pairs	Крытэрый ТВП IBA Criteria
Anas querquedula	Качка-чырка	Чирок-трескунок	Garganey	400—600	B2
Crex crex	Драч	Коростель	Corncrake	300—500 самцоў males	A1
Gallinago media	Дубальт	Дупель	Great Snipe	60—120 самцоў males	A1
Chlidonias niger	Чорная рыбачка	Черная крачка	Black Tern	150—500	B2
Alcedo atthis	Звычайны зімародак	Обыкновенный зимородок	Kingfisher	20—30	B2

шырыня 50—90 метраў. Па пойме раскіданы нешматлікія, часта моцна зарослыя воднай расліннасцю, старыцы. Пойменныя лясы прадстаўлены толькі адной невялікай дубравай. З усходняга боку да поймы прымыкае буйны лясны масіў — Чачэрскі заказнік.

Водны рэжым тыповы для раўнінных рэк Палесся. Высокая веснавая паводка пачынаецца ў канцы сакавіка, сярэдні ўзровень пад'ёму вады каля 4—5 метраў. Летне-асенняя межань перарываецца частымі дажджавымі паводкамі. На гэтым участку асноўнымі прытокамі Сожа з'яўляюцца рэкі Беседзь і Ліпа.

Раней тэрыторыя поймы інтэнсіўна выкарыстоўвалася для сенакашэння і выпасу жывёлы. У 1986 годзе, пасля аварыі на ЧАЭС, гэты ўчастак поймы быў забруджаны радыенуклідамі, у выніку чаго на некаторай яе частцы гаспадарчая дзейнасць спынена.

У веснавы перыяд пойма цалкам заліваецца вадой, сухімі застаюцца толькі шматлікія дробныя астраўкі. Гэта стварае выключна спрыяльныя ўмовы для пракорму і адпачынку мігрырую-

Numerous oxbows, most of which are extremely overgrown with vegetation, are scattered across the floodplain. Floodplain forests are represented by one small oak-wood tract. A large wood borders the IBA in the east (Checherski zakaznik).

The water regime is typical for Polesian rivers: the high spring flood usually starts in late March, with an average water rise of about 4—5 m. The summer and autumn dry period is almost always interrupted by frequent rainfall events. The main tributaries of the Sozh within the IBA are the Besiad and Lipa rivers.

Hay-making and cattle pasturing used to occur on the site. In 1986 the IBA was contaminated by radiation following the Chernobyl Nuclear Power Plant explosion. Since then the economic use of the area has been very limited.

The floodplain floods every spring: only small islands are left dry. These are very favorable conditions for migrating geese and waders. More than 20,000 geese and 30,000 waders stop off in April-May for feeding and rest. White-fronted Goose *Anser albifrons* and Ruff *Philomachus pugnax* are

чых гусей і кулікоў. У красавіку-маі тут спыняецца больш за 20 тысяч гусей і каля 30 тысяч кулікоў, самыя шматлікія з якіх белалобая гусь *Anser albifrons* і баталён *Philomachus pugnax*.

Пойменныя лугі з'яўляюцца месцам гнездавання буйных папуляцый драча *Crex crex* і дубальта *Gallinago media* — птушак, якія знаходзяцца пад глабальнай пагрозай знікнення. Высо-

especially numerous on migration. The floodplain meadows are used by large breeding populations of the globally threatened Corncrake *Crex crex* and Great Snipe *Gallinago media*. Breeding Garganey *Anas querquedula*, Black Tern *Chlidonias niger,* and Bluethroat *Luscinia svecica* are also high in number.

No special flora and fauna studies have been performed on the site.

Information on the contemporary status of flora and fauna was rendered by: *Kozulin A.V., Pareiko O.A.*

Ад дубраў, якія некалі былі шырока распаўсюджаны ў пойме, цяпе захавалася толькі некалькі фрагментаў. *Фота: І.Бышнёў*

Only scattered fragments have remained from the formerly widely spread floodplain oak woods. *Photo: I.Byshniov*

Рэдкі ў пойме від — высакародны алень. *Фота: В.Натыканец*

Red Deer: a species rare in the floodplain. *Photo: V.Natykanets*

кую колькасць у гнездавы перыяд маюць такса-ма качка-чырка *Anas querquedula*, чорная рыбачка *Chlidonias niger*, кралька *Luscinia svecica*.

Неспрыяльныя фактары

Асноўным неспрыяльным фактарам з'яўляецца спыненне гаспадарчай дзейнасці ў пойме, што выклікае хуткае зарастанне адкрытых лугоў хмызнякамі.

Threats

The main threat to the biodiversity is the cessation of traditional economic activities, resulting in the rapid encroachment of shrubs on open meadows.

Proposed conservation measures

Additional studies are required to provide a background for the establishment of a specially protected area on the IBA.

Пастаўка-зямлянка. *Фота: С.Зуёнак, Б.Ямінскі*

Sand Martin. *Photo: S.Zuenok, B.Yaminski*

Чорная рыбачка. *Фота: С.Зуёнак, Б.Ямінскі*

Back Tern. *Photo: S.Zuenok, B.Yaminski*

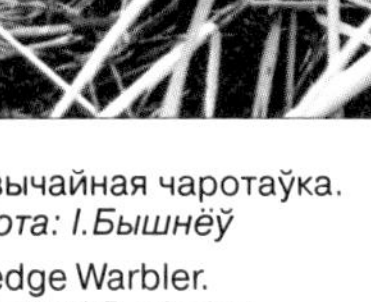

...ычайная чаротаўка. ...*ота: І.Бышнёў*

...dge Warbler. ...*oto: I.Byshniov*

Качка-чырка. *Фота: А.Казулін*

Garganey. *Photo: A.Kozulin*

Зімародак звычайны. *Фота: В.Юрко*

Kingfisher. *Photo: V.Jurko*

...йбольш тыповыя віды ...ймы ракі Сож характа-...зуюць разнастайнасць ...топаў

...e most typical animal ...ecies reflect the diversi-...of habitats in the Sozh ...odplain

Неабходныя меры аховы

Спецыяльныя работы па вывучэнні флоры і фауны тэрыторыі не праводзіліся. Для распрацоўкі прапаноў па ўтварэнні ахоўнай тэрыторыі неабходна правесці дадатковыя даследаванні.

Інфармацыю аб сучасным стане флоры і фауны падрыхтавалі: *А.В. Казулін, А.А. Парэйка.*

БАЛОТА СПОРАЎСКАЕ

Тыповыя балотныя ландшафты заказніка “Спораўскі”.
Фота: М.Фладэ, А. Казулін

Typical fen mire landscapes.*Photo: M.Flade, A. Kozulin*

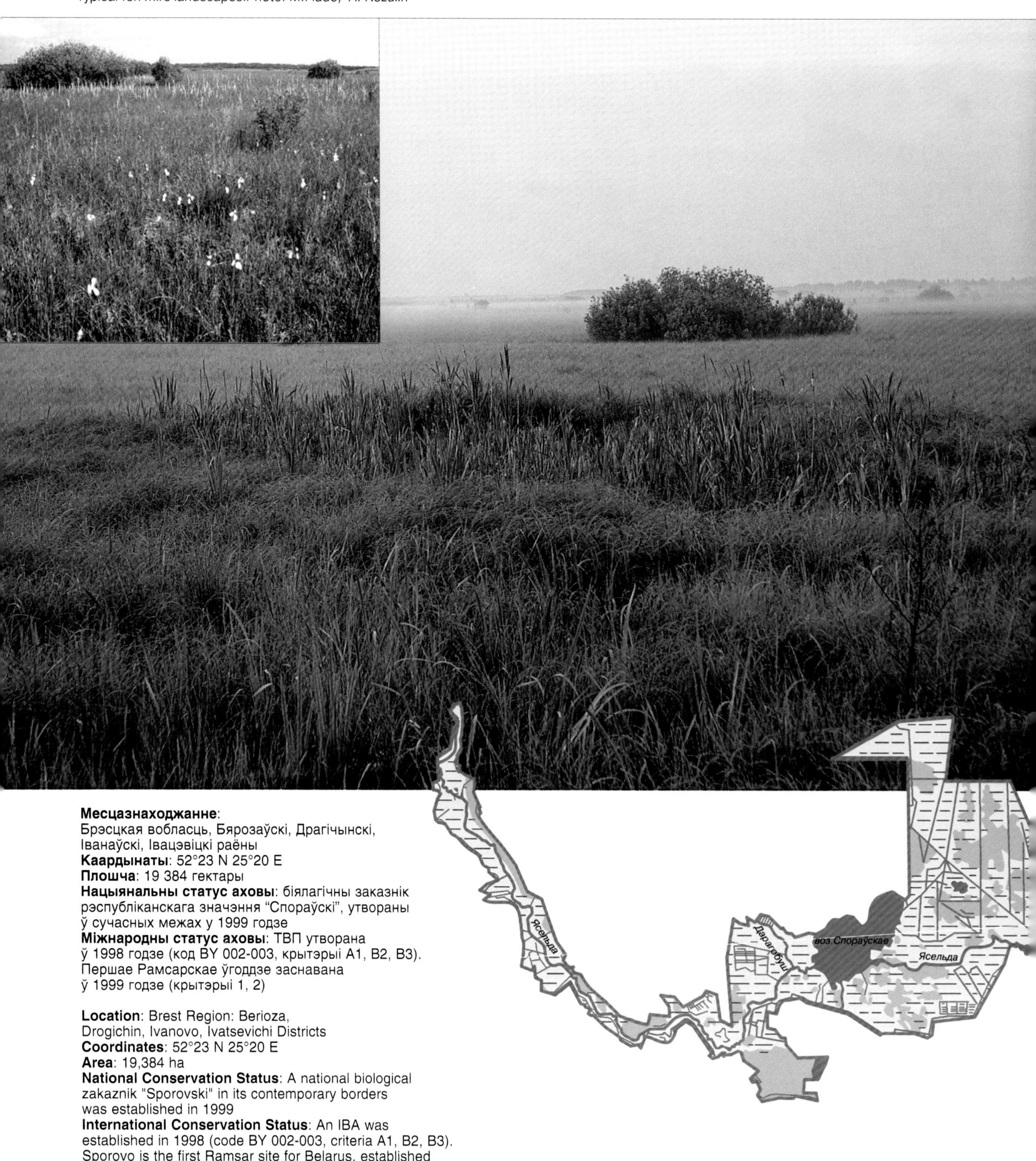

Месцазнаходжанне:
Брэсцкая вобласць, Бярозаўскі, Драгічынскі, Іванаўскі, Івацэвіцкі раёны
Каардынаты: 52°23 N 25°20 E
Плошча: 19 384 гектары
Нацыянальны статус аховы: біялагічны заказнік рэспубліканскага значэння “Спораўскі”, утвораны ў сучасных межах у 1999 годзе
Міжнародны статус аховы: ТВП утворана ў 1998 годзе (код BY 002-003, крытэрыі A1, B2, B3). Першае Рамсарскае ўгоддзе заснавана ў 1999 годзе (крытэрыі 1, 2)

Location: Brest Region: Berioza, Drogichin, Ivanovo, Ivatsevichi Districts
Coordinates: 52°23 N 25°20 E
Area: 19,384 ha
National Conservation Status: A national biological zakaznik "Sporovski" in its contemporary borders was established in 1999
International Conservation Status: An IBA was established in 1998 (code BY 002-003, criteria A1, B2, B3). Sporovo is the first Ramsar site for Belarus, established in 1999 (criteria 1, 2)

Ранняй вясной балота пакрываецца рознакаляровым дыванам квітнеючых раслін.
In early spring the mire is covered by a motley carpet of blooming flowers.

Цабельнік балотны.
Фота: М.Фладэ
Marsh Cinquefoil.
Photo: M.Flade

Пальчатакарэннік майскі.
Фота: М.Фладэ
Dactylorhiza majalis.
Photo: M.Flade

Гарычка лёгачная.
Фота: М.Фладэ
Marsh Gentian.
Photo: M.Flade

Тэрыторыя ўяўляе сабой адзін з буйнейшых у Еўропе комплексаў пойменных нізінных балот, якія захаваліся ў натуральным стане. Дзякуючы сваім памерам балотны масіў застаецца стабільнай экасістэмай, якая ў пэўнай ступені не залежыць ад змен на прылягаючых тэрыторыях.

У цэнтры заказніка працякае рака Ясельда з вельмі звілістым і зарослым воднай расліннасцю рэчышчам. Пойма шырынёй ад 0,5 да 2 кіламетраў з абодвух бакоў рэчышча ўяўляе сабой тыповае нізіннае балота. У цэнтры заказніка знаходзіцца возера Спораўскае. Асноўная частка тэрыторыі заказніка занята адкрытымі нізіннымі балотамі (43,2%), нізінныя балоты з мазаічна размешчанымі хмызнякамі займаюць 17,9% плошчы, на долю балот, парослых хмызнякамі, прыходзіцца 4,1%. Сярод балот раскіданы шматлікія невысокія пагоркі і ўзвышшы (мінеральныя астравы). У мінулым мінеральныя астравы былі пакрыты дубова-хваёвымі лясамі, але пазней іх высеклі, і гэтыя ўчасткі сталі выкарыстоўваць у якасці выганаў і паш. У цяперашні час большая частка сельскагаспадарчых тэрыторый закінута і на іх аднаўляецца натуральная расліннасць.

Раней, да меліярацыі, гідралагічны рэжым ракі Ясельда быў тыповым для раўнінных рэк: кожную вясну бывала высокая паводка, якая змянялася летняй межанню. На працягу ўсяго года здараліся рэдкія навадненні, выкліканыя ападкамі. У цяперашні час увесь участак ракі Ясельда вышэй заказніка выпрамлены і зарэгуляваны. На рацэ створаны вадасховішча і рыбгас "Сялец", ад дзейнасці якіх залежыць гідралагічны рэжым на тэрыторыі заказніка. У апошнія гады веснавыя паводкі адсутнічаюць, затое пачасціліся летнія навадненні. Парушэнне гідралагічнага рэжыму прыводзіць да інтэнсіўнага зарастання рэчышча ракі і возера, да штогодніх затапленняў поймы ці, наадварот, моцных засух і пажараў.

Тэрыторыя заказніка выкарыстоўваецца для наступных відаў гаспадарчай дзейнасці: сенакашэння і выпасу жывёлы (10—15% плошчы), лясной гаспадаркі, палявання і рыбнай лоўлі. На прылягаючых да ўгоддзя, у асноўным меліяраваных, землях вырошчваюцца прапашныя і зерневыя культуры.

Тэрыторыя з'яўляецца вызначальным месцам гнездавання віду, які знаходзіцца пад глабальнай пагрозай знікнення,— вяртлявай чаротаўкі *Acrocephalus paludicola*. Тут гняздуецца каля 9% сусветнай папуляцыі і адзначана самая высокая ў свеце шчыльнасць гэтага віду. Заказнік забяспечвае існаванне папуляцый цэлага шэрага рэдкіх і знікаючых відаў птушак, сярод якіх два віды (драч *Crex crex* і дубальт *Gallinago media*) таксама знаходзяцца пад глабальнай паг-

The site is Europe's largest complex of natural floodplain fen mires. The significant size of the area contributes to the relative stability of its ecosystems, which, to a large degree, are independent of outside impacts.

The Yaselda river, with its meandering and overgrown channel, crosses the centre of the zakaznik. The floodplain, which is 0.5–2 km wide, is a typical fen mire. The centre of the zakaznik is occupied by Sporovskoie Lake. Most of the site is covered by open fens (43.2%). Fens with a mosaic of shrubs cover 17.9% of the site, shrubs cover 4.1%. There are numerous small hills and low mineral islands scattered across the zakaznik. In the past, these mineral islands were covered by oak and pine woods. Eventually the forests were cut, and the islands were used as agricultural fields and pastures. Today most agricultural fields of the zakaznik are abandoned and the natural vegetation is re-generating.

Before drainage the hydrological regime of the Yaselda river was typical of flatland rivers: every spring high floods would occur, followed by prolonged summer dry periods, regularly interrupted by rainfall. Drainage was accompanied by canalization of most of the Yaselda within the zakaznik. Selets fishfarm and a reservoir were constructed in the Yaselda floodplain. Today they seriously influence the hydrological regime of the river. Spring floods are almost absent, but summer inundations have become common. Disruptions in the hydrological regime have resulted in intense overgrowth of the river channel and the lakes, severe annual inundation of the floodplain with catastrophic droughts and fires at other points during the year.

The zakaznik is used for hay-making and cattle pasturing (10-15% of the area), forestry, hunting and fishing. Arable and grain crops are grown on drained lands adjacent to the zakaznik.

Від / Species				Ацэнка колькасці, пар Population estimates, pairs	Крытэрый ТВП IBA Criteria
Gallinago media	Дубальт	Дупель	Great Snipe	50—70 самцоў males	A1
Larus minutus	Малая чайка	Малая чайка	Little Gull	5—15	B2
Chlidonias niger	Чорная рыбачка	Черная крачка	Black Tern	100—200	B2
Locustella luscinioides	Салаўіны цвыркун	Соловьиный сверчок	Savi's Warbler	100—150	B3
Acrocephalus paludicola	Вяртлявая чаротаўка	Вертлявая камышевка	Aquatic Warbler	690—2120 самцоў males	A1

Sporovo fen mire is a key habitat for the globally threatened Aquatic Warbler *Acrocephalus paludicola*, supporting 9% of the global population. The site is characterized by the highest breeding density of this species. It supports 20 bird species listed in the National Red Data Book, including two disappearing ones, Corncrake *Crex crex* and Great Snipe *Gallinago media*, as well as an internationally important population of Bittern *Botaurus stellaris* and nationally important breeding populations of Black Stork *Ciconia nigra*. The site hosts a total of 123 bird species. The floodplain of the Yaselda river has a unique but not very diverse flora. High flora diversity is only observed on mineral islands; these, however, are few and in most cases transformed by people. 18 protected and 13 regionally important plant species occur here. One of the unique Atlantic communities, *Corynephoretum canescentis*, is found here.

Rare Red Data Book fauna includes one reptile

розай знікнення, а 20 занесены ў Чырвоную кнігу Беларусі. Акрамя таго, тэрыторыя заказніка падтрымлівае папуляцыю чаплі-бугая *Botaurus stellaris*, якая мае міжнародную значнасць, і папуляцыю чорнага бусла *Ciconia nigra* нацыянальнай значнасці. Усяго на гнездаванні ў заказніку адзначана 123 віды птушак.

Забалочаная пойма характарызуецца унікальным, хаця і не вельмі багатым складам раслін. Звязана гэта з тым, што нешматлікія ўзвышэнні рэльефу (мінеральныя астравы), якія робяць больш разнастайнай бедную флору балот, у значнай ступені трансфармаваны. На тэрыторыі заказніка налічваецца 18 відаў раслін, занесеных у Чырвоную кнігу Беларусі, і 13 відаў, якія маюць рэгіянальную значнасць. Акрамя таго, тут адзначаны унікальныя супольнасці травяністай расліны булаваносца сівога *Corynephoretum canescentis*, якія прыстасаваліся да росту на сухіх пясчаных выспах ва ўмовах, неспрыяльных для выжывання іншых відаў раслін.

З іншых рэдкіх прадстаўнікоў нашай фауны, якія занесены ў Чырвоную кнігу Беларусі, у заказніку адзначаны 1 від паўзуноў (балотная чарапаха *Emys orbicularis*) і 18 відаў насякомых, 2 з якіх уключаны яшчэ і ў еўрапейскую Чырвоную кнігу.

Неспрыяльныя фактары

Парушэнне гідралагічнага рэжыму ракі Ясельда з'яўляецца важнейшым фактарам, які вызначае стан экасістэмы балота і яго біялагічнай разнастайнасці. Эксплуатацыя вадасховішча і рыбгаса "Сялец" з'яўляецца прычынай паводак і засух на балоце, якія ў сваю чаргу прыводзяць да затаплення гнёзд птушак, паскарэння раслінных сукцэсій, зарастання рэчышча ракі і возера, веснавых пажараў і, як вынік, да змены відавога складу флоры і фауны.

Забруджванне вады цяжкімі металамі, пестыцыдамі, арганічнымі рэчывамі.

Узворванне глебы на мінеральных астравах, дзе растуць рэдкія віды раслін.

Скарачэнне сенакашэння з'яўляецца асноўнай прычынай зарастання адкрытых нізінных балот хмызнякамі.

Штогодняе веснавое выпальванне расліннасці практыкуецца мясцовым насельніцтвам і наносіць істотную страту біялагічнай разнастайнасці. Асабліва буйныя пашкоджанні адбываюцца ва ўмовах сухой вясны і адсутнасці паводак, калі разам з расліннасцю выпальваюцца верхні пласт глебы, карэнні раслін і гінуць усе насякомыя. На такіх выпаленых балотах і лугах большасць відаў птушак перастае гнездавацца.

Неабходныя меры аховы

У 2001 годзе распрацаваны план кіравання заказнікам "Спораўскі", у якім змешчаны рэкамендацыі па вырашэнні большасці пералічаных вышэй праблем. Асноўная ўвага ў плане ўдзелена вырашэнню праблем, звязаных з колькасцю і якасцю вады.

Інфармацыю аб сучасным стане флоры і фауны падрыхтавалі: *Л.А. Вяргейчык, В.В. Грычык, А.В. Казулін, А.А. Парэйка, А.М. Скуратовіч, Я.М. Сцепановіч, М. Фладэ.*

species (Fresh-water Turtle *Emys orbicularis*) and 18 insect species (two of which are listed in the European Red Data Book).

Threats

Disturbances in the hydrological regime of the Yaselda river undermine the condition of the ecosystems and reduce the biodiversity in the zakaznik. The Selets fishfarm and its water reservoir result in either inundation or severe droughts on the mire, which leads to destruction of nests, quicker negative vegetation successions, spring fires, overgrowth of the river channel and lakes, and changes in the flora and fauna.

Water pollution by heavy metals, pesticides, and organic wastes is a serious threat.

Arable farming on mineral islands is a threat to many rare plant species.

Cessation of hand hay-making is the main cause of encroachment of shrubs on open fens.

Burning of vegetation in spring by local people causes substantial damages to the biodiversity, particularly in years with a dry spring when floods are absent. In that case, fires completely destroy plant roots and insects. Most birds abandon such burned tracts and do not breed there.

Proposed conservation measures

A management plan for the Sporovski zakaznik was developed in 2001. It contains recommendations for resolving most of the problems listed above. The plan focuses on water quality and quantity.

Information on the contemporary status of flora and fauna was provided by: *M. Flade, V.V. Grichik, A.V. Kozulin, O.A. Pareiko, A.N. Skuratovich, J.M. Stepanovich, L.A. Vergeichik.*

Па краях балота гняздуюцца шматлікія белыя буслы. *Фота: А.Казулін*

Numerous white storks are breeding along the boundaries of the mire. *Photo: A.Kozulin*

Сярод аднастайнага зялёнага фону асакі выдзяляюцца жоўтыя плямы — гэта цвітуць касачы жоўтыя. *Фота: М.Якавец*

The monotonous green carpet of sedges is adorned by yellow spots blooming Yellow Flags. *Photo: M.Yakovets*

Балота Спораўскае ўяўляе сабой моцна забалочаную пойму ракі Ясельда. *Фота: А.Казулін*

The Sporovo mire is an extremely waterlogged part of the Yaselda river floodplain. *Photo: A.Kozulin*

У наваколлі возера Спораўскае часта сустракаецца вялікі грыцук. *Фота: І.Бышнёў*

Black-tailed Godwit is numerous in the vicinity of Sporovskoie lake. *Photo: I.Byshniov*

Днём можна часта бачыць, як над неабсяжнымі асаковымі прасторамі палююць балотныя совы. *Фота: М.Нікіфараў*

Short-eared owls are foraging over the mire at day time. *Photo: M.Nikiforov*

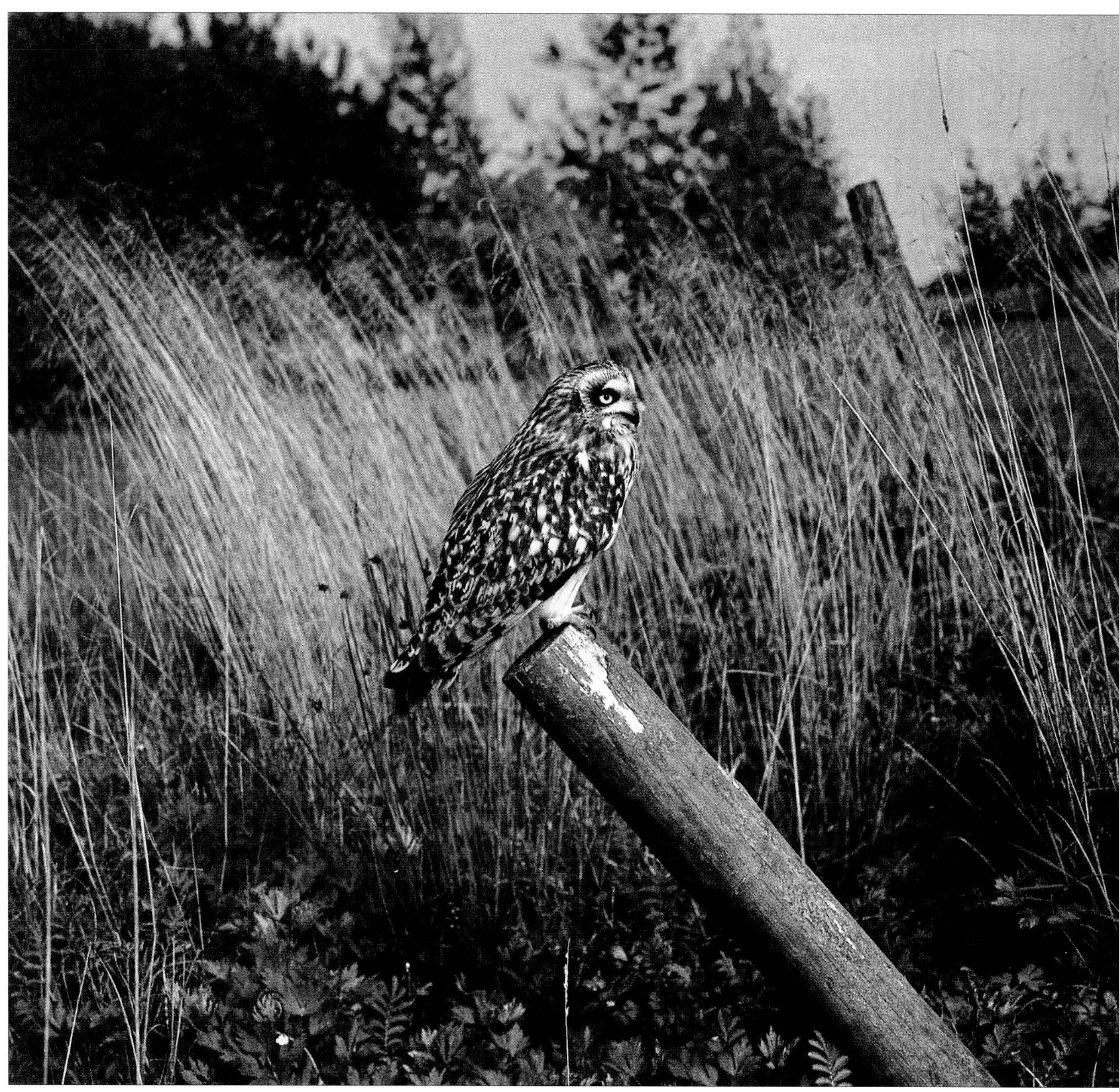

Лахаон. *Фота: І.Бышнёў*
wallowtail. *Photo: I.Byshniov*

Вялікі кулён. *Фота: М.Нікіфараў*
Curlew. *Photo: M.Nikiforov*

Балотная чарапаха. *Фота: С.Зуёнак, Б.Ямінскі*
Fresh-water Turtle. *Photo: S.Zuenok, B.Yaminski*

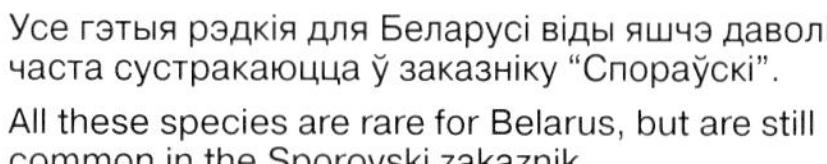

Усе гэтыя рэдкія для Беларусі віды яшчэ даволі часта сустракаюцца ў заказніку “Спораўскі”.

All these species are rare for Belarus, but are still common in the Sporovski zakaznik.

ртлявая чаротаўка.
ота: А.Казулін

uatic Warbler.
oto: A.Kozulin

Поплаўны лунь.
Фота: І.Бышнёў

Montagu’s Harrier.
Photo: I.Byshniov

РЫБГАС «БЕЛАЕ»

Познім летам на сажалках рыбгасаў канцэнтруюцца вялікія чароды розных відаў птушак, у тым ліку і вялікія белыя чаплі. *Фота: В.Юрко*

Various birds, including Great Egret, concentrate in large quantities on the fishpond in late summer. *Photo: V.Jurko*

Фота: А.Казулін
Photo: A.Kozulin

Месцазнаходжанне: Гомельская вобласць, Жыткавіцкі раён
Каардынаты: 52°17 N 27°44 E
Плошча: 5700 гектараў
Нацыянальны статус аховы: няма
Міжнародны статус аховы: ТВП утворана ў 1998 годзе (код BY 019, крытэрыі A1, B2, B3)

Location: Gomel Region, Zhitkovichi District
Coordinates: 52°17 N 27°44 E
Area: 5,700 ha
National Conservation Status: none
International Conservation Status: An IBA was established in 1998 (code BY 019, criteria A1, B2, B3)

Рыбгас "Белае" ўяўляе сабой буйны комплекс вялікіх і малых рыбаразводных сажалак, уся тэрыторыя акружана пойменнымі дубравамі. Сажалкі раздзелены дамбамі, якія параслі лазняком і бярозай, іх агульная плошча складае 1649 гектараў.

Па плошчы пераважаюць вадаёмы, густа зарослыя мазаічнай надводнай расліннасцю, пераважна рагозам. Яны падраздзяляюцца на гадавальныя (3—8 гектараў) і нагульныя (каля 50 гектараў). Сажалкі рыбгаса адрозніваюцца ад натуральных вадаёмаў тым, што ў іх ёсць неабмежаваныя запасы ежы для розных відаў птушак: рыба і штучны камбінаваны корм, які ўжываецца для яе падкормлівання. Асаблівую адметнасць рыбгасу "Белае" прыдаюць навакольныя дубравы.

Тэрыторыя рыбгаса выкарыстоўваецца для прамысловага рыбаводства, гаспадарка ў асноўным спецыялізуецца па вырошчванні карпа. Рыбгас "Белае" — адна з найбольш прагрэсіўных рыбных гаспадарак Беларусі, эканамічныя паказчыкі якой за апошнія гады не зменшыліся.

Сажалкі рыбгаса з'яўляюцца буйнейшым у рэгіёне месцам гнездавання многіх відаў вадаплаўных і рыбаядных птушак.

Тут гняздуюцца і віды, знікаючыя ў глабальным маштабе: арлан-белахвост *Haliaeetus albicilla* (1 пара), драч *Crex crex* (10 самцоў). Амаль усё лета на тэрыторыі трымаюцца каля 40—50 чорных буслоў *Ciconia nigra*. Аднак найбольшую вядомасць рыбгас "Белае" набыў як адзінае на Беларусі месца, дзе гняздуецца рэдкая качка савуклуток *Mergellus albellus* (каля 20 пар).

На моцна зарослых сажалках у невялікай колькасці сустракаюцца і лебедзі-шыпуны. *Фота: І.Бышнёў*

Mute Swan breeds on overgrown ponds. *Photo: I.Byshniov*

Сажалкі рыбгаса размешчаны сярод пойменных дуброў, дзе гняздуюцца чорныя буслы. *Фота: А.Казулін*

Fishponds are located among the floodplain oak woods — breeding habitats of Black Stork. *Photo: A.Kozulin*

Від / Species				Ацэнка колькасці, пар Population estimates, pairs	Крытэрый ТВП IBA Criteria
Botaurus stellaris	Чапля-бугай	Большая выпь	Bittern	28—35 самцоў males	B2
Anas strepera	Качка-неразня	Серая утка	Gadwall	10—15	B2
Aythya nyroca	Белавокі нырок	Белоглазый нырок	Ferruginous Duck	22	A1
Aythya ferina	Нырок-сівак	Красноголовый нырок	Pochard	500—600	B3

The site is a large complex of small and large fish ponds surrounded by floodplain oak woods. Large fish ponds, which are very overgrown with surface vegetation, dominate by area. There are two types of ponds: on-growing (3–8 ha) and fattening (about 50 ha). The ponds are separated from each other by embankments covered with willow shrubs and birches. Most ponds are subject to very rapid overgrowth with vegetation, mainly by sedges and cattails. Overall, the ponds cover an area of 1,649 ha. The surrounding oak forests define the unique character of the IBA. Fish ponds are different from natural high-production water bodies because they form an unlimited feeding base for birds in the form of fish and the artificial foodstuffs applied for their breeding.

The site is used for commercial aquaculture, with the main fish species bred being Carp. Bieloie is one of the most successful fishfarms in Belarus, with high profits year after year.

Bieloie fishfarm is one of the region's largest breeding centres for many fish-eating and waterbirds. The following globally threatened species breed here: White-tailed Eagle *Haliaeetus albicilla* (1 pair) and Corncrake *Crex crex* (10 males). About 40—50 Black Storks *Ciconia nigra* stay here through the summer. But the biggest value of the IBA is that it is the sole Belarusian breeding ground of the very rare Smew *Mergellus albellus* (about 20 pairs).

Threats

Burning of reeds destroys the nesting grounds of many bird species, particularly in years when the burning is performed in late spring.

Неспрыяльныя фактары

Выпальванне трыснягу прыводзіць да знішчэння месцаў гнездавання для многіх відаў птушак. У асобныя гады, калі выпальванне праводзяць позняй вясной, гіне яшчэ і вялікая колькасць гнёздаў.

Павелічэнне колькасці драпежнікаў. Высокая шчыльнасць янотападобнага сабакі, лісіцы, амерыканскай норкі і лясной куніцы з'яўляецца адным з фактараў, якія абмяжоўва-

Proliferation of predators. The high density of Raccoon Dog, Fox, American Mink, and Marten limits the populations of many waterbirds.

The declining application of artificial fish foodstuffs leads to substantial decreases in the populations of most waterbirds.

Late pond filling in spring practiced in some years results in flooding of most nests.

High mortality of birds of prey on power lines.

Дзякуючы неабмежаваным запасам рыбы на т рыторыях рыбгасаў сус ракаецца рэдкі від — ш рашчокая коўра. *Фота: А Казулін*

Presence of the rare Red necked Grebe on fish-ponds is explained by the availability of unlimite fish resources. *Photo: A.Kozulin*

Гогалі ладзяць свае гнёзды ў дуплістых дрэвах. *Фота: А.Казулін*

Goldeneyes make nests in hollow trees. *Photo: A.Kozulin*

Сажалкі, зарослыя плаваючай расліннасцю, з'яўляюцца месцам гнездавання нырка-сівака. *Фота: А.Казулін*

Ponds overgrown with floating vegetation are breeding habitats of Pochard. *Photo: A.Kozulin*

Вывадак савука-лутка. *Фота: А.Казулін*

A brood of Smew. *Photo: A.Kozulin*

Стан савука-лутка, унікальнага для Беларусі віду, на тэрыторыі рыбгаса вызначаецца наяўнасцю дуплістых дрэў альбо штучных дуплянак. *Фота: А.Казулін*

The condition of this unique species for Belarus, Smew, is defined by the availability of hollow tre and/or artificial nests in the vicinity of the fish-ponds. *Photo: A.Kozulin*

Рыбгас "Белае" — апошняе ў Беларусі месца, дзе адзначаўся на гнездаванні знікаючы від качак — белавокі нырок. *Фота: А.Казулін*

Bieloie fish farm is the last place in Belarus where the globally disappearing duck species, Ferruginous Duck, has been recorded. *Photo: A.Kozulin*

юць колькасць большасці відаў вадаплаўных птушак.

Памяншэнне колькасці штучнага корму, які рассыпаецца па акваторыі для падкормліваня рыбы, прыводзіць да істотнага зніжэння колькасці многіх відаў вадаплаўных птушак.

Напаўненне сажалак у некаторыя гады ажыццяўляецца позняй вясной, што прыводзіць да затаплення вялікай колькасці гнёздаў.

Proposed conservation measures

A special management plan for biodiversity conservation should be developed.

Information on the contemporary status of flora and fauna was provided by: *M.G. Dmitrenok, D.V. Dubovik, A.V. Kozulin, O.A. Ostrovski, D.V. Zhuravliov*

Колькасць чаплі-бугая на тэрыторыі рыбгаса “Белае” набліжаецца да памераў папуляцыі ўсёй Вялікабрытаніі. *Фота: І.Бышнёў*

The numbers of the Bittern on Bieloie fish farm approach the figure for the whole Britain. *Photo: I.Byshniov*

абрывістых берагах ясчаных кар’ераў няздуюцца ластаўкі-эямлянкі. *Фота: С.Зуёнак, Б.Ямінскі*

Sand martins make nests n the bluffs of sand-extraction sites. *Photo: S.Zuenok, B.Yaminski*

З’яўленне ў Беларусі ў 0-ых гадах вялікага аклана і далейшы бурны ост яго колькасці дбыліся ў асноўным дзякуючы рыбгасам. *Фота: А.Казулін*

Presence and proliferation of Cormorant in Belarus tarting from 1980s was efined mainly by construction of fish ponds. *Photo: A.Kozulin*

ыповая нагульная ажалка. *Фота: А.Казулін*

typical fattening pond. *Photo: A.Kozulin*

Вялікая колькасць драпежных птушак гіне на электрычных правадах са спецыфічным размяшчэннем ізалятараў.

Прапанаваныя меры аховы

Неабходна распрацаваць план кіравання тэрыторыяй.

Інфармацыю аб сучасным стане флоры і фауны падрыхтавалі: *А.А. Астроўскі, М.Г. Дзмітранок, Д.В. Дубовік, Д.В. Жураўлёў, А.В. Казулін.*

БАЛОТА ДЗІКАЕ

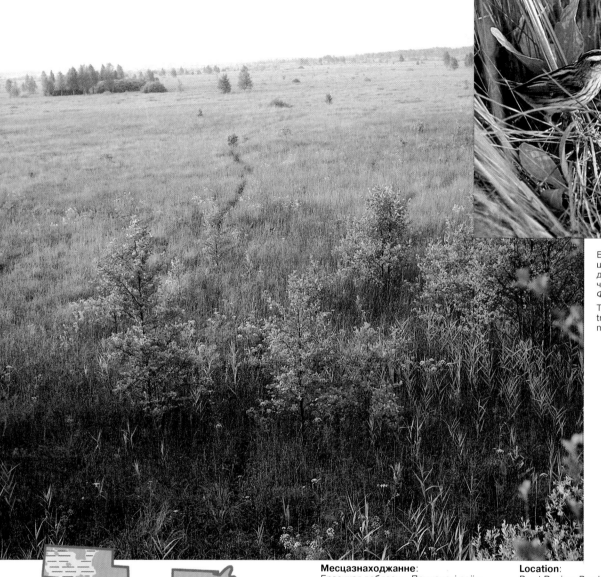

Балота Дзікае — гэта апошняе з буйнейшых балот, якія яшчэ 30 гадоў назад акружалі Белавежскую пушчу.
Фота: А.Казулін

Dikoe mire is the remnant of vast wetlands, which surrounded the Belavezhskaia Pushcha some 30 years ago.
Photo: A.Kozulin

Балота Дзікае стала шырока вядомым дзякуючы вяртлявай чаротаўцы.
Фота: А.Казулін

The Aquatic Warbler contributed to the fame of this mire. *Photo: A.Kozulin*

Месцазнаходжанне:
Брэсцкая вобласць, Пружанскі раён; Гродзенская вобласць, Свіслацкі раён
Каардынаты: 52°41 N 24°20 E
Плошча: 15 206 гектараў
Нацыянальны статус аховы:
у 1999 годзе 92% балотнага масіва Дзікае далучана да нацыянальнага парку "Белавежская пушча", але перадача зямлі да цяперашняга часу поўнасцю не завершана
Міжнародны статус аховы:
ТВП утворана ў 1998 годзе (код BY 010, крытэрыі А1, В2, В3). Патэнцыяльнае Рамсарскае ўгоддзе (крытэрыі 1, 2). Большая частка тэрыторыі, якая ўваходзіць у нацыянальны парк "Белавежская пушча", уключана ў спіс сусветнай спадчыны ЮНЕСКА

Location:
Brest Region, Pruzhany District; Grodno Region: Svisloch District
Coordinates: 52°41 N 24°20 E
Area: 15,206 ha
National Conservation Status:
In 1999 most of the site (92%) was added to the Belavezhskaia Pushcha National Park. The transfer of lands under the jurisdiction of the Park has not yet finished
International Conservation Status:
An IBA was established in 1998 (code BY 010, criteria A1, B2, B3). Potential Ramsar site (criteria 1, 2). 92% of the territory, which is a part of the Belavezhskaia Pushcha National Park, is included in the UNESCO World Heritage list

Дзікае — адно з буйнейшых у Еўропе балот нізіннага тыпу, якое захавалася ў натуральным стане. У цяперашні час яно знаходзіцца на пераходнай стадыі развіцця паміж гіпнава-асаковым і асакова-сфагнавым тыпам балот, прычым заходняя частка прадстаўлена тыповым нізінным балотам, а ўсходняя — пераходным. Па плошчы пераважаюць асаковыя балоты, сярод якіх размяшчаюцца шматлікія астравы, пакрытыя лесам. З драўнінных парод дамінуюць хвоя, елка і бяроза. На балотах растуць у асноўным алешнікі і бярэзнікі.

Dikoe fen mire is one of Europe's largest natural fen mires. Fen mires dominate by area. Numerous forested mineral islands are scattered across the site. The mire is currently in transition from a sedge-Hypnum type to the sedge-Sphagnum type. The western part is a fen, while the eastern part is a transition mire. The forest vegetation is dominated by pine, spruce, and common birch stands. Alder and birch forests grow on the mires.

Гэты рэдкі від асыадзіночкі яшчэ даволі часта сустракаецца на балоце. *Фота: А.Казулін*

This rare species of solitary wasps is still quite common on the mire. *Photo: A.Kozulin*

Адна з самых распаўсюджаных і прыгожых балотных раслін — бабок трохлісты. *Фота: І.Бышнёў*

One of the most common and beautiful plants of the mire, Common Buckbean. *Photo: I.Byshniov*

Так выглядае балота ў пачатку мая. *Фота: А.Казулін*

Fen mire in early May. *Photo: A.Kozulin*

Балотны масіў размешчаны на водападзеле двух буйных басейнаў: Балтыйскага і Чарнаморскага. Ён фарміруе і падтрымлівае гідралагічны рэжым нацыянальнага парку "Белавежская пушча" і рэгіёна ўвогуле. З цэнтральнай часткі балота бяруць пачатак дзве ракі —Нараў і Ясельда. Гідралагічны рэжым на большай частцы тэрыторыі захоўваецца блізкім да натуральнага; грунтовыя воды падтрымліваюцца на ўзроўні паверхні балота з невялікімі адхіленнямі ў перыяд раставання снегу, моцных дажджоў ці летняй межані. Толькі ў паўднёва-ўсходняй частцы масіву ў выніку меліярацыі сумежных тэрыторый адбылося значнае зніжэнне ўзроўню грунтовых вод.

Асноўны від землекарыстання — сенакашэнне. Дзікае — адзінае балота ў паўднёва-заходняй частцы Беларусі, якое мае вялікія запасы журавін. На сумежных, у асноўным меліяраваных, землях вырошчваюцца шматгадовыя травы, прапашныя і зерневыя культуры.

Арнітафауна масіву прадстаўлена 99 відамі птушак, 14 з іх занесены ў Чырвоную кнігу Беларусі. Сярод апошніх — барадатая кугакаўка *Strix*

Dikoe is located on the watershed of the Black Sea and Baltic Sea basins. The mire stipulates the hydrological regime of the region and that of the Belavezhskaia Pushcha National Park. The central part of the mire is the source of two famous rivers: the Narev and the Yaselda (belonging to two different sea basins). On most of the site, the hydrological regime is almost natural. The groundwater table is close to the surface all year round, fluctuating only slightly during snow melts, strong rains and in the dryer period in summer. Only the south-eastern part of the mire has suffered from drastic groundwater table declines since adjacent areas have been drained.

Hay-making is the main economic activity. Dikoe is the only mire in the south-western part of Belarus that has retained large reserves of cranberries. Perennial grasses, arable and grain crops are grown on drained agricultural areas adjacent to the site.

A total of 99 bird species have been recorded, including 14 species listed in the National Red Data Book. The following nationally important bird species breed here: Great Grey Owl *Strix nebulosa* (2—3 pairs) and Eagle Owl *Bubo bubo* (2 pairs).

Від / Species				Ацэнка колькасці, пар Population estimates, pairs	Крытэрый ТВП IBA Criteria
Aquila clanga	Вялікі арлец	Большой подорлик	Greater Spotted Eagle	4—5	A1
Aquila chrysaetos	Арол-маркут	Беркут	Golden Eagle	1	B2
Crex crex	Драч	Коростель	Corncrake	50—100 самцоў males	A1
Gallinago media	Дубальт	Дупель	Great Snipe	20 самцоў males	A1
Anthus pratensis	Лугавы свірстун	Луговой конек	Meadow Pipit	3000—4000	B3
Locustella naevia	Звычайны цвыркун	Обыкновенный сверчок	Grasshopper Warbler	400—700	B3
Acrocephalus paludicola	Вяртлявая чаротаўка	Вертлявая камышевка	Aquatic Warbler	1200—1500 самцоў males	A1

nebulosa (2—3 пары) і пугач *Bubo bubo* (2 пары) — віды, якія маюць нацыянальную значнасць. Міжнародная значнасць балота заключаецца, у першую чаргу, у тым, што на яго тэрыторыі гняздуецца вялікая колькасць відаў, якія знаходзяцца пад глабальнай пагрозай знікнення: вяртлявая чаротаўка *Acrocephalus paludicola*, вялікі арлец *Aquila clanga*, драч *Crex crex*, дубальт *Gallinago media*.

Фауна іншых пазваночных заказніка даволі разнастайная і ўключае 28 відаў млекакормячых, 4 віды паўзуноў і 5 відаў амфібій. На тэрыторыі балота адзначана рэдкая ў Белавежскай пушчы рысь *Felis linx*. Асабістае значэнне Дзікае мае для захавання ў нацыянальным парку абарыгеннай папуляцыі лася *Alces alces*.

Акрамя таго, на балотным масіве выяўлена 13 відаў насякомых, якія занесены ў Чырвоную кнігу Беларусі, і 3 віды з еўрапейскага Чырвонага спіса жывёл і раслін.

На тэрыторыі балота Дзікае расце 14 відаў раслін, занесеных у Чырвоную кнігу Рэспублікі Беларусь. Некаторыя з іх (асака ценявая *Carex umbrosa*, лікападыела заліўная *Lycopodiella inundata* і вярба чарнічная *Salix myrtilloides*) адзначаны ў Пружанскім раёне ўпершыню. Ва ўсходняй частцы балота сканцэнтраваны буйнейшыя ў краіне зараснікі бярозы нізкай *Betula humilis*.

Неспрыяльныя фактары

Скарачэнне сенакосаў з'яўляецца асноўнай прычынай зарастання адкрытых нізінных балот хмызняком.

Асушэнне. Істотны ўплыў на гідралагічны рэжым аказвае няправільная эксплуатацыя існуючых меліярацыйных сістэм.

Паскарэнне натуральных сукцэсій. Балота Дзікае знаходзіцца на пераходнай стадыі развіцця (паміж гіпнава-асаковым і асакова-сфагнавым тыпамі балот). Гэты працэс значна паскорыўся ў апошнія 30—40 гадоў, калі балоты перасталі выкарыстоўваць для сенакашэння.

Прапанаваныя меры аховы

Распрацоўваецца план кіравання балотам Дзікае, у якім будуць дадзены рэкамендацыі па вырашэнні большасці пералічаных вышэй праблем.

The site is internationally important because it hosts large populations of several globally threatened species, including Aquatic Warbler *Acrocephalus paludicola*, Greater Spotted Eagle *Aquila clanga*, Corncrake *Crex crex*, and Great Snipe *Gallinago media*.

The vertebrate fauna of the zakaznik is diverse and includes 28 mammal, four reptile, and five amphibian species. The mire hosts Lynx *Felis linx*, which is rare in the Belavezhskaia Pushcha National Park. Dikoe is also valuable for the conservation of the indigenous Belavezhskaia Pushcha population of Elk *Alces alces*.

13 National Red Data Book insect species are found on the site, three of which are listed in the European Red List of Animals and Plants.

14 National Red Data Book plant species can be found at the site. Three of them (*Carex umbrosa*, *Lycopodiella inundata*, and *Salix myrtilloides*) were recently found on the site for the first time, in Pruzhany District. The eastern part of the mire contains the country's largest group of *Betula humilis*.

Threats

Cessation of hay-making is a major threat, allowing shrubs to encroach on the open fens.

Drainage Incorrect exploitation of the existing drainage facilities influences the mire's hydrological regime.

Speeding up of vegetation succession The Dikoe mire is currently in transition from the sedge-Hypnum to the sedge-Sphagnum stage. In the last 30-40 years this process has become much more rapid following the cessation of hand hay cutting. In turn, this leads to irreversible changes in the habitats of several globally threatened species.

Proposed conservation measures

A management plan will be produced in 2002, containing practical recommendations to resolve most of the above problems.

У траўні на балоце зацвітае рэдкая расліна — наумбургія гронкакветкавая. *Фота: М.Фладе*

The rare Tufted Loosestrife starts blooming in May. *Photo: M.Flade*

Ранняй вясной самая прыкметная птушка на балоце — бакас. *Фота: Б.Нячаеў*

In early spring Snipe becomes the most conspicuous bird of the mire. *Photo: B.Nechaev*

З балота Дзікае бярэ пачатак вядомая рака Нараў. *Фота: А.Казулін*

The Narev river starts in the Dikoe mire. *Photo: A.Kozulin*

Інфармацыю аб сучасны... стане флоры і фауны падрыхтавалі: *В.В. Грычык, В.Ч. Дамброўскі, Л. Дэмангін, А.В. Казулін, А.А. Парэй..., А.М. Скуратовіч, Я.М. Ст...пановіч, М. Фладэ, М.Д. Чэркас.*

Information on the conte...porary status of flora and fauna was provided by: *N.D. Cherkas, L. Demon..., V. Ch. Dombrovski, M. Flade, V.V. Grichik, A.V. Kozulin, O.A. Pareik..., A.N. Skuratovich, J.M. Stepanovich.*

Берагавая зона балота. Фота: А.Казулін
The bank zone of the mire. *Photo: A.Kozulin*

На нізінных балотах даволі часта сустракаецца поплаўны лунь. *Фота: М.Нікіфараў*

Montagu's Harrier is quite frequent on fen mires. *Photo: M.Nikiforov*

Стрынатка-чаротаўка — адзін з самых шматлікіх відаў птушак нізінных балот. *Фота: А.Казулін*

Reed Bunting is one of the most numerous bird species of the fen mires. *Photo: A.Kozulin*

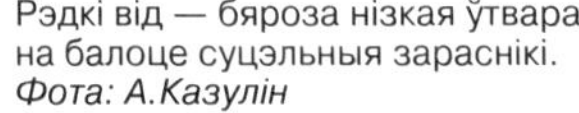

Рэдкі від — бяроза нізкая ўтварае на балоце суцэльныя зараснікі. *Фота: А.Казулін*

Betula humilis, a rare tree species, forms dense stands on the mire. *Photo: A.Kozulin*

Балота Дзікае — апошняе прыстанішча цецерукоў у наваколлі Белавежскай пушчы. *Фота: А.Казулін*

The mire is the last shelter of Black Grouse in the vicinity of the Belavezhskaia Pushcha. *Photo: A.Kozulin*

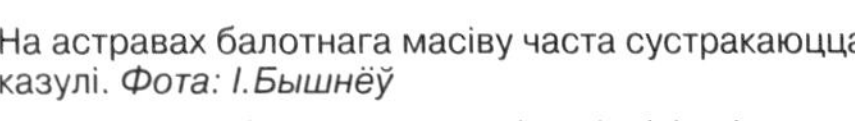

На астравах балотнага масіву часта сустракаюцца казулі. *Фота: І.Бышнёў*

Roe deer are often encountered on the islands of the mire. *Photo: I.Byshniov*

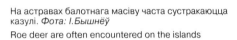

Пасяліўся на балоце Дзікае і арол-маркут. *Фота: І.Бышнёў*

Golden Eagle has also made Dikoe its home. *Photo: I.Byshniov*

Рэдкая для Беларусі сава — барадатая кугакаўка гняздуецца і на балоце Дзікае.
Фота: І.Бышнёў

Great Grey Owl, a species rare for Belarus, is breeding in the Dikoe mire.
Photo: I.Byshniov

Дыфазіястр сплюшчаны.
Фота: І.Бышнёў

Diphasiastrum complanatum.
Photo: I.Byshniov

НАЦЫЯНАЛЬНЫ ПАРК «БЕЛАВЕЖСКАЯ ПУШЧА»

Славутыя белавежскія зубры. *Фота: М.Чэркас*

The famous bisons of the Belavezhskaia Pushcha. *Photo: M.Cherkas*

Самыя старыя і буйныя лясныя масівы Еўропы захаваліся ў Белавежскай пушчы. *Фота: М.Чэркас*

The oldest and the largest woods of Europe are found in the Belavezhskaia Pushcha. *Photo: M.Cherkas*

Белавежская пушча — буйнейшы і адзіны з тыповых некалі ў Еўропе масіў пярвічных лясоў, які захаваўся да сённяшніх дзён. Беларуская частка нацыянальнага парку мяжуе з польскай. Захаванню гэтых унікальных мясцін садзейнічала тое, што ў розныя эпохі яны з'яўляліся традыцыйным месцам палявання літоўскіх, польскіх і рускіх каранаваных і іншых высокапастаўленых асоб. У адрозненне ад іншых лясных масіваў раўніннай Еўропы Белавежскія лясы захавалі амаль што першабытны выгляд. Пакуль яшчэ даволі шматлікія некранутыя ўчасткі пушчы даюць прытулак цэламу комплексу характэрных жывёл і раслін. Незвычайная для Беларусі і ўзроставая структура лясоў. Пры сярэднім узросце 90 гадоў нярэдка сустракаюцца 200—250-гадовыя дрэвы. Старыя ўчасткі лесу займаюць больш за палову агульнайляснай плошчы. Белавежская пушча — адзіны ў Еўропе лясны масіў, у якім больш за тысячу шматвяковых дрэў.

Лясы пакрываюць 92 працэнты тэрыторыі нацыянальнага парку, сярод іх пераважаюць хваёвыя, але ўвогуле можна сустрэць усе асноўныя тыпы лесу, характэрныя для гэтага геаграфічнага рэгіёна. Першабытнасць пушчы вызначаецца значнай доляй карэнных ясеневых, ліпавых, кляновых лясоў, старых алешнікаў.

Яшчэ трыццаць гадоў назад усходняя частка пушчы была акружана буйнымі асаковымі балотамі, большасць з якіх цяпер асушана. Да нашых дзён захаваўся толькі адзін вялікі масіў балот — Дзікае. Асушэнне балот з'явілася адной з прычын парушэння гідралагічнага рэжыму пушчы, што прывяло да шэрага адмоўных вынікаў. Адным з іх з'яўляецца змяншэнне колькасці лугоў, якія займаюць цяпер толькі некалькі

Месцазнаходжанне: Брэсцкая вобласць, Камянецкі, Пружанскі раёны; Гродзенская вобласць, Свіслацкі раён
Каардынаты: 52°45 N 24°04 E
Плошча: 87 400 гектараў
Нацыянальны статус аховы: Беларускі дзяржаўны запаведнік "Белавежская пушча" быў заснаваны ў 1939 годзе. У 1957 годзе яго рэарганізавалі ў запаведна-паляўнічую гаспадарку, а ў 1990-ы — у нацыянальны парк

працэнтаў ад агульнай плошчы нацыянальнага парку і размешчаны ў поймах невялікіх рэк.

Белавежская пушча знаходзіцца ў басейне ракі Вісла. З поўначы і паўднёвага ўсходу да яе прымыкаюць басейны рэк Нёман і Прыпяць, прычым водападзел Балтыйскага і Чорнага мораў праходзіць у непасрэднай блізкасці ад межаў пушчы. Праз яе тэрыторыю працякае шмат невялікіх рэк і рэчак, многія з якіх бяруць пачатак у самой пушчы ці ў непасрэднай блізкасці ад яе.

эдкі ў Еўропе малы
›лец у Беларусі пакуль
ıчэ даволі звычайны.
›ота: *І.Бышнёў*

ıe Europe’s rare Lesser
ɔotted Eagle is quite
›mmon in Belarus.
ıoto: *I.Byshniov*

жнародны атус аховы: у 1992 дзе Белавежская шча ўключана ў спіс светнай спадчыны НЕСКА. Трансгранічны сферны запаведнік зораны ў 1993 г. ТВП зорана ў 1998 годзе од BY 009, крытэрыі , B2, B3)

cation: est Region, Kamenets d Pruzhany Districts; odno Region, Svisloch strict
ordinates: ’45 N 24˚04 E
ea: 87,400 ha
tional

Conservation Status: A Belarusian State Zapovednik "Belovezhskaia Pushcha" was established in 1939. In 1957, it was reorganized into a hunting and conservation reserve. In 1990, a National Park was established.
International Conservation Status: In 1992 the site was included in the UNESCO World Heritage List. A transborder biosphere reserve was established in 1993. An IBA was established in 1998 (code BY 009, criteria A1, B2, B3)

Belavezhskaia Pushcha is Europe’s last largest complex of primeval forests, typical of the forests that once covered middle Europe. The site borders the Polish Belavezhskaia Pushcha National Park. The site has retained its naturalness because it has always been used for hunting by Lithuanian, Russian and Polish state rulers and senior officials. The woods are authentically primeval, which makes the IBA different from any other European woods. Belavezhskaia Pushcha retains virgin forests with its typical flora and fauna. Ancient forests dominate by area, which is untypical for Belarusian woods. The average age of the trees is 90 years old, but trees that are 200-250 years old are very common. The IBA is the only European forest with more than 1,000 multi-century trees. Forests cover 92% of the IBA, with coniferous trees dominating. The site, however, contains the full assemblage of forest types found in this geographic region. The primeval character of the woods is emphasized by the presence of ash, lime, maple and alder stands. 30 years ago, the eastern part of the Park was surrounded by huge fens. Most of them have now been drained. The largest fen mire that retains its natural qualities is Dikoe fen mire. Drainage of the surrounding wetlands disturbed the hydrological regime of the Park, which caused numerous negative effects. Meadows occupy an insignificant part of the Park and are located mostly in the small river floodplains.

Belavezhskaia Pushcha is located in the Vistula river floodplain. The Nioman and Pripyat catchments border the northern and north-eastern parts of the site. The divide between the basins of the Black and Baltic seas is close to the Park’s borders. Several small rivers flow through the Park, many of which originate here. The largest is the Narev river, which starts in Dikoe mire. The Narevka is the most significant tributary of the Narev within the Park. In the past, Diki Nikor mire, a plot of the Park from which the Narevka starts, was drained, and the Narevka was canalized. The Right Lesnaia river and its tributaries, the Belaia and the Perevoloka, cross the Park in the south. There are no natural lakes in the Park. The largest of the 10 artificial reservoirs are Liadskoie Lake (345 ha) and Khmelevskoie Lake (75 ha), constructed in the Perevoloka river floodplain on the former fen mire and meadow. Canalization of rivers has disturbed the hydrological regime of the forest.

The economic uses within the Park are limited to forestry, ecotourism, hunting.

A total of 253 bird species have been recorded. Almost all 75 bird species listed in the National Red Data Book occur, including Great Grey Owl *Strix nebulosa*, Pygmy Owl *Glaucidium passerinum*, Tengmalm’s Owl *Aegolius funereus*, Eagle Owl *Bubo bubo*, Short-toed Eagle *Circaetus gallicus*, Lesser Spotted Eagle *Aquila pomarina*, Bittern *Botaurus stellaris*, and Little Bittern *Ixobrychus minutus*. The site hosts the following globally-threatened species: White-tailed Eagle *Haliaeetus albicilla*, Greater Spotted Eagle *Aquila clanga*, and Aquatic Warbler *Acrocephalus paludicola*.

The fauna of the Park includes 59 mammal, 28 fish, 11 amphibian and 7 reptile species. European Bison *Bison bonasus* is the pride and beauty of the IBA. This is the largest European animal surviving since the times of mammoths and ancient rhinoceroses. At present, there are about 300 individual bisons in the Park.

Самая вялікая рака Нараў выцякае з балота Дзікае. Важнейшы прыток Нарава ў межах пушчы — рака Нараўка, выток якой — балота Дзікі Нікар — быў асушаны, а сама рака выраўнавана. Па паўднёвай частцы нацыянальнага парку працякае рака Правая Лясная з прытокамі Белая і Пераналока. Натуральных азёр на тэрыторыі няма. З дзесяці штучных вадасховішчаў найбольш буйныя створаны ў пойме ракі Пераналока на месцы былога нізіннага балота і луга: азёры Лядскае (345 гектараў) і Хмялеўскае (75 гектараў). Выраўноўванне рэк таксама аказала істотны адмоўны ўплыў на гідралагічны рэжым ляснога масіву.

У нацыянальным парку пераважаюць наступныя віды гаспадарчай дзейнасці: абмежаваныя лесанарыхтоўкі, паляўнічы і экалагічны турызм.

Птушкі Белавежскай пушчы прадстаўлены 253 відамі. З 75 відаў птушак, занесеных у Чырвоную кнігу Беларусі, тут адзначаны амаль усе. Сярод іх: барадатая кугакаўка *Strix nebulosa*, вераб'іны сычык *Glaucidium passerinum*, касматаногі сыч *Aegolius funereus*, пугач *Bubo bubo*, арол-вужаед *Circaetus gallicus*, малы арлец *Aquila pomarina*, чапля-лазянік *Ixobrychus minutus*, чапля-бугай *Botaurus stellaris*. Тут таксама гняздуюцца віды, якія знаходзяцца пад глабальнай пагрозай знікнення: арлан-белахвост *Haliaeetus albicilla*, вялікі арлец *Aquila clanga*, вяртлявая чаротаўка *Acrocephalus paludicola*.

Сярод іншых пазваночных пушчы — 59 відаў млекакормячых, 28 — рыб, 11 — земнаводных, 7 — паўзуноў. Красой і гонарам пушчанскіх лясоў з'яўляецца зубр (*Bison bonasus*). Гэта самая буйная жывёліна на Еўрапейскім кантыненце, якая жыла тут яшчэ ў перыяд мамантаў і шарсцістых насарогаў. Сёння ў нацыянальным парку налічваецца каля 300 зуброў.

Разнастайнасць глебы Белавежскай пушчы спрыяе відавому багаццю флоры: на яе тэрыторыі сустракаецца каля 900 відаў сасудзістых раслін, 40 відаў з якіх занесены ў Чырвоную кнігу Беларусі.

Сярод драўнінных парод сустракаюцца рэдкія: піхта белая *Abies alba*, дуб скальны *Quercus petraea*, вязы — шурпаты *Ulmus glabra* і гладкі *Ulmus laevis*. Растуць рэдкія віды хмызнякоў, занесеных у Чырвоную кнігу Беларусі, — плюшч звычайны *Hedera helix*, жаўтазель германскі *Genista germanica*, вярба чарнічная *Salix myrtilloides*. Усе яны знаходзяцца на межах свайго арэала: плюшч — на ўсходняй, жаўтазель — на паўночнай і вярба — на паўднёва-ўсходняй.

Неспрыяльныя фактары

Асушальная меліярацыя была праведзе-

The high soil diversity means that the Park has an outstanding variety of plants. The vascular plant species includes about 900 species, with more than 40 of those listed in the National Red Data Book. Tree species include Silver Fir *Abies alba*, Durmast Oak *Quercus petraea*, Wych Elm *Ulmus glabra*, and Marn Elm *Ulmus laevis*. The rare shrub species listed in the National Red Data Book include Common Ivy *Hedera helix*, German Broom *Genista germanica*, and Whortleberry Willow *Salix myrtilloides*.

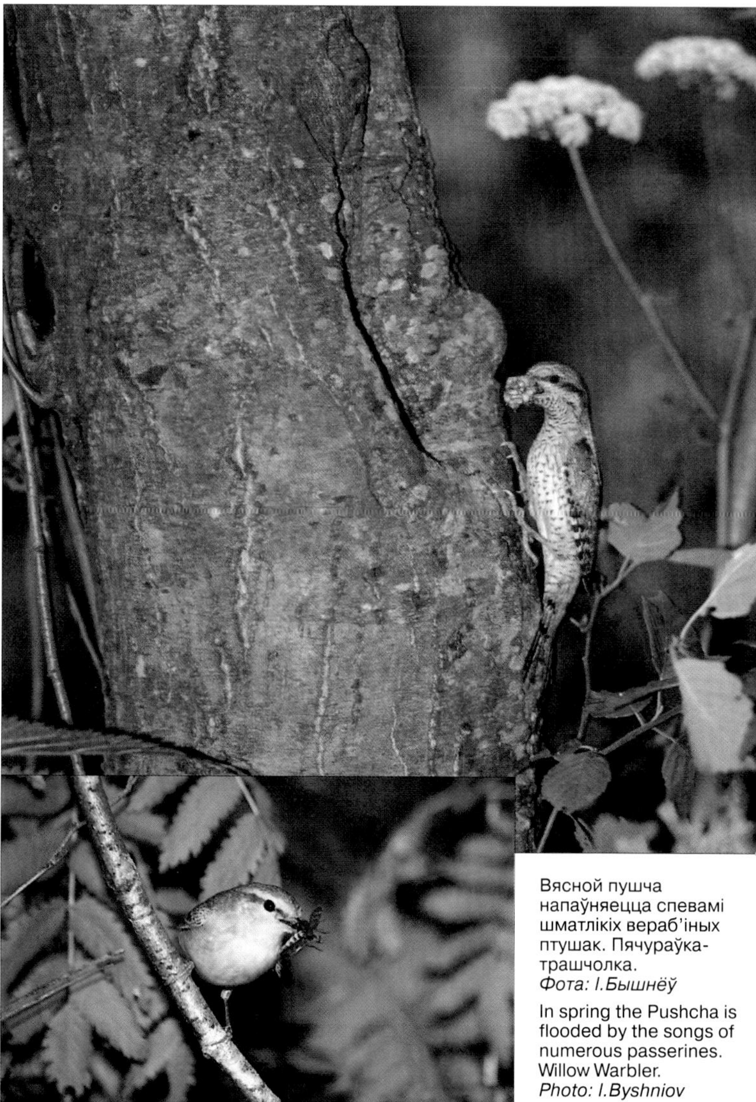

Круцігалоўка.
Фота: І.Бышнёў

Wryneck.
Photo: I.Byshniov

Вясной пушча напаўняецца спевамі шматлікіх вераб'іных птушак. Пячураўка-трашчолка.
Фота: І.Бышнёў

In spring the Pushcha is flooded by the songs of numerous passerines. Willow Warbler.
Photo: I.Byshniov

Від / Species				Ацэнка колькасці, пар Population estimates, pairs	Крытэрый ТВП IBA Criteria
Ciconia nigra	Чорны бусел	Черный аист	Black Stork	15—20	B2
Ciconia ciconia	Белы бусел	Белый аист	White Stork	220—250	B2
Pernis apivorus	Звычайны асаед	Обыкновенный осоед	Honey Buzzard	15—25	B3
Aquila pomarina	Малы арлец	Малый подорлик	Lesser Spotted Eagle	30—40	B2
Aquila clanga	Вялікі арлец	Большой подорлик	Greater Spotted Eagle	1—2	A1
Crex crex	Драч	Коростель	Corncrake	40—70 самцоў males	A1
Gallinago media	Дубальт	Дупель	Great Snipe	50—80 самцоў males	A1
Bubo bubo	Пугач	Филин	Eagle Owl	12—20	B2

на на ўскраінах і ў самой Белавежскай пушчы ў 50—60-ыя гады, у выніку чаго значна знізіўся ўзровень грунтовых вод.

Знішчэнне падросту дзікімі капытнымі, колькасць якіх значна павялічылася ў выніку зімовай падкормкі і адстрэлу ваўкоў.

Лесагаспадарчая дзейнасць. Пасля ператварэння запаведніка ў нацыянальны парк лесагаспадарчая дзейнасць на яго тэрыторыі

Threats

Drainage of part of the Park and the surrounding areas was carried out in 1950-60s. As a result, the groundwater table has dropped significantly.

Destruction of the undergrowth by an over-abundance of hoofed animals, whose proliferation is attributed to artificial feeding and over-hunting of large predators, such as Wolves.

ка Нараў у пяці
аметрах ад вытоку.
эта: *М.Чэркас*

e Narev river 5 km
m its source.
oto: M.Cherkas

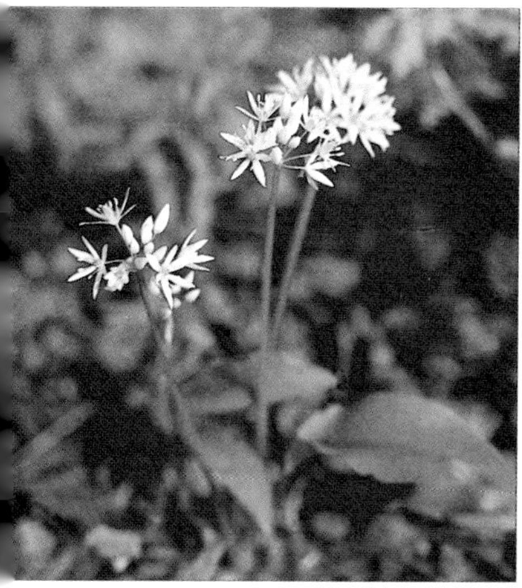

Забалочаны лес. *Фота: М.Чэркас*
Swampy forest. *Photo: M.Cherkas*

Forestry activities have intensified since the re-organization of the zapovednik into a National Park. This is one of the most serious threats to the ecosystems.

Chemical air pollution Belavezhskaia Pushcha is a natural barrier to pollutants migrating in the atmosphere. Precipitation of heavy metals on the IBA's forests threatens these natural habitats.

Commercial collection of mushrooms, berries and medicinal plants undermines the feeding base of many animals and contributes to disturbance.

ічнасць пушчы надаюць поймы малых рэк.
: *М.Чэркас*

l river floodplains add to the mosaic nature of
ushcha's landscapes. *Photo: M.Cherkas*

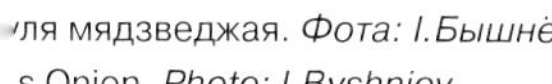

ля мядзведжая. *Фота: І.Бышнёў*
s Onion. *Photo: I.Byshniov*

значна пашырылася. Гэта стала адным з істотных фактараў адмоўнага ўздзеяння на экасістэмы.

Хімічнае забруджванне. Белавежская пушча знаходзіцца на мяжы трансгранічнага пераносу паветраных мас і з'яўляецца натуральным бар'ерам на шляху міграцыі забруджваючых рэчываў. У выніку на яе тэрыторыі асядаюць многія цяжкія металы.

Proposed conservation measures

A management plan needs to be developed for the Belavezhskaia Pushcha.

Information on the contemporary status of flora and fauna was provided by: *Cherkas N.D., Datskevich V.A., Popenko V.M.*

Шчыгрынавы жужаль. *Фота: І.Бышнёў*
Carabus coriaceus. Photo: I.Byshniov

Баравік. *Фота: В.Юрко*
Boletus. *Photo: V.Jurko*

Лясная завірушка. *Фота: І.Бышнёў*
Dunnock. *Photo: I.Byshniov*

Вясёлка звычайная. *Фота: І.Бышнёў*
Stinkhorn. *Photo: I.Byshniov*
Жук-насарог. *Фота: І.Бышнёў*
Rhinoceros Beetle. *Photo: I.Bys*

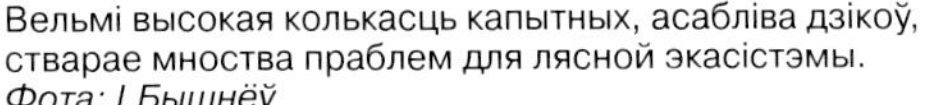

Вельмі высокая колькасць капытных, асабліва дзікоў, стварае мноства праблем для лясной экасістэмы. *Фота: І.Бышнёў*

Extremely high density of hoofed animals and especially the wild boars entails many problems for forest ecosystems. *Photo: I. Byshniov*

Унікальны і разнастайны жывёльны і раслінны свет пушчы

The wildlife of Pushcha is diverse and unique

Прамысловыя нарыхтоўкі ягад, грыбоў і лекавай сыравіны зніжаюць кармавую базу жывёл, а таксама з'яўляюцца фактарам парушэння іх спакою.

Неабходныя меры аховы

Распрацаваць план кіравання нацыянальным паркам.

Інфармацыю аб сучасным стане флоры і фауны падрыхтавалі: *В.А. Дацкевіч, В.М. Папенка, М.Д. Чэркас.*

Кураслеп лясны. *Фота: В.Юрко*

Wood Anemone. *Photo: V.Jurko*

Малая рэчка. *Фота: М.Чэркас*

A small river. *Photo: M.Cherkas*

Сойка. *Фота: І.Бышнёў*

Jay. *Photo: I.Byshniov*

Сімвал першароднай прыроды — белавежскі зубр. *Фота: М.Чэркас*

The Bison of the Belavezhskaia Pushcha is the symbol of primeval nature. *Photo: M.Cherkas*

з апошнія гады колькасць арабка
пушчы значна паменшылася.
ота: І.Бышнёў

ıe numbers of Hazel Grouse in Pushcha
ıve declined considerably over the last
veral years. *Photo: I.Byshniov*

5-парасон. *Фота: І.Бышнёў*

sol Mushroom. *Photo: I.Byshniov*

Адсутнасць падросту ў пушчанскіх лясах
абумоўлена высокай шчыльнасцю аленяў.
Фота: І.Бышнёў

Absence of undergrowth in the Pushcha's
forests is explained by high density of deer.
Photo: I.Byshniov

←
У спелых шыракалістых лясах асабліва шматлікая
малая валасяніца. *Фота: І.Бышнёў*

Red-breasted flycatcher is especially numerous
in ripe broad-leafed forests. *Photo: I.Byshniov*

Жалобніца.
Фота: І.Бышнёў

Camberwell Beauty Butterfly.
Photo: I.Byshniov

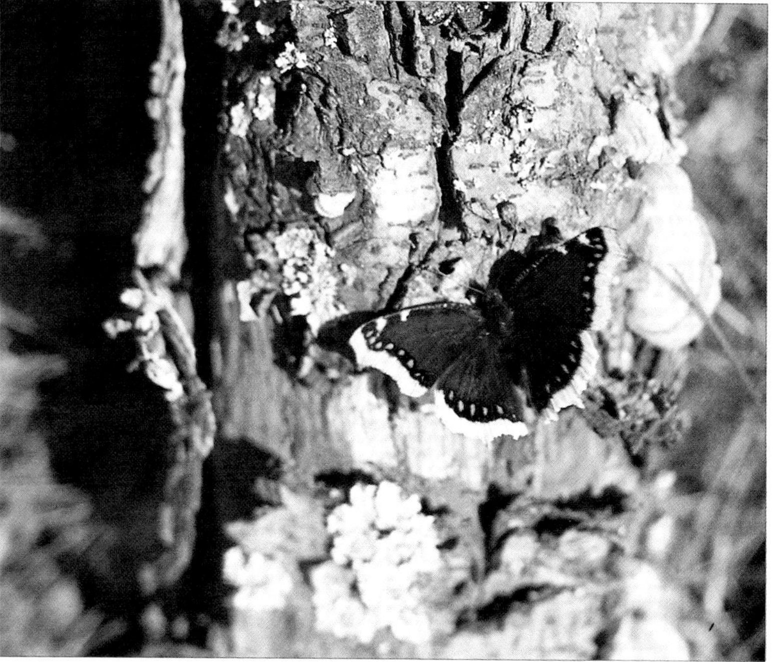

У забалочаных лясах пушчы сустракаецца жоўтагаловы дзяцел. *Фота: І.Бышнёў*

The Three-toed Woodpecker is common in the swampy forests of Pushcha. *Photo: I.Byshniov*

Яшчэ ў нядаўнім мінулым звычайны, а зараз рэдкі прадстаўнік еўрапейскіх лясоў і Белавежскай пушчы — рысь. *Фота: І.Бышнёў*

Lynx was common up to recently. Now it is a rare inhabitant of European forests, as well as Belavezhskaia Pushcha. *Photo: I.Byshniov*

Рэдкімі ў пушчы сталі і глушцы. *Фота: І.Бышнёў*

Capercaillies have also become rare in Pushcha. *Photo: I.Byshniov*

РЫБГАС «СЯЛЕЦ»

"Сялец" — адзін з самых буйных рыбгасаў Беларусі. *Фота: А.Казулін*

Selets is one of the largest fish farms in Belarus. *Photo: A.Kozulin*

Вялікая коўра. *Фота: А.Казулін*

Great Crested Grebe. *Photo: A.Kozulin*

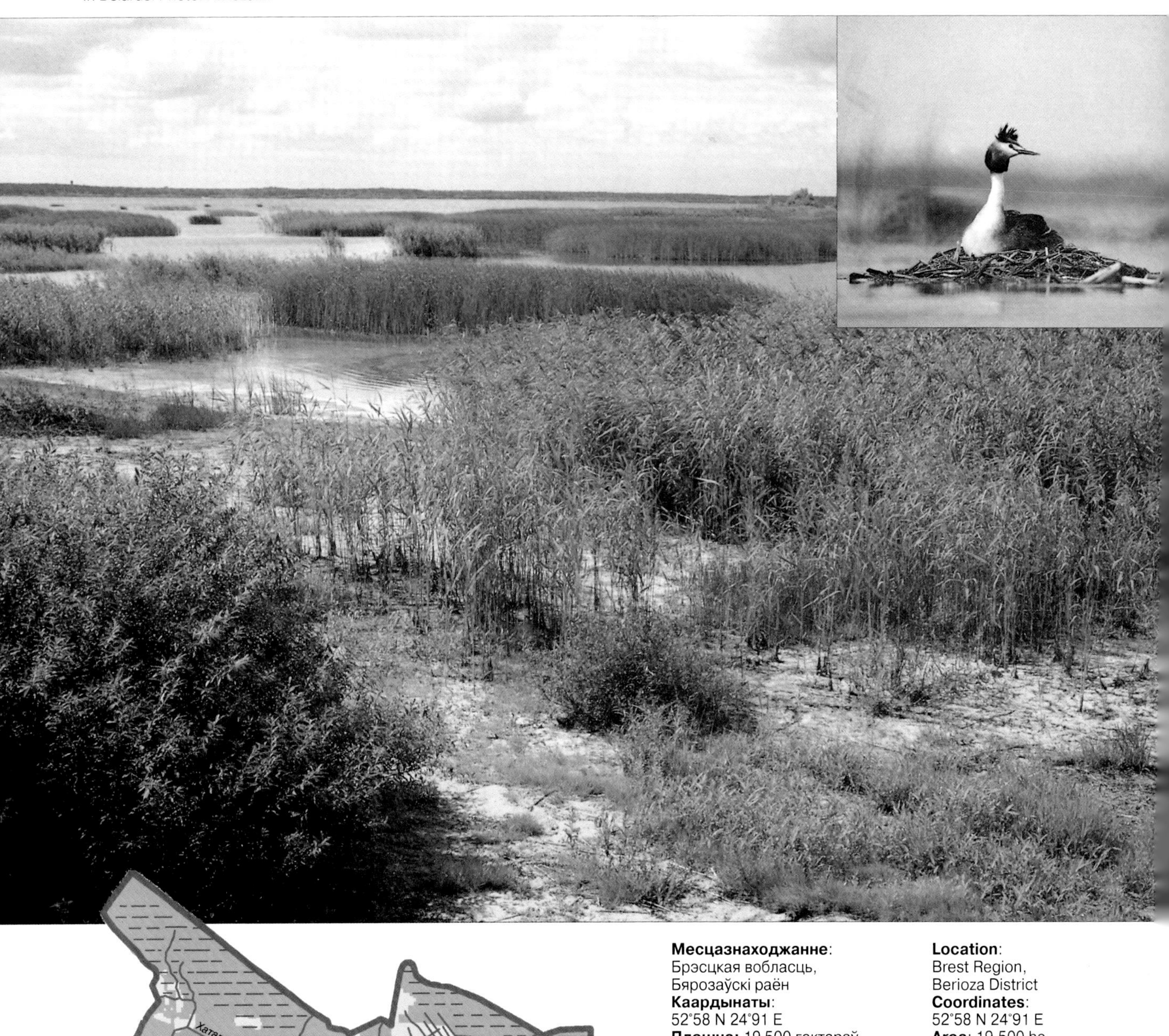

Месцазнаходжанне:
Брэсцкая вобласць, Бярозаўскі раён
Каардынаты:
52°58 N 24°91 E
Плошча: 19 500 гектараў
Нацыянальны статус аховы:
частка тэрыторыі з плошчай 7936 гектараў уваходзіць у біялагічны заказнік рэспубліканскага значэння "Буслаўка", які быў створаны ў 1990 годзе
Міжнародны статус аховы:
ТВП утворана ў 1998 годзе (код — BY 011, крытэрыі A1, B2, B3)

Location:
Brest Region, Berioza District
Coordinates:
52°58 N 24°91 E
Area: 19,500 ha
National Conservation Status:
Part of the IBA (7,936 ha) is included in the Buslovka national biological zakaznik, established in 1990
International Conservation Status:
An IBA was established in 1998 (code BY 011, criteria A1, B2, B3)

апля-лазянік — крытная і асцярожная тушка. Мала хто ведае ра яе існаванне ў ыбгасе. *Фота: А.Казулін*

ttle Bittern is a secretive rd species. Few people now of its presence in the sh farm. *Photo: A.Kozulin*

прысутнасці ў рыб- ;е чаплі-бугая можна ведацца па "бухаю- к" шлюбных крыках ацоў. *Фота: І.Бышнёў*

eding of Bittern on the farm is marked by the y specific matrimonial nds produced by les. *Photo: I.Byshniov*

Тэрыторыя ўключае вадасховішча "Сялец", буйнейшы комплекс сажалак аднайменнага рыбгаса (2500 гектараў) і лясы Ружанскай пушчы, якія прылягаюць да гэтых штучных вадаёмаў з усходняга боку. Па плошчы пераважаюць хвойныя і яловыя лясы, даволі значную частку тэрыторыі займаюць забалочаныя алешнікі, часам сустракаюцца дубравы. Вялікая колькасць паніжэнняў, сухіх грыў, малых рэчак надае лясам Ружанскай пушчы надзвычайную мазаічнасць. Нізінныя балоты і забалочаныя лугі размешчаны ў асноўным у поймах рэк. Частка тэрыторыі балот пакрыта драбналессем.

Вадасховішча і сажалкі рыбгаса пабудаваны на месцы буйнога балота ў пойме ракі Ясельда. На вадасховішчы засталося некалькі вялікіх адкрытых астравоў, вусцевая зона моцна зарасла трыснягом. Праз лясны масіў працякаюць дзве невялікія, з вельмі звілістымі рэчышчамі і павольнай плынню, ракі — Хотава і Радагошч. Акрамя іх тэрыторыю дрэніруюць прытокі Хотавы і, у значна меншай ступені, сістэма каналаў, якая была пракладзена 90—110 гадоў таму назад.

Для прамысловага рыбаводства адведзена 25% тэрыторыі, астатняя частка выкарыстоўваецца лясгасам і мясцовымі калгасамі.

На сажалках, дзякуючы наяўнасці вялікіх плошчаў надводнай расліннасці, мноству рыбы і штучных кармоў, склаліся выключна спрыяльныя ўмовы для гнездавання вадаплаўных птушак. Тэрыторыя рыбгаса з'яўляецца месцам гнездавання буйных папуляцый чаплі-бугая *Botaurus stellaris*, нырка-сівака *Aythya ferina*, звычайнага рэмеза *Remiz pendulinus*. У пасляггнездавы перыяд тут канцэнтруецца больш за 20 000 воднабалотных птушак. Найбольш шматлікімі ў гэты час з'яўляюцца лыска *Fulica atra*, качка-крыжанка *Anas platyrhynchos*, вялікі баклан *Phalacrocorax carbo*, шэрая *Ardea cinerea* і вялікая белая *Egretta alba* чаплі.

Спалучэнне сажалак рыбгаса і вялікага ляснога масіву стварае выключна спрыяльныя ўмовы для арлана-белахвоста *Haliaeetus albicilla* і пугача *Bubo bubo*. Вялікае значэнне для птушак мае рыбгас і ў перыяд міграцыі. У гэты час на спушчаных сажалках спыняюцца на кармленне тысячныя чароды розных відаў кулікоў, да 20 арланаў-белахвостаў, ад 5 да 15 асобін скапы *Pandion haliaetus*.

Флора заказніка вылучаецца вялікай відавой разнастайнасцю і наяўнасцю каштоўных у навуковых і практычных адносінах відаў. З сасудзістых раслін, якія тут сустракаюцца, 6 відаў занесены ў Чырвоную кнігу Беларусі, 14 патрабуюць прафілактычнай аховы, а 16 — рэдкія для гэтай тэрыторыі.

З млекакормячых неабходна адзначыць барсука *Meles meles* і наяўнасць пасялення баброў *Castor fiber*. Акрамя іх у заказніку сустракаюцца лось *Alces alces*, алень *Cervus elaphus*, ка-

The site comprises the largest fish pond complex Selets (2,500 ha), the Selets water reservoir and part of the Ruzhany Pushcha forest tract adjoining the Selets complex in the east. There is a mosaic of forests on a mix of depressions, ridges, and small river floodplains. Spruce and pine woods dominate. Considerable areas are occupied by swampy alder forests, undergrowth, and some oak stands. Fens and wet meadows are located mainly in the river floodplains.

The water reservoir and the fish ponds were built on a former large wetland in the Yaselda river floodplain. The water reservoir has retained several small islands. The mouth of the reservoir has become significantly overgrown with reeds. The Khotova river and the Radogoshcha river cross the forest tract of the IBA. The site is also drained by the tributaries of the Khotova, as well as by a system of canals and, to a lesser extent, ditches built some 90—110 years ago. The rivers are small and slow, with meandering channels.

25% of the site is used for commercial aquaculture; the rest of the area is used by forestry and local collective farms.

The abundance of fish, fish foodstuffs, and large areas of surface vegetation define the rich diversity of birds. The fishfarm is a breeding centre for large populations of Bittern *Botaurus stellaris*, Pochard *Aythya ferina*, and Penduline Tit *Remiz pendulinus*. More than 20,000 waterbirds are found here in the post-breeding season. Most numerous are Coot *Fulica atra*, Mallard *Anas platyrhynchos*, Cormorant *Phalacrocorax carbo*, Grey Heron *Ardea cinerea* and Great Egret *Egretta alba*. The combination of a fishfarm and a forest tract is excellent habitat for White-tailed Eagle and Eagle Owl. The fishfarm is also an important migration stop-over. When discharged, the fishponds retain food for thousands of migrating waders, up to 20 White-tailed Eagles, and 5—15 Ospreys *Pandion haliaetus*.

The flora of the site is characterized by a high species diversity. Six vascular plant species are listed in the National Red Data Book, 14 are on the list of plants requiring preventive protection, and 16 are rare for the region.

Mammal species include Badger *Meles meles* and Beaver *Castor fiber*. The site is also inhabited by Elk *Alces alces*, Deer *Cervus elaphus*, Roe Deer *Capreolus capreolus*, Raccoon Dog *Nyctereutes procyonoides*, and Otter *Lutra lutra*.

Threats

Fishing. Changes in use of the fish ponds brought about by economic hardships have had a negative impact on the habitats of the waterbirds. The main causes of declines in their populations are: decreased application of artificial fish food, very late dates of pond filling, and cleaning of surface vegetation with no account taken of nature conservation requirements.

Від / Species				Ацэнка колькасці, пар Population estimates, pairs	Крытэрый ТВП IBA Criteria-
Botaurus stellaris	Чапля-бугай	Большая выпь	Bittern	20—40 самцоў males	B2
Anas strepera	Качка-неразня	Серая утка	Gadwall	15—25	B2
Aythya ferina	Нырок-сівак	Красноголовый нырок	Pochard	200—300	B3
Haliaeetus albicilla	Арлан-белахвост	Орлан-белохвост	White-tailed Eagle	4—6	A1
Bubo bubo	Пугач	Филин	Eagle Owl	3—6	B2

зуля *Capreolus capreolus*, янотападобны сабака *Nyctereutes procyonoides* і выдра *Lutra lutra*.

Неспрыяльныя фактары

Рыбная гаспадарка. У сувязі са змяненнем рэжыму эксплуатацыі сажалак, выкліканым цяжкім эканамічным становішчам гаспадаркі, умовы пражывання вадаплаўных птушак пагоршыліся. Асноўнымі прычынамі зніжэння колькасці птушак з'яўляюцца:

Significant fluctuations in the water level at the Selets water reservoir in the breeding season result in mass destruction of birds' nests.

Proposed conservation measures

A special management plan must be developed to conserve the biodiversity.

Information on the contemporary status of flora and fauna was provided by: *V.V Grichik, V.V. Jurko, A.V. Kozulin, G.A. Mindlin, O.A. Ostrovski, O.A. Pareiko, A.K. Tishechkin*

Бакланы прыносяць рыбгасам істотную шкоду. *Фота: А.Казулін*

Cormorants gather into large groups and inflict significant damage to fish farms. *Photo: A.Kozulin*

Сажалкі рыбгасаў маюць вялікае значэнне для бакасаў у час міграцый. *Фота: А.Казулін*

Fishponds have great importance for Snipe on migration. *Photo: A.Kozulin*

Самы шматлікі птушыны драпежнік на рыбгасах — балотны лунь. *Фота: А.Казулін*

Marsh Harrier is the most numerous bird of prey on fish ponds. *Photo: A.Kozulin*

Чубаты нырок — звычайны від ва ўсіх рыбгасах. *Фота: А.Казулін*

Tufted Duck is common on all fish farms. *Photo: A.Kozulin*

Большая частка беларускай папуляцыі лыскі гняздуецца на сажалках рыбгасаў. *Фота: А.Казулін*

Large part of the Belarus' populatior of Coot breeds on fishponds. *Photo: A.Kozulin*

У канцы лета на сажалках з'яўляюцца вялікія белыя чаплі. *Фота; В.Юрко.*

Great Egret visits the fishponds in the post-breeding period. *Photo: V.Jurko*

змяншэнне колькасці штучнай падкормкі;

вельмі познія тэрміны запаўнення сажалак;

ачышчэнне сажалак ад надводнай расліннасці без уліку экалагічных патрабаванняў;

нестабільнасць узроўню вады на вадасховішчы “Сялец” у перыяд гнездавання, якая прыводзіць да масавага знішчэння гнёзд.

Неабходныя меры аховы

Належыць правесці спецыяльныя работы па распрацоўцы плана кіравання.

Інфармацыю аб сучасным стане флоры і фауны падрыхтавалі:
В.В. Грычык, А.В. Казулін, Г.А. Міндлін, А.А. Астроўскі, А.А. Парэйка, А.К. Цішачкін, В.В. Юрко.

Шызыя чайкі гняздуюцца на астравах вадасховішча Сялец. *Фота: А.Казулін*

Common Gulls breed on the islands of the Selets water reservoir. *Photo: A.Kozulin*

Летам і восенню тут канцэнтруюцца тысячныя чароды качак. *Фота: А.Казулін*

In summer and fall these areas host thousands of ducks. *Photo: A.Kozulin*

ЛЕСА-БАЛОТНЫ КОМПЛЕКС «ВЫГАНАШЧАНСКІ»

Заказнік "Выганашчанскі" — гэта буйнейшы ў Еўропе комплекс забалочаных алешнікаў, азёр і нізінных балот. *Фота: І.Бышнёў*

Vygonoshchanski zakaznik is Europe's largest complex of swampy alder forests, lakes and fen mires. *Photo: I.Byshniov*

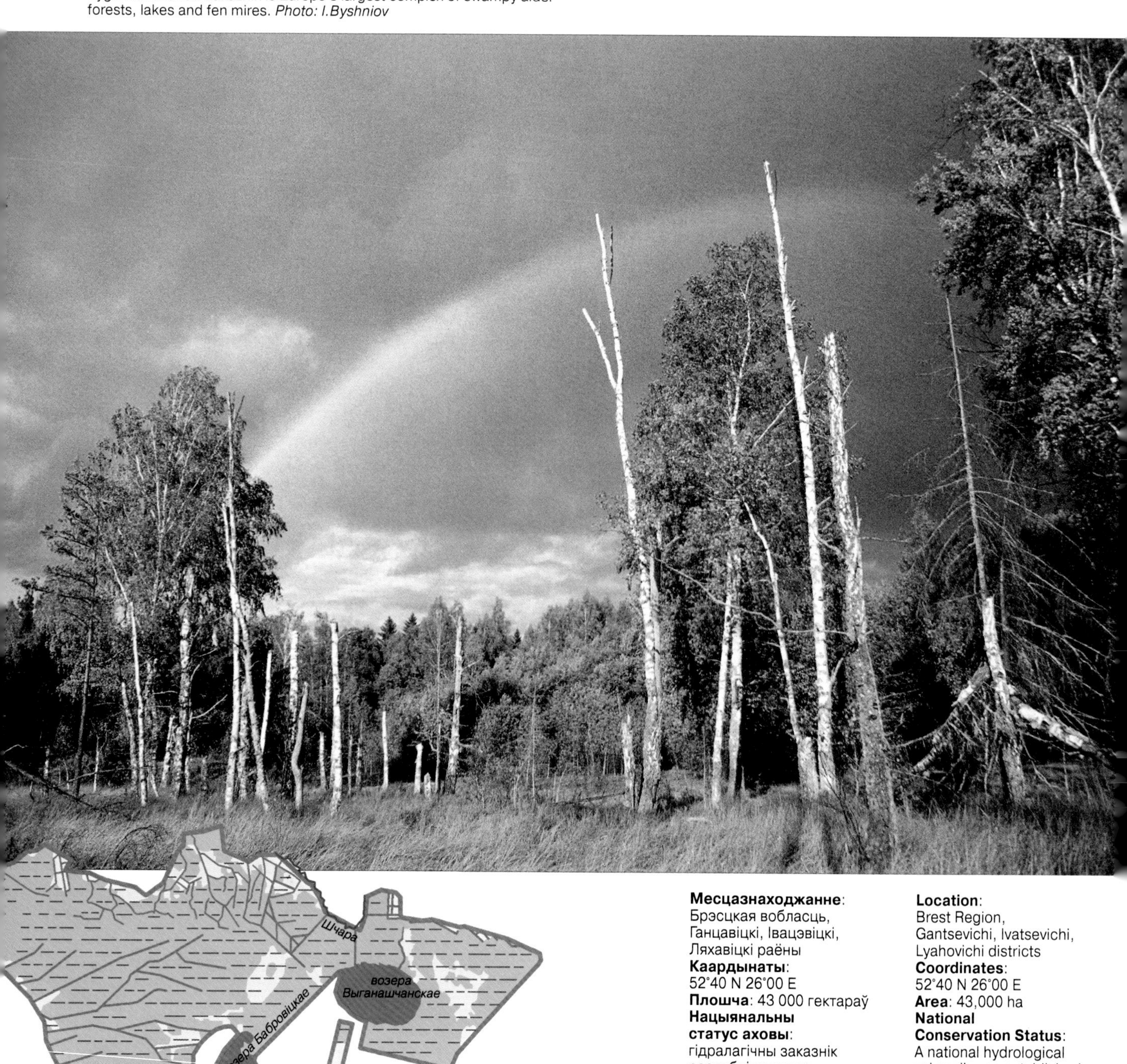

Месцазнаходжанне: Брэсцкая вобласць, Ганцавіцкі, Івацэвіцкі, Ляхавіцкі раёны
Каардынаты: 52°40 N 26°00 E
Плошча: 43 000 гектараў
Нацыянальны статус аховы: гідралагічны заказнік рэспубліканскага значэння, утвораны ў 1968 годзе
Міжнародны статус аховы: ТВП утворана ў 1998 годзе (крытэрыі А1, В2, В3). Патэнцыяльнае Рамсарскае ўгоддзе (крытэрыі 1, 2)

Location: Brest Region, Gantsevichi, Ivatsevichi, Lyahovichi districts
Coordinates: 52°40 N 26°00 E
Area: 43,000 ha
National Conservation Status: A national hydrological zakaznik was established in 1968.
International Conservation Status: An IBA was established in 1998 (criteria A1, B2, B3). Potential Ramsar site (criteria 1, 2)

Буйнейшы ў Беларусі комплекс драбналістых забалочаных лясоў, балот, рачных пойм і мелкаводных азёр. Большая частка тэрыторыі (35%) занята драбналістымі лясамі, 30% пакрыта нізіннымі і пераходнымі, 15% — верхавымі балотамі, па 10% прыходзіцца на долю пойменных лугоў і высокапрадукцыйных азёр.

Паўночная мяжа заказніка праходзіць па рэчышчы ракі Шчара. Пойма Шчары шырокая, моцна забалочаная. У ёй пераважаюць адкрытыя нізінныя балоты, якія перамяжоўваюцца з лазнякамі і пойменнымі лясамі. Далей, на поўдзень ад Шчары, размешчаны бяскрайнія прасторы забалочаных алешнікаў і бярэзнікаў, сярод якіх трапляюцца шматлікія нізінныя, пераходныя і нават верхавыя балоты. У паўднёвай частцы заказніка знаходзяцца два буйныя, тыпова палескія возеры: Выганашчанскае (2600 гектараў) і Бабровіцкае (947 гектараў). Паро́слыя хмызнякамі берагі азёр моцна забалочаны, большая частка берагавой лініі ўяўляе сабой сплавіну, дно высцелена сапрапелем. У цяперашні час азёры знаходзяцца ў стадыі пераходу ад высока-

У цэнтры заказніка размешчана некалькі пераходных балот. *Фота: А.Казулін*

Several transitional mires are located in the middle of the zakaznik. *Photo: A.Kozulin*

тлявая чаротаўка
трапляецца рэдка ў
ме ракі Шчара.
а: І.Бышнёў

atic Warbler is rare
e floodplain of
ara river.
to: I.Byshniov

This is one of Belarus' largest complexes of small-leafed forest swamps, fens, bogs, river floodplains and shallow lakes. Most of the area is covered by small-leafed forests (35%); fens and transition mires cover 30%; bogs 15%; floodplain meadows 10%; highly-productive lakes 10%. The northern boundary of the site coincides with the Shchara river channel. The floodplain of the Shchara is wide and waterlogged. It is dominated by open fens with scattered willow shrub and forest plots. Further south of the river there are vast wetlands covered by alder and birch stands with numerous small fens, transition mires and bogs. The southern part of the zakaznik has two large typical Polesian lakes: Vygonoshchanskoie (2,600 ha) and Bobrovichskoie (947 ha). The shores of the lakes are waterlogged and overgrown with shrubs. Most shores resemble floating vegetation mats rather than stable dry banks. A sapropel layer underlies the bottom of the lakes. The lakes are in transition from highly eutrophic to dystrophic water reservoir types. They are both subject to quick overgrowth with surface and floating vegetation. Vygonoshchanskoie lake is connected to the Shchara and the Yaselda rivers via the famous Oginski Canal, built for timber shipment. The canal is no longer used for commercial purposes and is becoming rapidly overgrown with vegetation.

Forestry, hunting and fishing are the main land-uses.

The mix of inaccessible forests, river floodplains, open fens and highly-productive lakes defines large population sizes of several rare bird species. The unique nature of the site is underscored by presence of the last Polesian populations of Great Grey Owl *Strix nebulosa* (6—10 pairs), as well as the West-European subspecies of Capercaillie *Tetrao urogallus mayor* (15—25 males). Regular breeding of several pairs of White-tailed Eagle *Haliaeetus albicilla* has been recorded.

Threats

Additional research is required to identify all threats. The most obvious negative factors impacting the area are:

- Disturbances in the hydrological regime due to drainage.
- Fires on drained peatlands, especially in dry years.
- Forest logging.
- Eutrophication and overgrowth of Vygonoshchanskoie Lake.

Від / Species				Ацэнка колькасці, пар Population estimates, pairs	Крытэрый ТВП IBA Criteria
Botaurus stellaris	Чапля-бугай	Большая выпь	Bittern	40—50 самцоў males	B2
Anas strepera	Качка-неразня	Серая утка	Gadwall	10—15	B2
Anas querquedula	Качка-чырка	Чирок-трескунок	Garganey	350	B2
Aythya ferina	Нырок-сівак	Красноголовый нырок	Pochard	200—250	B3
Aquila clanga	Вялікі арлец	Большой подорлик	Greater Spotted Eagle	3	A1
Crex crex	Драч	Коростель	Corncrake	50 самцоў males	A1
Grus grus	Шэры журавель	Серый журавль	Crane	20—25	B2
Gallinago media	Дубальт	Дупель	Great Snipe	20 самцоў males	A1
Acrocephalus paludicola	Вяртлявая чаротаўка	Вертлявая камышевка	Aquatic Warbler	30-100 самцоў males	A1

эўтрофных да дыстрафуючых вадаёмаў і хутка зарастаюць надводнай і плаваючай расліннасцю. Возера Выганашчанскае злучана з рэкамі Шчара і Ясельда славутым каналам Агінскага, які калісьці служыў для лесасплаву. Зараз канал страціў сваё значэнне і хутка зарастае расліннасцю.

З гаспадарчай дзейнасці ў заказніку пераважаюць лесакарыстанне, паляванне і рыбалоўства.

- Shrub encroachment on open fens.

Proposed conservation measures

Holistic research of the current condition of the site is required, with the subsequent development of management plans.

Information on the contemporary status of flora and fauna was provided by: *V.T. Demianchik, V.V. Grichik, G.A. Mindlin, A.K. Tishechkin, V.N. Vorobiov*

У алешніках уздоўж поймы ракі Шчара гняздуецца некалькі пар пугача. *Фота: М.Нікіфараў*

Alder forests along the Shchara river floodplain host several pairs of Eagle Owl. *Photo: M.Nikiforov*

Спалучэнне цяжкапраходных забалочаных лясоў, рачных пойм, адкрытых нізінных балот і высокапрадукцыйных азёр абумовіла ў заказніку наяўнасць дастаткова высокай колькасці шэрага рэдкіх відаў птушак. Унікальнасць заказніка падкрэсліваецца тым, што тут захаваліся адны з апошніх на Палессі папуляцый барадатай кугакаўкі *Strix nebulosa* (6—10 пар) і заходнееўрапейскага падвіду глушца *Tetrao urogallus mayor* (15—25 самцоў), рэгулярна гняздуецца некалькі пар арлана-белахвоста *Haliaeetus albicilla*.

Неспрыяльныя фактары

Для вызначэння негатыўных фактараў неабходны дадатковыя даследаванні. З відавочных пагроз можна пералічыць наступныя:

парушэнне гідралагічнага рэжыму ў выніку дрэніруючай дзейнасці разгалінаванай сістэмы каналаў;

пажары на асушаных тарфяніках;

высечка лясоў;

дыстрафікацыя і зарастанне Выганашчанскага возера;

зарастанне адкрытых нізінных балот хмызняком.

Неабходныя меры аховы

Належыць правесці спецыяльныя работы па ўсебаковым вывучэнні сучаснага стану экасістэмы і распрацаваць на аснове гэтых звестак план кіравання.

Інфармацыю аб сучасным стане флоры і фауны падрыхтавалі: *В.Н. Вераб'ёў, В.В. Грычык, В.Т. Дзям'янчык, Г.А. Міндлін, А.К. Цішачкін.*

Забалочаныя лясы чаргуюцца з адкрытымі балотамі і ствараюць спрыяльныя ўмовы для гнездавання барадатай кугакаўкі. *Фота: С.Зуёнак, Б.Ямінскі*

Swampy forests alternate with open mires and create favourable conditions for Great Grey Owl. *Photo: S.Zuenok, B.Yaminski*

Азёры заказніка інтэнсіўна зарастаюць. *Фота: А.Казулін*

The lakes of the zakaznik get rapidly overgrown. *Photo: A.Kozulin*

Ва ўзбярэжных лазняках на азёрах гняздуецца чапля-лазянік. *Фота: І.Бышнёў*

Little Bittern is breeding in the willow stands along lake shores. *Photo: I.Byshniov*

Тыповае для Палесся мелкаводнае зарастаючае возера Выганашчанскае размешчана сярод балот. *Фота: А.Казулін*

The typical shallow and overgrowing lake of Polesie, Vygonoshchanskoie, is surrounded by mires. *Photo: A.Kozulin*

Ча сплавінах і астравах возера гнязду-эцца чубаты нырок. *Фота: А.Казулін*

Tufted Duck is breeding on floating vegeta-ion and lake islands. *Photo: A.Kozulin*

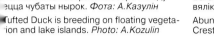

Багатыя на рыбу азёры прыцягваюць вялікіх коўр. *Фота: А.Казулін*

Abundance of fish on lakes attracts Great Crested Grebe. *Photo: A.Kozulin*

Чорны бусел — звычайны для заказніка від. *Фота: А.Казулін*

Black Stork is a typical species of the zakaznik. *Photo: A.Kozulin*

нездаванне некалькіх пар арлана-белахвоста сведчыць аб вялікай олькасці птушак і рыбы. *Фота: Б.Нячаеў*

everal pairs of White-tailed Eagle are breeding here, which indicates f sufficient fish and bird resources in the vicinity. *Photo: B.Nechaev*

Махаон. *Фота: І.Бышнёў*

Swallowtail. *Photo: I.Byshniov*

ЛЕСА-БАЛОТНЫ КОМПЛЕКС «АСТРАВЫ ДУЛЕБЫ»

Заказнік "Дулебы" — гэта буйны комплекс верхавых балот і лясоў. *Фота: В.Дамброўскі*
Duleby zakaznik is the largest complex of bogs and forests. *Photo: V.Dombrovski*

Фота: У.Іваноўскі
Photo: V.Ivanovski

Месцазнаходжанне: Магілёўская вобласць, Клічаўскі і Бялыніцкі раёны
Каардынаты: 53°40 N 29°30 E
Плошча: 26 600 гектараў
Нацыянальны статус аховы: рэспубліканскі гідралагічны заказнік "Астравы Дулебы"
Міжнародны статус аховы: патэнцыяльная ТВП (крытэрый B2). Патэнцыяльная Рамсарская тэрыторыя (крытэрыі 1, 3)

Location: Mogiliov Region: Klichev and Belynichi Districts
Coordinates: 53°40 N 29°30 E
Area: 26,600 ha
National Conservation Status: A national hydrological zakaznik "Duleby Islands"
International Conservation Status: Potential IBA (criterion B2). Potential Ramsar site (criteria 1, 3)

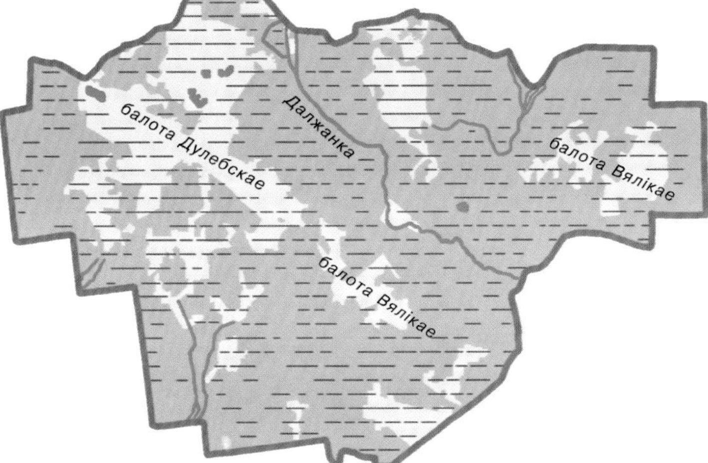

Заказнік уяўляе сабой буйны суцэльны леса-балотны масіў, які, адзін з нямногіх на ўсходзе краіны, захаваўся ў натуральным стане. Лясы, пераважна забалочаныя, займаюць 70% яго плошчы. Непасрэдна балота — пераходнае, з дамінаваннем у пакрыцці розных відаў асакі — займае 11% тэрыторыі. Найбольш буйнымі балотнымі масівамі з'яўляюцца балоты Дулебскае і Вялікае. Сярод балот размешчаны шматлікія мінеральныя грады. Глыбіня

. ўзбярэжных зонах
пота гняздуецца кулік-
кун. *Фота: В.Юрко*

ood Sandpiper is breed-
in riparian zones.
oto: V.Jurko

Над балотнымі прасторамі палюе сокал-кабец.
Фота: І.Бышнёў

Hobby is foraging over the vast wetland tracts.
Photo: I.Byshniov

тарфянога пласта дасягае 6—7 метраў.

Заказнік знаходзіцца на водападзеле рэк Друць і Ольса, які ўяўляе сабой раўнінную паверхню з пясчанымі градамі і валамі, раздзеленую шматлікімі лагчынамі. Тры найбольш буйныя лагчыны, якія адпавядаюць асноўным балотным масівам, моцна затарфаваныя і злучаныя між сабой невялікімі рэкамі і ручаямі. Асяродкамі забалочвання на тэрыторыі заказніка з'явіліся рэшткавыя ледніковыя азёры, якія размяшчаліся ў паглыбленнях на дне лагчын. Да нашых дзён захавалася 5 азёр, самыя буйныя з якіх — Падазерышча і Дручанскае. З балотнага масіву бяруць пачатак мноства ручаёў і рэк (Даўжанка, Дулебка, Вшыўка, Цераболь, Ражышча, Ваданоска). Берагі рэк забалочаныя, рэчышчы зараслі воднай расліннасцю.

Раней большая частка тэрыторыі масіву выкарыстоўвалася ваеннымі ў якасці авіяцыйнага палігона, які зараз перададзены міністэрству лясной гаспадаркі. Акрамя землекарыстання тут праводзіцца паляванне, мясцовае насельніцтва збірае ягады і грыбы. На былых палях бомбакідання (11% тэрыторыі заказніка) у цяперашні час адбываецца натуральнае аднаўленне лесу.

Высокая забалочанасць тэрыторыі, наяўнасць адкрытых пераўвільготненых участкаў і азёр абумовілі тут вялікую канцэнтрацыю водна-балотных відаў птушак на гнездаванні, міграцыях і ліньцы. На тэрыторыі заказніка гняздуецца 118 відаў птушак, 16 з якіх занесены ў Чырвоную кнігу Беларусі. Найбольшай увагі заслугоўваюць чорны бусел *Ciconia nigra*, арол-вужаед *Circaetus gallicus*, малы арлец *Aquila pomarina*, пугач *Bubo bubo*, балотная сава *Asio flammeus*,

The site is a single large wood and mire complex, one of the few natural sites in the eastern part of Belarus. Forests cover 70% of the area, much of which is waterlogged. Wetlands occupy 11% of the site. These are mainly transition mires dominated by various sedges. Duleby and Velikoie mires are the largest mires in the site. Numerous mineral ridges are scattered across the mires. The peat layer can be as deep as 6—7 m.

The site is located on the water divide of the two rivers: the Drut' and the Olsa. Geomorphologically the water divide is a flatland with sandy ridges, transected by numerous coombs. The three largest coombs, corresponding to the largest mires, have deep peat layers. They are linked with each other by small rivers and streams. The present mires are former glacial lakes. Five such lakes still exist, the largest being Podozerishche and Druchanskoie. Several rivers and streams (Dolzhanka, Dulebka, Vshivka, Terebol, Rozhishche, Vodonoska) originate in the area. The river banks are swampy, and the channels are overgrown with vegetation.

Most of the site was formerly used as an aviation military training ground. The site is under the jurisdiction of the State Committee on Forestry under the Council of Ministers of Belarus. Forestry, hunting, and amateur collection of mushrooms and berries all take place. The former bombing ranges, which cover 11% of the zakaznik, are now abandoned and forest is re-naturalizing these areas.

A total of 118 breeding bird species, including 16 National Red Data Book species, have been recorded on the zakaznik. Most notable are Black Stork *Ciconia nigra*, Short-toed Eagle *Circaetus gallicus*, Lesser Spotted Eagle *Aquila pomarina*, Eagle Owl *Bubo bubo*, Short-eared Owl *Asio flammeus*, Tengmalm's Owl *Aegolius funereus*, Curlew *Numenius arquata*, Common Crane *Grus grus*, and Goldeneye *Bucephala clangula*. Duleby mires are the most southerly part of the range of Willow Grouse *Lagopus lagopus* in Belarus. The abundance of wetlands, including open over-wetted tracts and lakes amid mires, means that many waterbirds use the site for breeding, molting, and on migration. The globally threatened Corncrake *Crex crex* can be found. Tundra zone species have been recorded on migration, including Common Scoter *Melanitta nigra*.

A total of 709 upper vascular plant species have been recorded. 12 National Red Data Book plant species grow here, including Bear's Onion *Allium ursinum*, Mountain Arnica *Arnica montana*, Helleborine *Cephalanthera rubra*, *Dacthylorhiza majalis*, Toothwort *Dentaria bulbifera*, *Gladiolus imbricatus*, Fir Clubmoss *Huperzia selago*, Siberian Iris *Iris sibirica*, Martagon Lily *Lilium martagon*, Eggleaf Twayblade *Listera ovata*, Inundated Clubmoss *Lycopodiella inundata*, and Whortleberry Willow *Salix myrtilloides*.

37 mammal, eight amphibian and six reptile species occur on the zakaznik. The mosaic of habitats, the high fecundity, the excellent shelter, the inaccessibility of the swampy areas, and the dry forested sandy ridges of mean that there is an abundance of hoofed animal species such as Elk *Alces alces*, Roe Deer *Capreolus capreolus*, and Wild Boar *Sus scrofa*. Deer *Cervus elaphus* have become common. American Mink *Mustela vison*, Raccoon Dog *Nyctereutes procyonoides*, Foumart *Mustela putorius*, and Ermine *Mustela erminea* occur regularly along the rivers and streams. Otter

касматаногі сыч *Aegolius funereus*, вялікі кулён *Numenius arquata*, шэры журавель *Grus grus*, звычайны гогаль *Bucephala clangula*. 3 відаў, якія знаходзяцца пад глабальнай пагрозай зікнення, адзначаны драч *Crex crex*. Дулебскія балоты з'яўляюцца крайняй паўднёвай кропкай распаўсюджання пардвы *Lagopus lagopus* у Беларусі. Летам зарэгістраваны пералётныя віды тундравай зоны, у тым ліку і нырок-сіньга *Melanitta nigra*.

Lutra lutra, Beaver *Castor fiber*, and Musk-rat *Ondatra zibethica* can also be encountered occasionally.

The following vertebrate species that occur here are listed in the National Red Data Book: Brown Bear *Ursus arctos*, Common Dormouse *Muscardinus avellaris*, Lynx *Felis linx*, Badger *Meles meles*, Smooth Snake *Coronella austriaca*, and Running Toad *Bufo calamita*.

Сярод балота размешчана некалькі азёр. *Фота: У.Іваноўскі*

A number of lakes are located amidst the mire. *Photo: V.Ivanovski*

Вясной балота становіцца белым ад квітнеючага падвея. *Фота: І.Бышнёў*

Blooming Cottongrass makes the mire white in spring. *Photo: I.Byshniov*

У флоры заказніка выяўлена 709 відаў вышэйшых сасудзістых раслін, 12 відаў з якіх — цыбуля мядзведжая *Allium ursinum*, купальнік горны *Arnica montana*, пылкагалоўнік чырвоны *Cephalanthera rubra*, пальчатакарэннік майскі *Dacthylorhiza majalis*, зубніца клубняносная *Dentaria bulbifera*, шпажнік чарапіцавы *Gladiolus imbricatus*, баранец звычайны *Huperzia selago*, касач сібірскі *Iris sibirica*, лілея кучаравая *Lilium martagon*, тайнік яйцападобны *Listera ovata*, лікападыела заліўная *Lycopodiella inundata*, вярба чарнічная *Salix myrtilloides* —падлягаюць ахове.

На тэрыторыі заказніка сустракаецца 37 відаў млекакормячых, 8 відаў амфібій і 6 відаў паўзуноў. Некаторыя з іх — буры мядзведзь *Ursus arctos*, арэшнікавая соня *Muscardinus avellarix*, рысь *Felis lynx*, барсук *Meles meles*, мядзянка *Coronella austriaca* і чаротная рапуха *Bufo calamita* — занесены ў Чырвоную кнігу Беларусі і належаць ахове.

Высокая мазаічнасць і прадукцыйнасць угоддзяў, наяўнасць спрыяльных для ўкрыцця жывёл цяжкадаступных забалочаных мясцін і парослых лесам сухадольных град сярод балот абумовілі вялікую колькасць капытных, такіх як лось *Alces alces*, еўрапейская казуля *Capreolus capreolus* і дзік *Sus scrofa*. У апошнія дзесяцігоддзі пачаў сустракацца высакародны алень *Cervus elaphus*. Па берагах лясных рэк і ручаёў звычайныя амерыканская норка *Mustela vison*, янотападобны сабака *Nyctereutes procyonoides*, лясны тхор *Mustela putorius*, гарнастай *Mustela erminea*; адзначаны выдра *Lutra lutra*, рачны бабёр *Castor fiber* і андатра *Ondatra zibethica*.

Мыш-малютка. *Фота: В. Сідаровіч*

Harvest mouse. *Photo: V. Sidorovich*

Балотная сава на пераходных і верхавых балотах сустракаецца вельмі рэдка. *Фота: А.Казулін*

Short-eared Owl is very rare on bogs and transit mires. *Photo: A.Kozulin*

Неспрыяльныя фактары

Фізічнае забруджванне глебы боеприпасамі часоў другой сусветнай вайны, асколкамі і рэшткамі ваеннай тэхнікі адзначана на тэрыторыі каля 3000 гектараў. Боепрыпасы, якія не ўзарваліся, уяўляюць пагрозу для жыцця людзей.

Асушэнне пераўвільготненых тэрыторый як у межах заказніка, так і на перыферыі прыводзіць да зніжэння ўзроўню грунтовых вод і, як вынік, дэградацыі натуральных экасістэм.

Высечка лесу, асабліва па мінеральных градах сярод балот, прыводзіць да знікнення папуляцый шэрага рэдкіх відаў і збяднення біялагічнай разнастайнасці.

Threats

Physical pollution by live ammunition, debris, and the remnants of military equipment is present on about 3,000 ha, threatening people and animals.

Drainage of the zakaznik and adjacent areas has produced a decline in the groundwater table, and consequently degraded natural ecosystems.

Forest logging, especially on the mineral

казніку захавалася буйная уляцыя лася. *Фота: І.Бышнёў*

ge population of Elk is found in the znik. *Photo: I.Byshniov*

сных астравах звычайны жоўта- ы дзяцел. *Фота: І.Бышнёў*

-toed Woodpecker is common ested islands. *Photo: I.Byshniov*

Тыповы краявід на астравах сярод Дулебскіх балот. *Фота: І.Бышнёў*

The typical scenery of the Duleby mires. *Photo: I.Byshniov*

Радыяцыйнае забруджванне заказніка. Практычна ўся тэрыторыя палігона забруджана радыеізатопамі. Максімальныя ўзроўні радыяцыі дасягаюць 5,39 Кі/км^2.

Нерэгламентаванае паляванне. Асаблівую небяспеку выклікае стан мясцовых папуляцый лася, бабра, глушца, а таксама відаў, занесеных у Чырвоную кнігу, — рысі, барсука і бурага мядзведзя.

Пажары ўяўляюць надзвычайную небяспе-

ridges, has decreased the biodiversity – several rare species have disappeared.

Radiation contamination Almost all of the site is radioactively contaminated. The maximum contamination is 5.39 Ci/km^2.

Unregulated hunting. Local populations of Elk, Beaver, and Capercaillie, as well as the protected Lynx, Badger and Bear, are threatened by poaching.

Fires present a serious threat to the mire

Чорны бусел. *Фота: У.Бязрукаў*

Black Stork. *Photo: B.Bezrukov*

ку для балотных экасістэм заказніка, паколькі прыводзяць да выгарання паверхневага тарфянога пласта і дэградацыі супольнасцей раслін і жывёл.

ecosystems. They completely destroy the upper soil layer, and degrade vegetation and plant communities.

Мазаічнае спалучэн адкрытых балот і ля астравоў стварае на лебах умовы для пр вання розных відаў вёл. *Фота: М.Якаве*

Mosaic composition of open fens and fore islands on Duleby mi creates favorable co tions for a number of species. *Photo: M.Yakovets*

Неабходныя меры аховы

Неабходна павысіць статус заказніка (з гідралагічнага на ландшафтны) і распрацаваць план кіравання гаспадарчымі і прыродаахоўнымі мерапрыемствамі.

Proposed conservation measures

The status of the protected area should be upgraded to that of a landscape zakaznik. A management plan should be developed to regulate economic and conservation activities.

Інфармацыю аб сучасным стане флоры і фауны падрыхтавалі: *В.Ч. Дамброўскі, М.Г. Дзмітранок, М.Я. Нікіфараў, А.М. Скуратовіч, У.Я. Тышкевіч.*

Information on the contemporary status of flora and fauna was provided by: *M.G. Dmitrenok, V.Ch. Dombrovski, M.E. Nikiforov, A.N. Skuratovich, V.E. Tyshkevich.*

Малы арлец. *Фота: У.Іваноўскі*

Lesser Spotted Eagle. *Photo: V.Ivanovski*

Шэры журавель. *Фота: А.Казулін*

Crane. *Photo: A.Kozulin*

эрая рапуха. *та: І.Бышнёў*

mmon Toad. *oto: I.Byshniov*

лотны мірт. *та: І.Бышнёў*

ather-leaf. *oto: I.Byshniov*

Канюх-мышалоў. *Фота: І.Бышнёў*

Common Buzzard. *Photo: I.Byshniov*

ПОЙМА РАКІ БЯРЭЗІНА

Пойма ракі Бярэзіна. *Фота: С.Плыткевіч*
Berezina river floodplain. *Photo: S.Plytkevich*

Месцазнаходжанне: Мінская вобласць, Барысаўскі раён
Каардынаты: 54°24 N 28°19 E
Плошча: 6200 гектараў
Нацыянальны статус аховы: няма
Міжнародны статус аховы: ТВП утворана ў 1998 годзе (код BY006, крытэрыі A1, B2, B3)

Location: Minsk Region, Borisov District
Coordinates: 54°24 N 28°19 E
Area: 6200 ha
National Conservation Status: none.
International Conservation Status: An IBA was established in 1998 (code BY 006, criteria A1, B2, B3)

Фота: С.Плыткевіч
Photo: S.Plytkevich

Тэрыторыя ўяўляе сабой участак моцна забалочанай поймы ракі Бярэзіна паміж Бярэзінскім дзяржаўным біясферным запаведнікам і горадам Барысаў. Даўжыня ўчастка поймы каля 45 кіламетраў, шырыня вар'іруе ад 0,5 да 2 кіламетраў. У заказніку пераважаюць моцна забалочаныя пойменныя лугі (60%), асаковыя балоты (25%) і забалочаныя лясы (5%). Тэрыторыя размешчана ніжэй Бярэзінскага біясфернага запаведніка, дзе ўплыў чалавека на раку мінімальны. У сувязі з гэтым яе гідралагічны рэжым блізкі да натуральнага і характарызуецца высокай непрацяглай вясновай паводкай і нізкай летняй межанню.

Значная частка поймы моцна забалочана і выкарыстоўваецца толькі для палявання і рыбнай лоўлі. На заліўных лугах косяць сена і пасуць жывёлу.

Тэрыторыя з'яўляецца важным месцам гнездавання для многіх відаў водна-балотных птушак, а ў перыяд веснавой міграцыі мае выключнае значэнне для канцэнтрацыі гусей, качак і кулікоў. На гэтай тэрыторыі адзначана гнездаванне 13 відаў птушак, занесеных у Чырвоную кнігу РБ, і двух відаў, якія знаходзяцца пад глабальнай пагрозай знікнення: вялікі арлец *Aquila clanga* і драч *Crex crex*.

Флора і фауна гэтага ўчастка поймы вывучаны недастаткова. Тэрыторыя мае вялікае значэнне для каляводных відаў млекакормячых: выдры *Lutra lutra*, бабра *Castor fiber*, лясного тхара *Mustela putorius* і вадзяной палёўкі *Arvicola terrestris*.

The site is part of the waterlogged Berezina river floodplain between Berezinski Biosphere Reserve and the town of Borisov. The floodplain on the site is 45 km long and 0.5-2 km wide. 60% of the area is covered by waterlogged floodplain meadows; 25% by fens; 5% by swampy forests. The site is located downstream of Berezinski Biosphere Reserve, where there is little human activity. This explains why the hydrological regime of the site is almost natural. It is characterized by high-level short floods in spring and low water levels in summer.

Most of the floodplain is very wet and is visited only by hunters and fishermen. Some floodplain meadows are used for hay-making and cattle pasturing.

The site is important for several breeding waterbird species, including globally threatened species, such as Greater Spotted Eagle *Aquila clanga* and Corncrake *Crex crex*. 13 breeding species from the National Red Data Book have been recorded. The site is an important concentration ground for geese, ducks, and waders on migration.

The flora and fauna of the IBA has been poorly studied. The site is known to be important for mammal species such as Otter *Lutra lutra*, Beaver *Castor fiber*, Foumart *Mustela putorius*, and Water Vole *Arvicola terrestris*.

...ут штогод гнездуюцца чорныя рыбачкі. ...ота: *І.Бышнёў*

...lack Terns breed regularly here. ...hoto: *I.Byshniov*

У пойме Бярэзіны ў час міграцый сустракаюцца тысячныя чароды качак. *Фота: В.Юрко*

Thousands of ducks gather in the Berezina floodplain on migration. *Photo: V.Jurko*

Бярэзіна — адна з найбольш вядомых рэк Беларусі. *Фота: В.Юрко*

The Berezina is one of the most famous rivers in Belarus. *Photo: V.Jurko*

Від / Species				Ацэнка колькасці, пар / Population estimates, pairs	Крытэрый ТВП / IBA Criteria
Anas querquedula	Качка-чырка	Чирок-трескунок	Garganey	400—600	B2
Aquila clanga	Вялікі арлец	Большой подорлик	Greater Spotted Eagle	2—3	A1
Porzana porzana	Звычайны пагоніч	Погоныш	Spotted Crake	250—400 самцоў males	B3
Crex crex	Драч	Коростель	Corncrake	200—300 самцоў males	A1
Larus minutus	Малая чайка	Малая чайка	Little Gull	20	B2
Chlidonias niger	Чорная рыбачка	Черная крачка	Black Tern	50—200	B2
Alcedo atthis	Звычайны зімародак	Обыкновенный зимородок	Kingfisher	15—25	B2

Threats

Intensification of agriculture on areas adjacent to the IBA.

Intensive spring hunting.

Неспрыяльныя фактары

Інтэнсіфікацыя сельскагаспадарчых работ на сумежных з тэрыторыяй землях.

Веснавое паляванне.

Proposed conservation measures

One of the measures already being implemented is the Memorandum on IBAs signed between the Ministry of Natural Resources and Environmental Protection and several other organizations. The Memorandum envisages that a protected area will be established at the IBA.

Information on the contemporary status of flora and fauna was provided by: *V. Ch. Dombrovski, A.V. Kozulin, V.V. Natykanets.*

Чорны бусел. *Фота: М.Нікіфараў*
Black Stork. *Photo: M.Nikiforov*

Кулік-перавозчык. *Фота: І.Бышнёў*
Common Sandpiper. *Photo: I.Byshniov*

Белакрылая рыбачка. *Фота: М.Нікіфараў*
White-winged Tern. *Photo: M.Nikiforov*

Тыповыя біятопы і жыхары поймы ракі Бярэзіна
Typical habitats and inhabitants of the Berezina river floodplain

Фота: І.Бышнёў
Photo: I.Byshniov

фармацыю аб сучасным
ане флоры і фауны
дрыхтавалі:
Ч. Дамброўскі,
В. Казулін,
У. Натыканец.

Неабходныя меры аховы

Мемарандумам па захаванні ТВП, які падпісала Міністэрства прыродных рэсурсаў і аховы навакольнага асяроддзя РБ і іншыя арганізацыі, прадугледжана ўтварэнне на гэтым участку ракі тэрыторыі з ахоўным статусам.

Качка-чырка. *Фота: М.Нікіфараў*
Garganey. *Photo: M.Nikiforov*

Жоўтагаловая пліска. *Фота: С.Зуёнак, Б.Ямінскі*
Yellow-headed Wagtail. *Photo: S.Zuenok, B.Yaminski*

Фота: І.Бышнёў
Photo: I.Byshniov

БЯРЭЗІНСКІ ЗАПАВЕДНІК

Бярэзіна — галоўная рака Бярэзінскага запаведніка. *Фота: І.Бышнёў*
The Berezina — the main river of Berezinski reserve. *Photo: I.Byshniov*

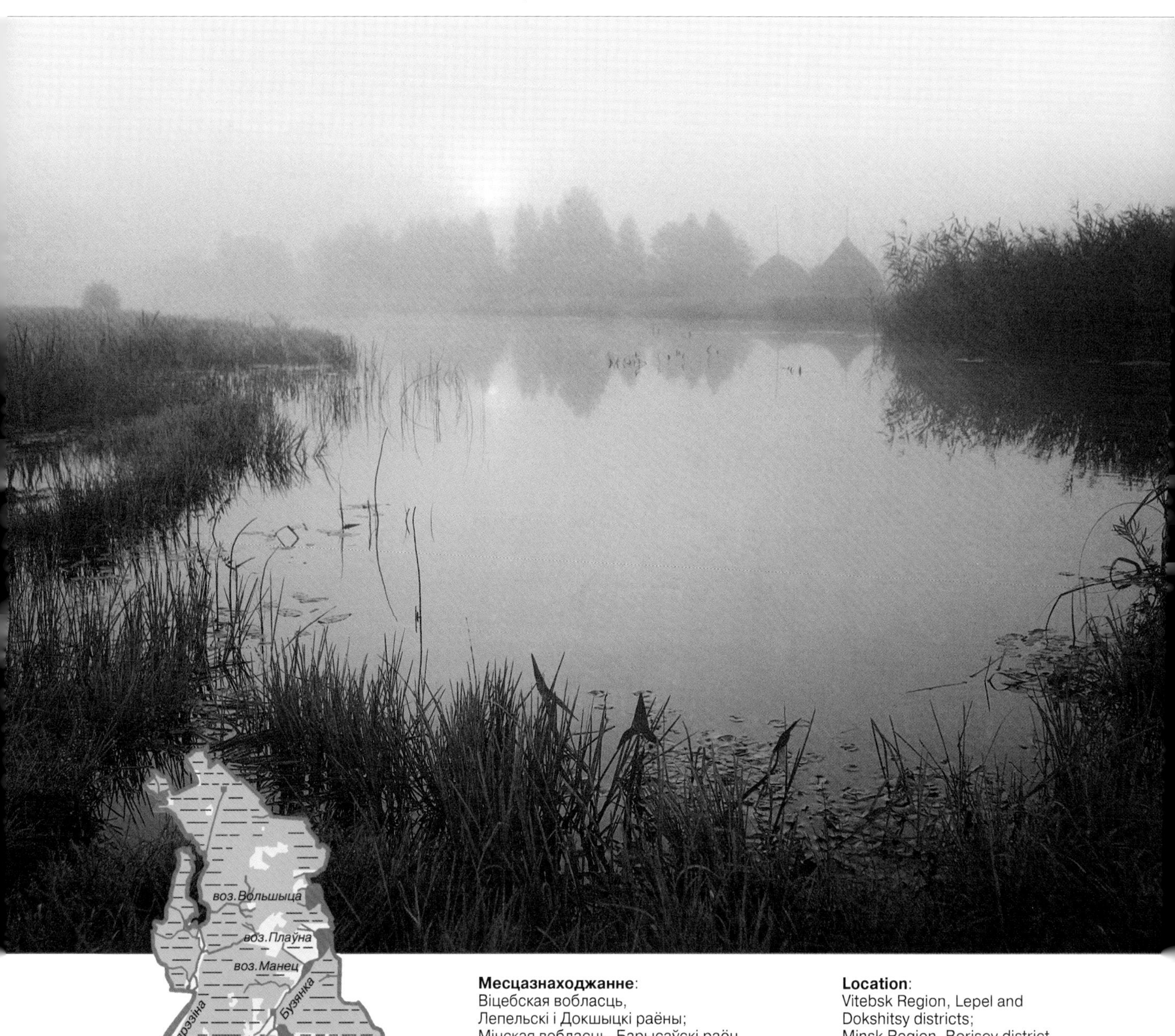

Месцазнаходжанне:
Віцебская вобласць,
Лепельскі і Докшыцкі раёны;
Мінская вобласць, Барысаўскі раён
Каардынаты: 54°38 N 28°21 E
Плошча: 81 756 гектараў
Нацыянальны статус аховы: Дзяржаўны запаведнік, створаны ў 1925 годзе
Міжнародны статус аховы:
Біясферны запаведнік быў зацверджаны ў 1979 годзе. У 1993 годзе Саветам Еўропы тэрыторыя ўключана ў сетку біягенетычных запаведнікаў. У 1995 годзе Бярэзінскі дзяржаўны біясферны запаведнік (БДБЗ) узнагароджаны дыпломам Савета Еўропы. ТВП утворана ў 1998 годзе (код BY 005, крытэрыі B2, B3). Патэнцыяльнае Рамсарскае ўгоддзе (крытэрый 1, 2)

Location:
Vitebsk Region, Lepel and Dokshitsy districts;
Minsk Region, Borisov district
Coordinates: 54°38 N 28°21 E
Area: 81,756 ha
National Conservation Status:
State Reserve (zapovednik) was established in 1925
International Conservation Status:
Biosphere reserve was established in 1979. In 1993 the Council of Europe included the site into the network of biogenetic reserve In 1995 the site received the Council of Europ Diploma. IBA was established here in 1998 (code BY 005, criteria B2, B3). It is a potential Ramsar site (criterion 1, 2)

Бярэзінскі запаведнік — гэта буйнейшы комплекс хваёвых лясоў, якія перамяжаюцца з верхавымі і нізіннымі балотамі і поймамі рэк. Прыродныя ўмовы запаведніка характарызуюцца некранутымі лясамі і вялікімі сфагнавымі балотамі. Тут захаваліся унікальныя ў Еўропе балотныя масівы, агульная плошча якіх складае 50 700 гектараў. У паўночнай і цэнтральнай частках запаведніка, больш узвышаных, пераважаюць пераходныя і верхавыя балоты, сярод якіх

У розныя гады на тэрыторыі запаведніка налічваецца ад 5 да 7 сем'яў ваўкоў. *Фота: І.Бышнёў*

Wolf is common in the reserve. 5—7 families live here regularly. *Photo: I.Byshniov*

Паядынак двух драпежнікаў: даўгахвостай кугакаўкі і канюха-мышалова. *Фота: І.Бышнёў*

A fight of two predators: Ural Owl against Common Buzzard. *Photo: I.Byshniov*

размешчаны пакрытыя хваёвым лесам мінеральныя астравы. У паўднёвай частцы запаведніка знаходзяцца буйныя масівы нізінных балот (у тым ліку і ўся пойма Бярэзіны). Сярод лясоў дамінуюць хвойнікі, якія ўтвараюць буйныя масівы. Больш за палову хваёвых лясоў забалочана альбо прымеркавана да верхавых і пераходных балот.

Вялізнае значэнне мае водная сетка запаведніка: рака Бярэзіна, дробныя вадацёкі (рэчкі, ручаі, пратокі), каналы, старыцы, пойменныя вадаёмы, азёры.

Тэрыторыя запаведніка знаходзіцца ў басейнах рэк Бярэзіна і часткова Эса, якія, у сваю чаргу, адносяцца да Чарнаморскага і Балтыйскага басейнаў адпаведна. Водападзел між імі праходзіць па паўночна-ўсходняй частцы запа-

Berezinski reserve is the largest complex of pine forests mixed with bogs and fens, as well as river floodplains. The reserve's nature is underscored by virgin forests and vast *Sphagnum* mires. The site retains some 50,700 ha of mires, now unique for Europe. The elevated northern and central parts of the mire are dominated by transition mires and bogs with isolated mineral islands covered by coniferous forests. The southern part of the reserve contains some large fen tracts, including the whole Berezina river floodplain. Forests are dominated by extensive pine-tree stands. Most pine forests are wet. Many of them are affiliated with bogs and transition mires.

Water has a special role and place in the condition and structure of the reserve, represented by the Berezina, smaller rivers and streams, canals, oxbows, floodplain water reservoirs, lakes.

Part of the site is located in the Berezina river basin, the other part is in the Essa river catchment. The water divide between the two catchments, which means also between the basins of the Baltic and Black seas, is located in the North-Eastern part of the reserve. There are 69 rivers and streams on the territory of the reserve, the largest being the Berezina. It starts 45 km North of the reserve's boundary. Its length within the reserve is 110 km. The channel of the river is meandering, its valley contains many oxbows and floodplain lakes.
The largest tributary to the Berezina is the Serguch river, 35 km long. Spring floods normally start in late March - early April and last for 20—40 days.

All lakes of the reserve are eutrophic and are getting rapidly overgrown with vegetation. The largest lake, Palik (712 ha) is a natural extension of the Berezina channel in the southern part of the reserve.

The site also contains the southern leg of the artificial Berezina water system which links the Berezina and Western Dvina rivers. This canal has an important hydrological role in that it helps maintain the water regime on the adjacent areas without affecting significantly the mire systems of the reserve.

The Berezinski reserve has been divided into several zones with varying degree of conservation. 6 zones have been established: the strictly protected zone, the buffer zone, economic zone, the excursion zone, the protection, and the hydrological zone. The strictly protected zone occupies 47.2% of the overall area of the reserve. Economic activities (agriculture) can be carried out in the economic zone (7,000 ha). The protection zone, which is 2 km wide, surrounds the reserve. The lands of this zone are used by forestries and collective farms. Any activities that may negatively affect the natural state of the reserve are prohibited on this zone. Land-exploitation and drainage activities are prohibited in the hydrological zone (5 km wide along the boundary of the zapovednik).

The diverse natural conditions in the reserve defines high diversity of fauna and flora. The fauna list of the Berezinski reserve includes 230 bird species, including 179 breeding species. These are mainly forest and wetland species, to a lesser extent these are species affiliated with open spaces and dwellings. 56 National Red Data Book bird species have been recorded on the territory of the reserve.

The globally threatened Corncrake *Crex crex* is common on breeding here. A substantial breeding population of the Bittern *Botaurus stellaris* (10—15 males) has been recorded here.

веднiка. Увогуле, рачная сетка тэрыторыi прадстаўлена 69 рэкамi, галоўнай сярод якiх з'яўляецца Бярэзiна. Яна бярэ пачатак у 45 кiламетрах ад паўночнай ускраiны запаведнiка, даўжыня яе ў гэтых межах складае 110 км. Рэчышча ракi звiлiстае, у яе далiне знаходзiцца многа старыц i пойменных азёр. Неабходна адзначыць i буйнейшы прыток Бярэзiны — раку Сергуч — даўжынёй 35 км. Веснавая паводка пачынаецца ў другой палове сакавiка — першай палове красавiка i працягваецца 20—40 дзён.

Усе азёры запаведнiка адносяцца да эўтрофнага тыпу i знаходзяцца на стадыi iнтэнсiўнага зарастання. Самае буйное з iх — возера Палiк (712 гектараў) — уяўляе сабой натуральнае пашырэнне рэчышча Бярэзiны на паўднёвай ускраiне запаведнiка.

На тэрыторыi запаведнiка знаходзiцца паўднёвы адрэзак штучнай Бярэзiнскай воднай сiстэмы, якая злучае рэкi Бярэзiна i Заходняя Дзвiна. Гэта сiстэма адыгрывае пэўную гiдралагiчную ролю тым, што падтрымлiвае ўсталяваны водны рэжым навакольнай тэрыторыi i не аказвае iстотнага ўздзеяння на балотныя сiстэмы запаведнiка.

The flora of the reserve currently includes more than 2,000 plant species, including 798 vascular plant species. Whereas the shares of cold-resisting plants and thermophytes are approximately equal for the whole Belarus (the latter slightly dominating), the Berezinski reserve on the other hand is characterized by domination of cold-resisting plant species.

Three new for Belarus plant species have been identified on the territory of the reserve:

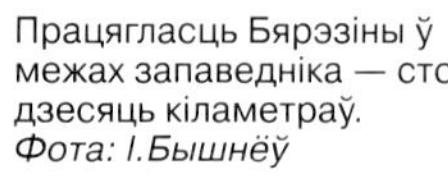

Працягласць Бярэзiны ў межах запаведнiка — сто дзесяць кiламетраў.
Фота: I.Бышнёў

The Berezina river runs for 110 km within the reserve.
Photo: I.Byshniov

Балота Саўскi Мох.
Фота: I.Бышнёў

Savski Mokh mire.
Photo: I.Byshniov

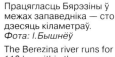

Такавiшча цецерукоў на Пастрэжскiм балоце.
Фота: А.Казулiн

Black Grouse lek on Postrezhskoie mire.
Photo: A.Kozulin

Від / Species				Ацэнка колькасці, пар Population estimates, pairs	Крытэрый ТВП IBA Criteria
Ciconia nigra	Чорны бусел	Черный аист	Black Stork	12—16	B2
Pernis apivorus	Звычайны асаед	Обыкновенный осоед	Honey Buzzard	8—12	B3
Circaetus gallicus	Арол-вужаед	Змееяд	Short-toed Eagle	3—5	B2
Circus pygargus	Поплаўны лунь	Луговой лунь	Montagu's Harrier	6—12	B3
Aquila clanga	Вялікі арлец	Большой подорлик	Greater Spotted Eagle	6	A1
Pandion haliaetus	Скапа	Скопа	Osprey	8—11	B2
Tetrao tetrix	Цецярук	Тетерев	Black Grouse	200—300	B2
Grus grus	Шэры журавель	Серый журавль	Crane	30—35	B2
Gallinago media	Дубальт	Дупель	Great Snipe	20—30 самцоў males	A1
Chlidonias niger	Чорная рыбачка	Черная крачка	Black Tern	50—150	B2
Coracias garrulus	Сіні сіваграк	Сизоворонка	Roller	5—20	B2

Возера Пастрэжскае.
Фота: І.Бышнёў

Postrezhskoie lake.
Photo: I.Byshniov

Крумкачы на тушы забітага ваўкамі лася. *Фота: І.Бышнёў*

Ravens on elk killed by wolves.
Photo: I.Byshniov

У Бярэзінскім запаведніку праведзена дыферэнцыяцыя тэрыторыі на ўчасткі з розным рэжымам аховы. Усяго створана 6 зон: абсалютна запаведная, буферная, эксперыментальна-гаспадарчая, экскурсійная, ахоўная і гідралагічная. Абсалютна запаведная зона складае 47,2% ад агульнай плошчы запаведніка. Гаспадарчая дзейнасць (сельская гаспадарка) дазволена ў эксперыментальна-гаспадарчай зоне (7000 гек-

Omalotheca supina (is located here far beyond its southern range boundary), *Carex paupercula*, *Cystopteris sudetica* (an isolated population of this relict species is found in the reserve). 37 plant species are listed in the National Red Data Book of Belarus.

56 mammal species occur on the territory of the reserve, including 8 National Red Data Book species: European Bison *Bison bonasus,* Brown

Шэрая чапля. *Фота: І.Бышнёў*

Grey Heron. *Photo: I.Byshniov*

Адзін з 70 прытокаў Бярэзіны — рака Вялікая. *Фота: І.Бышнёў*

One of the 70 tributaries of the Berezina, Velikaia river. *Photo: I.Byshniov*

Кнігаўкі гняздуюцца як на лугах, т... на верхавых балотах. *Фота: І.Быш...*

Lapwings can breed both on meado... and on bogs. *Photo: I.Byshniov*

Шуляк-галубятнік. *Фота: І.Бышнёў*

Goshawk. *Photo: I.Byshniov*

тараў). Вакол запаведніка праходзіць ахоўная зона шырынёй 2 кіламетры, якая належыць лясгасам, калгасам і саўгасам. У гэтай зоне забаронены тыя віды гаспадарчай дзейнасці, якія могуць аказаць адмоўны ўплыў на прыродныя комплексы запаведніка. У гідралагічнай зоне, якая працягнулася вакол запаведніка кальцом шырынёй 5 км, забаронены пошукавыя і меліярацыйныя работы.

Bear *Ursus arctos*, Badger *Meles meles,* Lynx *Felis linx*, *Myotis dasicneme,* Lesser Noctule *Nyctalus leisleri, Vespertilio nillsoni,* Garden Dormouse *Eliomus quercinus.*

6 reptile and 11 amphibian species have been recorded on the territory of the reserve. One species – Running Toad *Bufo calamita* is listed in the National Red Data Book.

...лькасць скапы ў ...аведніку каля 10—14 ...). *Фота: І.Бышнёў*

...ere are about 10—14 ...rs of Osprey in the ...serve. *Photo: I.Byshniov*

Пойма Бярэзіны вясной. *Фота: І.Бышнёў*

The Berezina floodplain in spring. *Photo: I.Byshniov*

Палявы жаўрук ля свайго гнязда. *Фота: І.Бышнёў*

Skylark at nest. *Photo: I.Byshniov*

Разнастайнасць прыродных умоў тэрыторыі абумовіла багацце расліннага і жывёльнага свету. Фауністычны спіс Бярэзінскага запаведніка ўключае 230 відаў птушак, з якіх 179 адзначана на гнездаванні. Пераважна гэта лясныя і воднабалотныя віды, у меншай ступені — віды адкрытых тэрыторый і населеных пунктаў. На тэрыто-

Threats

Disturbance of birds, which has increased significantly over the last several years following higher tourist loads on the site.

Unregulated collection of mushrooms and berries.

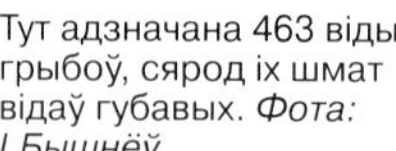

Тут адзначана 463 віды грыбоў, сярод іх шмат відаў губавых. *Фота: І.Бышнёў*

463 mushroom species have been recorded here including many species of Polyporaceae family. *Photo: I.Byshniov*

Купальнік горны — рэдкі від, які сустракаецца ў сасняках. *Фота: І.Бышнёў*

A rare pine forest species, Mountain Arnica. *Photo: I.Byshniov*

Чубатая сініца. *Фота: І.Бышнёў*

Crested Tit. *Photo: I.Byshniov*

У запаведніку жыве да 500 сем'яў баброў. *Фота: І.Бышнёў*

Up to 500 families of Beaver live in the reserve. *Photo: I.Byshniov*

Адна з самых прыгожых і рэдкіх лясных архідэй — венерын чаравічак звычайны. *Фота: І.Бышнёў*

Ladies' Slipper is one of the most beautiful and rarest forest orchids. *Photo: I.Byshniov*

рыі запаведніка адзначана 56 відаў птушак, занесеных у Чырвоную кнігу Беларусі.

Акрамя іх у запаведніку гняздуецца значная колькасць чапляў-бугаёў *Botaurus stellaris* (10—15 самцоў), звычайны на гнездаванні драч *Crex crex* — від, які знаходзіцца пад глабальнай пагрозай знікнення.

Сучасная флора запаведніка ўключае больш за 2000 відаў раслін, у тым ліку 798 сасудзістых, 37 відаў занесены ў Чырвоную кнігу.

Intensified agriculture on areas adjacent to the site.

Proposed conservation measures

An integrated long-term management plan is required to ensure conservation of the site and its biodiversity in the long run.

Information on the contemporary status of flora and fauna was provided by: *I.I Byshnev, V.Ch. Dombrovski, D.D. Stavrovski, A.K. Tishechkin*

Глушэц на такавішчы. Колькасць гэтага віду складае тут 300—350 асобін. *Фота: І.Бышнёў*

Capercaillie on lek. The number of this species here amounts to 300—350 individuals. *Photo: I.Byshniov*

Чорнаальховыя лясы запаведніка з'яўляюцца унікальнымі для Еўропы. *Фота: І.Бышнёў*

Black alder forests of the reserve are unique for Europe. *Photo: I.Byshniov*

Чорны бусел гняздуецца амаль ва ўсіх тыпах забалочаных лясоў. *Фота: І.Бышнёў*

Black Stork is breeding on practically all types of swampy forests. *Photo: I.Byshniov*

Колькасць арабка ў запаведніку больш за 1500 пар. *Фота: І.Бышнёў*

The number of Hazel Grouse in the reserve is more than 1500 pairs. *Photo: I.Byshniov*

Увогуле па Беларусі назіраецца прыкладная раўнавага паміж холадаўстойлівымі і цеплалюбівымі формамі раслін з невялікай перавагай апошніх, на тэрыторыі ж Бярэзінскага запаведніка менавіта холадаўстойлівыя віды атрымалі найбольшае развіццё. У запаведніку выяўлены тры новыя для Беларусі віды раслін: сухацветка прыземістая *Omalotheca supina* (знаходзіцца далёка за паўднёвай мяжой арэала), асака заліўная *Carex paupercula*, пузырнік судэцкі *Cystopteris sudetica* (рэліктавы від, у запаведніку існуе ізаляваная папуляцыя).

На тэрыторыі запаведніка адзначана 56 відаў млекакормячых, 8 з якіх — зубр *Bison bonasus*, буры мядзведзь *Ursus arctos*, барсук *Meles meles*, рысь *Felis linx*, сажалкавая начніца *Myotis dasicneme*, малая вячэрніца *Nyctalus leisleri*, паўночны кажанок *Vespertilio nillsoni* і садовая соня *Eliomus quercinus* — занесены ў Чырвоную кнігу Беларусі.

Зіма ў пойме.
Фота: І.Бышнёў

The floodplain in winter.
Photo: I.Byshniov

Даўгахвостая кугакаўка — звычайны для запаведніка від. Колькасць яе складае 35—45 пар.
Фота: І.Бышнёў

Ural Owl is common in the reserve: 35—45 pairs.
Photo: I.Byshniov

іфармацыю аб сучасным
тане флоры і фауны
здрыхтавалі:
*. Бышнёў, В.Ч. Дамб-
оўскі, Д.Д. Стаўроўскі,
К. Цішачкін.*

З 6 відаў паўзуноў і 11 відаў земнаводных ахове належыць чаротная рапуха *Bufo calamita*.

Неспрыяльныя фактары

Парушэнне спакою птушак, якое ўзмацнілася ў апошнія гады ў сувязі з антрапагенным прэсам з боку турыстаў.

Нерэгламентаваны збор грыбоў і ягад.

Інтэнсіфікацыя сельскай гаспадаркі на прылягаючых да запаведніка тэрыторыях.

Неабходныя меры аховы

У мэтах захавання біяразнастайнасці неабходна распрацаваць комплексны доўгачасовы план кіравання запаведнікам.

ысакародны алень. *Фота: І.Бышнёў*
ed Deer. *Photo: I.Byshniov*

Вавёрка. *Фота: І.Бышнёў*
Red Squirrel. *Photo: I.Byshniov*

Шэрая кугакаўка. *Фота: І.Бышнёў*
Tawny Owl. *Photo: I.Byshniov*

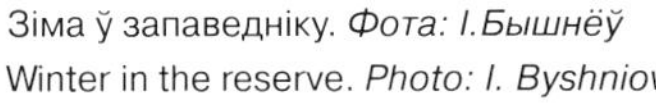

Зіма ў запаведніку. *Фота: І.Бышнёў*
Winter in the reserve. *Photo: I. Byshniov*

ска. *Фота: М.Нікіфараў*
asel. *Photo: M.Nikiforov*

ЛЕСА-БАЛОТНЫ КОМПЛЕКС «ГАЛУБІЦКАЯ ПУШЧА»

Месцазнаходжанне: Віцебская вобласць, Докшыцкі, Глыбоцкі раёны
Каардынаты: 55°00 N 28°03 E
Плошча: 20 452 гектары
Нацыянальны статус аховы: гідралагічны заказнік рэспубліканскага значэння (плануецца стварыць у 2002 годзе шляхам пашырэння межаў заказніка, які ўжо існуе)
Міжнародны статус аховы: ТВП утворана ў 1998 годзе (код BY 004, крытэрый B2) . У 2001 годзе ў сувязі з пашырэннем заказніка зменены яе межы і плошча. Тэрыторыя з'яўляецца патэнцыяльным Рамсарскім угоддзем (крытэрый 1)

Location: Vitebsk Region, Dokshitsy, Glubokoie Districts
Coordinates: 55°00 N 28°03 E
Area: 20,452 ha
National Conservation Status: A national hydrological zakaznik is planned to be established in 2002 by extending the borders of the existing zakaznik.
International Conservation Status: An IBA was established in 1998 (code BY 004, criterion B2). In 2001 the borders of the IBA were adjusted to account for the extension of the zakaznik. Potential Ramsar site (criterion 1)

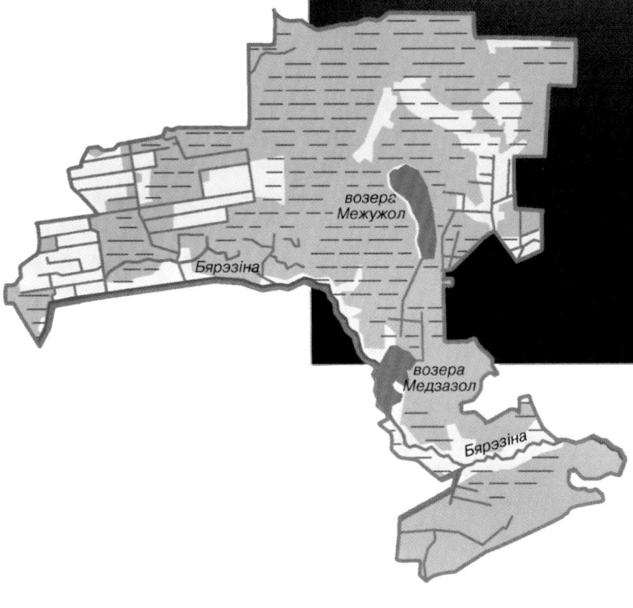

Возера Медзазол размешчана сярод балотнага масіву.
Фота: С.Плыткевіч

Medzozol lake is locate amidst the mire tract.
Photo: S.Plytkevich

Галубіцкая пушча ўяўляе сабой мазаічнае спалучэнне леса-балотных, лугавых, балотных і лясных масіваў, а таксама буйных натуральных вадаёмаў, якія знаходзяцца ў вадазборным басейне вярхоўяў ракі Бярэзіна. Лясамі пакрыта 70% тэрыторыі, 18% займаюць балоты. Ядром заказніка з'яўляюцца масівы сфагнавых і пераходных балот, якія размешчаны ў яго паўночнай частцы. Лясы ў асноўным прадстаўлены сярэдняўзроставымі хвойнікамі, у меншай ступені —

казнік быў створаны я захавання тыповага охавага балота. *Фота: заноўскі*

reserve was established to ensure preservation of a typical bog. *Photo: V.Ivanovski*

Від / Species				Ацэнка колькасці, пар Population estimates, pairs	Крытэрый ТВП IBA Criteria
Ciconia nigra	Чорны бусел	Черный аист	Black Stork	5—10	B2
Pandion haliaetus	Скапа	Скопа	Osprey	6—8	B2
Aquila chrysaetos	Арол-маркут	Беркут	Golden Eagle	1	B2

ельнікамі, чорнаалешнікамі, бярэзнікамі. Вельмі рэдка сустракаюцца фрагменты шыракалістых лясоў.

Галубіцкая пушча адносіцца да вярхоўяў ракі Бярэзіна, якая з'яўляецца асноўнай воднай артэрыяй заказніка. Даўжыня ракі ў межах ТВП складае 40 кіламетраў. Рэчышча яе вельмі звілістае і часта разгалінаванае, багатае на пратокі і невялікія пясчаныя астравы, якія затапляюцца ў паводку. Рака Бярэзіна на тэрыторыі заказніка працякае праз пойменнае возера Медзазол. Другое буйное возера — Межужол размешчана сярод сфагнавых балот і звязана з Бярэзінай меліярацыйнымі каналамі і ракой Чарніца. Вада гэтага возера характарызуецца нізкай мінералізацыяй і высокай колернасцю. Возера зарастае слаба. У выніку правядзення асушальнай меліярацыі і торфараспрацовак у заходняй і часткова ў паўднёва-ўсходняй частках заказніка гідралагічныя ўмовы тэрыторыі значна трансфармаваліся.

З гаспадарчай дзейнасці пераважае лесакарыстанне. Тарфяныя месцанараджэнні на тэрыторыі Галубіцкай пушчы з'яўляюцца адной з асноўных у раёне баз здабычы прамысловай сыравіны. Мясцовыя жыхары на тэрыторыі заказніка збіраюць ягады і грыбы, займаюцца паляваннем і рыбнай лоўляй.

На тэрыторыі сустракаецца 140 відаў птушак, два з якіх — арлан-белахвост *Haliaeetus*

іца сустракаецца ькі на верхавых отах. *та: У.Іваноўскі*

dew grows only on s. *Photo: V.Ivanovski*

The site is a mosaic of wood, mire, meadow, wetland and forest. It also includes large natural water bodies belonging to the Upper Berezina river catchment. 70% of the site is covered by forests, 18% by wetlands. The core of the zakaznik is a mix of bogs and transition mires located in its northern part. The forest stands are dominated by middle-age pinewoods, as well as spruces, black alders and birches. Occasionally one can encounter fragments of broad-leafed forests.

The site is located in the upper reaches of the Berezina. The river is the main waterway of the IBA, with 40 km of it within the IBA. The river is meandering and braided in many places. Numerous anabranches and small sandy islands are completely inundated during floods, making the river picturesque. The Berezina flows through Medzozol Lake. Another large lake, Mezhuzhol, is located in the middle of a bog and is connected to the Berezina by several drainage canals and the Chernitsa river. The water of the lake is characterized by low mineralization and high colour. The lake is slowly becoming overgrown. The hydrological regime of the site was substantially transformed in the western, and to a lesser extent south-eastern, parts due to drainage and peat extraction.

Forestry dominates the economic activities. The site is one of the main peat extraction grounds of the region. Local people visit the IBA to collect berries and mushrooms, hunt and fish.

A total of 140 bird species breed on the IBA, of which 24 are listed in the National Red Data Book.

The following globally threatened bird species breed: White-tailed Eagle *Haliaeetus albicilla* (1 pair) and Corncrake *Crex crex* (10 males). The site supports a substantial national population of Bittern *Botaurus stellaris* (10—20 males), Goldeneye *Bucephala clangula* (15—20 pairs), Montagu's Harrier *Circus pygargus* (5 pairs), Lesser Spotted Eagle *Aquila pomarina* (10—20 pairs), Short-toed Eagle *Circaetus gallicus* (1—2 pairs), Golden Plover *Pluvialis apricaria* (10—14 pairs), Ural Owl *Strix uralensis* (3—5 pairs), Black Grouse *Tetrao tetrix* (70—100 pairs), Capercaillie *Tetrao urogallus* (30—40 males), Common Crane *Grus grus* (8—11 pairs), and Eagle Owl *Bubo bubo* (1—3 pairs). Occasional sightings of Black-throated Diver *Gavia arctica*, Great Egret *Egretta alba*, and Kingfisher *Alcedo atthis* have been recorded.

Brown Bear *Ursus arctos*, Badger *Meles meles*, and Lynx *Felis linx*, also listed in the National Red Data Book, breed.

Rare and disappearing flora includes nine plant species and one mushroom species listed in the National Red Data Book.

Threats

Pollution. The main source of pollution is the town of Dokshitsy, which does not have municipal purification facilities.

Drainage. Construction of new drainage facilities on areas adjacent to the IBA is not planned for the near future. The existing drainage systems, however, disrupt the hydrological regime and the

albicilla (1 пара) і драч *Crex crex* (10 самцоў) — знаходзяцца пад глабальнай пагрозай знікнення, а 24 занесены ў Чырвоную кнігу Беларусі.

У заказніку гняздуюцца чапля-бугай *Botaurus stellaris* (10—20 самцоў), звычайны гогаль *Bucephala clangula* (15—20 пар), поплаўны лунь *Circus pygargus* (5 пар), малы арлец *Aquila pomarina* (10—20 пар), арол-вужаед *Circaetus gallicus* (1—2 пары), залацістая сеўка *Pluvialis*

Пойма малой ракі зімой. *Фота: І.Бышнёў*

A small river floodplain in winter. *Photo: I.Byshniov*

apricaria (10—14 пар), даўгахвостая кугакаўка *Strix uralensis* (3—5 пар), цецярук *Tetrao tetrix* (70—100 пар), глушэц *Tetrao urogallus* (30—40 самцоў), шэры журавель *Grus grus* (8—11 пар) і пугач *Bubo bubo* (1—3 пары). Адзначаны таксама чорнаваллёвы гагач *Gavia arctica*, вялікая белая чапля *Egretta alba* і звычайны зімародак *Alcedo atthis*. З млекакормячых, занесеных у Чырвоную кнігу Беларусі, сустракаюцца буры мядзведзь *Ursus arctos*, барсук *Meles meles*, еўрапейская рысь *Felis linx*.

Рэдкія і знікаючыя віды флоры, занесеныя ў Чырвоную кнігу, прадстаўлены 9 відамі раслін і 1 відам грыбоў.

Неспрыяльныя фактары

Забруджванне навакольнага асяроддзя. Асноўнай крыніцай забруджвання ракі Бярэзіна з'яўляецца горад Докшыцы, які не мае адпаведных ачышчальных пабудоў.

Асушэнне. У бліжэйшы час будаўніцтва новых гідрамеліярацыйных аб'ектаў на прылягаючай да заказніка тэрыторыі не прадугледжваецца. Аднак выкарыстанне сістэм, якія ўжо існуюць, наносіць значную страту гідралагічнаму рэжыму і экалагічнаму становішчу рэгіёна ў цэлым.

Торфараспрацоўка. Галоўным фактарам парушэння экалагічнага балансу ў раёне заказніка з'яўляюцца торфараспрацоўкі, якія праводзяцца тут на працягу апошніх 30 гадоў. У перспектыве плануецца ахапіць распрацоўкамі ўвесь масіў верхавога балота. Гэта прывядзе да поўнага знішчэння прыроднага комплексу "Галубіцкая пушча" і, несумненна, акажа нега-

ecological condition of the site and the region in general.

Peat extraction. The main factor that is causing the ecological situation in the region to deteriorate is peat extraction, carried out for more than 30 years. There are plans to extend peat extraction to the whole of the IBA. In this case, Golubitskaia Pushcha will lose its value, the hydrological regime of the Berezina river will be disrupted, and the Berezinski Biosphere Reserve will be impacted.

У ельніках па краях балота сустракаецца таежны від — арэхаўк *Фота: І.Бышнёў*

Nutcraker, a typical Taiç species, can be encour tered in spruce forests along the boundaries of the mire. *Photo: I.Byshniov*

Proposed conservation measures

The area of the existing zakaznik should be enlarged. By end of 2001, a background was prepared for the creation of the Golubitskaia Pushcha national hydrological zakaznik with a total area of 20,452 ha. The creation of a new zakaznik would stop peat extraction and stabilize the hydrological regime in the upper reaches of the Berezina river, including the Berezinski Biosphere Reserve.

Information on the contemporary status of flora and fauna was provided by: *V.V. Ivanovski, G.P. Petjko, B.V. Yaminski*

аяўнасць верхавых ба-
эт і багатых на рыбу
зёр ствarae выключна
прыяльныя ўмовы
ля скапы.
ота: С.Плыткевіч

sh-rich lakes and bogs is
e best habitat combina-
on for Osprey.
oto: S.Plytkevich

тыўны ўплыў на стан ракі Бярэзіна і Бярэзінскага біясфернага запаведніка.

Неабходныя меры аховы

Трэба пашырыць межы заказніка і спыніць далейшую здабычу торфу. Ужо зроблена абгрунтаванне для стварэння гідралагічнага заказніка “Галубіцкая пушча” рэспубліканскага значэння з агульнай плошчай 20 452 гектары. Гэта паслужыць падставай для спынення торфараспрацовак і дапаможа стабілізаваць гідралагічны рэжым вярхоўяў ракі Бярэзіна і Бярэзінскага біясфернага запаведніка.

Інфармацыю аб сучасным стане флоры і фауны падрыхтавалі:
У.В. Іваноўскі, Г.П. Пяцько, Б.В. Ямінскі.

Гняздо скапы. *Фота: У.Іваноўскі*
Nest of Osprey. *Photo: V.Ivanovski*

Скапа. *Фота: І.Бышнёў*
Osprey. *Photo: I.Byshniov*

Па краях балота селіцца касматаногі сыч. *Фота: М.Нікіфараў*

Tengmalm's Owl is found on the outskirts of the mire. *Photo: M.Nikiforov*

На сасновых астравах сустракаецца жоўтагаловы дзяцел. *Фота: І.Бышнёў*

Three-toed Woodpecker occurs on pine islands. *Photo: I.Byshniov*

Гнездаванне арла-маркута сведчыць аб багацці жывёльнага свету. *Фота: І.Бышнёў*

Breeding of Golden Eagle indicates of a rich wildlife in these areas. *Photo: I.Byshniov*

'а Бярэзіне шмат бброў.
Этa: І.Бышнёў

.eaver is numerous on the Berezina
ver. *Photo: I.Byshniov*

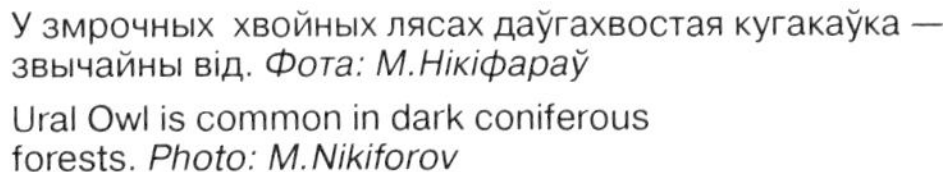

У змрочных хвойных лясах даўгахвостая кугакаўка — звычайны від. *Фота: М.Нікіфараў*

Ural Owl is common in dark coniferous forests. *Photo: M.Nikiforov*

ıаль на ўсіх вадаёмах можна
ачыць звычайнага гогаля.
ıта: А.Казулін

ldeneye can be met
all types of water bodies.
oto: A.Kozulin

Пальчатакарэннік плямісты.
Фота: І.Бышнёў

Heath Spotted Orchid.
Photo: I.Byshniov

Падвей похвенны.
Фота: І.Бышнёў

Sheathing Cottongrass.
Photo: I.Byshniov

СЭРВАЧ

Рака Сэрвач выцякае з аднайменнага возера.
Фота: В.Сідаровіч

The Servech river flows from a lake bearing the same name.
Photo: V.Sidorovich

Месцазнаходжанне:
Віцебская вобласць,
Докшыцкі, Глыбоцкі раёны
Каардынаты:
55°00 N 27°30 E
Плошча: 9 268 гектараў
Нацыянальны статус аховы:
гідралагічны заказнік рэспубліканскага значэння
Міжнародны статус аховы: патэнцыяльная ТВП (крытэрый А1)

Location:
Vitebsk Region,
Dokshitsy, Glubokoie Districts
Coordinates:
55°00 N 27°30 E
Area: 9,268 ha
National Conservation Status: A national hydrological zakaznik
International Conservation Status:
A potential IBA
(criterion A1)

Тэрыторыя заказніка ўключае возера Сэрвач і частку поймы ракі Сэрвач. Плошча возера — 450 гектараў, сярэдняя глыбіня —2,8 метра. Возера моцна зарасло трысняговым, шырыня паласы прыбярэжнай надводнай расліннасці вар'іруе ад 15 да 120 метраў. Берагі на захадзе і поўначы сплавінныя, пераходзяць у нізіннае балота.

Паўднёва-заходняя частка возера вельмі забалочана, з яе выцякае рака Сэрвач. Шырыня

т знойдзена самае паўночнае ў ѣларусі насяленне вяртлявай ѣротаўкі. *Фота: І.Бышнёў*

е northern-most population Aquatic Warbler has been found here. *oto: I.Byshniov*

Крыжанка і бакас на азёрных плёсах. *Фота: А.Казулін*

Mallard and Snipe on the shallow areas of the lake. *Photo: A.Kozulin*

яе рэчышча ў межах заказніка вар'іруе ад 2—5 да 15—25 метраў. Шырыня поймы 1—2,5 кіламетра. Поймы возера і ракі ўяўляюць сабой нізіннае асаковае балота, на якім сустракаюцца як адкрытыя, так і моцна зарослыя хмызнякамі ўчасткі. У некаторых месцах нізіннае балота змяняецца пераходным. З паўночнага захаду да балотнага масіву прылягаюць хваёва-шыракалістыя і змешаныя лясы.

Тэрыторыя заказніка знаходзіцца непадалёку ад водападзелу паміж басейнамі рэк Нёман, Заходняя Дзвіна і Днепр. Рака Сэрвач упадае ў Вілейскае вадасховішча і з'яўляецца адной з важнейшых крыніц, якія фарміруюць баланс Вілейска-Мінскай воднай сістэмы.

На тэрыторыі заказніка ажыццяўляюцца наступныя віды гаспадарчай дзейнасці: торфаздабыча (тут сканцэнтраваны вялікія запасы гідролізнай сыравіны), лесакарыстанне, выпас жывёлы, сенакашэнне, вырошчванне прапашных культур.

Фауна і флора заказніка вывучаны недастаткова. Толькі ў 2001 годзе ў выніку экспедыцыйных работ было выяўлена пражыванне ў заказніку двух відаў птушак, якія знаходзяцца пад пагрозай глабальнага знікнення: вяртлявай чаротаўкі *Acrocephalus paludicola* і дубальта *Gallinago media*. Гэта крайняя паўночная кропка распаўсюджання вяртлявай чаротаўкі ў Беларусі. Сустракаюцца тут і іншыя рэдкія віды: чапля-бугай *Botaurus stellaris*, шэры журавель *Grus grus*.

З рэдкіх раслін на тэрыторыі заказніка адзначана бяроза нізкая *Betula humilis*.

Неспрыяльныя фактары

Забруджванне вады возера стокамі з узараных схілаў.

The zakaznik includes Servech Lake and part of the Servech river floodplain. The lake covers 450 ha, and has an average depth of 2.8 m. It is severely overgrown with reeds: the riparian strip of surface vegetation is 15—120 m wide. In the west and north the banks of the lake gradually turn into fen. The waterlogged south-western part of the lake is the origin of the Servech river. The width of the channel varies from 2—5 to 15—25 m within the zakaznik. The floodplain is 1—2.5 km wide. The floodplains of the lake and the river are sedge fen mires. It is a mosaic of vast open fens and overgrown fen tracts. In some parts the fen turns into a transition mire. A tract of coniferous, broad-leafed and mixed forests joins the mire in the north-west.

The zakaznik is located close to the watershed of the Nioman, Western Dvina, and Dnieper rivers. The Servech river flows into Vileika water reservoir and is one of the main elements defining the water balance of the Vileika-Minsk water system.

Peat extraction, forestry, cattle pasturing, haymaking, growing of arable crops are the main land-uses.

The fauna and flora of the zakaznik are poorly known. In 2001 two bird species were found, both globally threatened: Aquatic Warbler *Acrocephalus paludicola* and Great Snipe *Gallinago media*. This is the northernmost known point of the Aquatic Warbler's range in Belarus. Other rare species known to occur are Bittern *Botaurus stellaris* and Common Crane *Grus grus*.

Several rare plant species have been recorded, including *Betula humilis*.

Threats

Pollution of the lake by nutrients from arable fields on slopes.

Burning of vegetation in spring especially in dry years substantially damages the biodiversity.

Drainage of the area for peat extraction is a serious threat.

Proposed conservation measures

Additional studies of the flora and fauna of the site are required. All threats to the area should be studied and documented.

Information on the contemporary status of flora and fauna was provided by: *V.V. Ivanovski, E.A. Mongin*

Выпальванне расліннасці ў веснавы перыяд, асабліва ў сухое надвор'е, наносіць істотную страту біялагічнай разнастайнасці.

Асушэнне тэрыторыі для здабычы торфу.

Неабходныя меры аховы

Патрэбны дадатковыя даследаванні па інвентарызацыі флоры і фауны заказніка, а таксама больш падрабязнае вывучэнне неспрыяльных фактараў.

Інфармацыю аб сучасны стане флоры і фауны падрыхтавалі: *У.В. Іваноўскі, Э.А. Мангі*

У час веснавой міграцыі пойма напаўняецца баталёнамі.
Фота: А.Казулін

In spring the floodplain is filled by migrating ruffs.
Photo: A.Kozulin

Пойма вясной.
Фота: І.Бышнёў

The floodplain in spring.
Photo: I.Byshniov

ыповыя жыхары поймы
акі Сэрвач

he typical inhabitants
f the Servech river flood-
lain

тушаняты чаплі-бугая. *Фота: І.Бышнёў*
hicks of Bittern. *Photo: I.Byshniov*

Вялікі грыцук. Фота: *І.Бышнёў*
Black-tailed Godwit. *Photo: I.Byshniov*

ушаня балотнай савы.
ота: І.Бышнёў
hick of Short-eared Owl.
oto: I.Byshniov

Бакас. *Фота: В.Юрко*
Snipe. *Photo: V.Jurko*

ВЯРХОЎЕ РАКІ ЛОВАЦЬ

Непрыкметная рэчка Ловаць атрымала агульнаеўрапейскую вядомасць таму, што тут захавалася адна з апошніх папуляцый знікаючага віду — еўрапейскай норкі. *Фота: В.Сідаровіч*

The small Lovat river has become famous in Europe because it hosts one of the last populations of the disappearing European Mink. *Photo: V.Sidorovich*

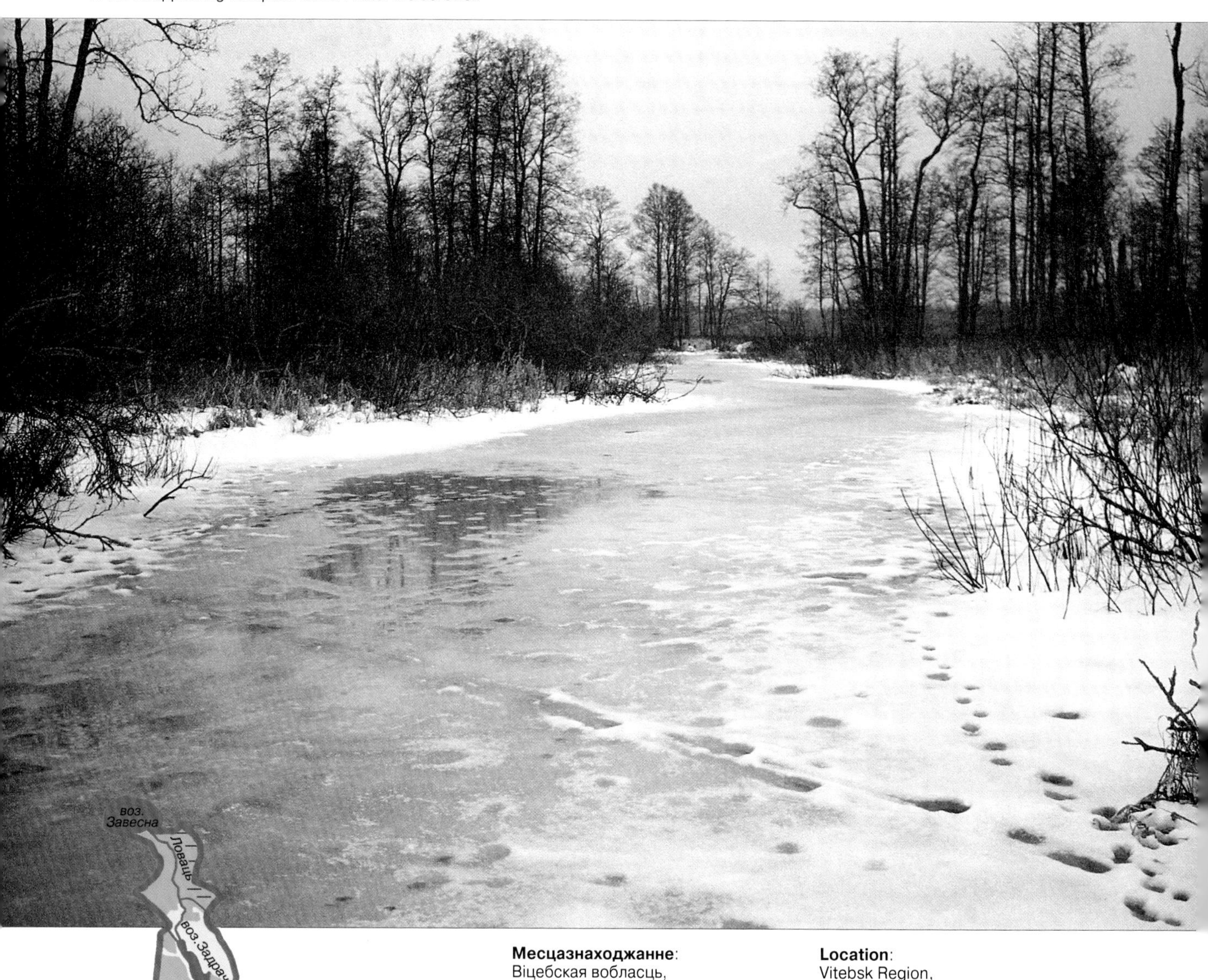

Месцазнаходжанне:
Віцебская вобласць,
Гарадоцкі раён
Каардынаты:
56°00 N 32°00 E
Плошча: 4000 гектараў
Нацыянальны
статус аховы: біялагічны заказнік абласнога значэння, створаны ў 1997 годзе
Міжнародны
статус аховы: патэнцыяльнае Рамсарскае ўгоддзе (крытэрый 2)

Location:
Vitebsk Region,
Gorodok District
Coordinates:
56°00 N 32°00 E
Area: 4,000 ha
National
Conservation status: A regional biological zakaznik, established in 1997
International
Conservation Status: Potential Ramsar site (criterion 2)

Заказнік размешчаны ў вярхоўях ракі Ловаць. Лясы, пераважна змешана-драбналісцевыя і шэраальховыя, складаюць 57,6% тэрыторыі. Яшчэ 20% плошчы занята забалочанымі чорнаалешнікамі і адкрытымі нізіннымі балотамі, якія прылягаюць пераважна да пойм рэк і берагоў азёр.

Тэрыторыя знаходзіцца на Гарадоцкім узвышшы і мае складаны рэльеф з мноствам нізін і ўзгоркаў. Ловаць бярэ свой выток сярод балот-

Забалочаныя алешнікі ў пойме ракі Ловаць.
Фота: В.Сідаровіч

Swampy alder forests in the Lovat river floodplains.
Photo: V.Sidorovich

эапейская норка.
та: В.Сідаровіч

ropean Mink.
oto: V.Sidorovich

нага комплексу, размешчанага непадалёку ад мяжы з Расіяй. Характар ракі ў межах заказніка вельмі разнастайны. У некаторых месцах яна амаль без поймы, з высокімі аблесенымі берагамі і надзвычай хуткай плынню. У іншых — плынь павольная, берагі нізкія, пойма адносна шырокая і забалочаная. На тэрыторыі заказніка ёсць група ледніковых азёр.

З гаспадарчых відаў дзейнасці пераважае лесакарыстанне. У поймах рэк косяць сена і пасуць жывёлу.

Значэнне заказніка заключаецца ў тым, што на яго тэрыторыі, у пойме ракі Ловаць, захавалася адна з апошніх у Еўропе папуляцый еўрапейскай норкі *Mustela lutreola* (каля 60 асобін) — віду, які знаходзіцца пад пагрозай глабальнага знікнення. З іншых рэдкіх відаў тут сустракаюцца буры мядзведзь *Ursus arctos*, рысь *Felis linx* і барсук *Meles meles*. Даволі высокая колькасць гарнастая *Mustela erminea*, выдры *Lutra lutra*, лясной куніцы *Martes martes* і іншых відаў драпежных млекакормячых. Тэрыторыя заказніка, дзякуючы вялікай колькасці нізінных балот, спрыяльных для пражывання лася *Alces alces* і дзіка *Sus scrofa*, з'яўляецца цэнтрам рэпрадукцыі і зімоўкі папуляцый гэтых відаў.

На тэрыторыі гняздуюцца такія рэдкія віды птушак, як чорны бусел *Ciconia nigra*, пугач *Bubo bubo*, даўгахвостая кугакаўка *Strix uralensis*, барадатая кугакаўка *Strix nebulosa*, балотная сава *Asio flammeus*, зялёны дзяцел *Picus viridis*. Заказнік з'яўляецца адным з нямногіх месцаў гнез-

The territory is located in the upper riches of the Lovat river. Forests occupy 57.6% of the site, mainly mixed and small-leafed forests, as well as grey alder stands. 20% of the site is covered by black alder swamp woods and open fens, the latter mainly found in the river floodplain and along lake shores.

The site is located on the Gorodok Elevation and has a complex relief structure with numerous hills and depressions. The Lovat river starts in the middle of a wetland on the border with Russia. In some parts the river flows rapidly between high and forested banks, with almost no floodplains; while in other parts the river is characterized by low banks, slow flow, and a relatively wide and waterlogged floodplain. There is a group of glacial lakes.

Forestry is the main economic use. Hay-cutting and cattle pasturing are also common in the floodplains.

The site is one of the last breeding centres for Europe's threatened European Mink *Mustela lutreola* (around 60 individuals). Brown Bear *Ursus arctos*, Lynx *Felis linx*, and Badger *Meles meles* are also quite common. Ermine *Mustela erminea*, Otter *Lutra lutra*, Marten *Martes martes*, and other predator mammals are quite high in numbers. The abundance of fens favours the reproduction and wintering of Elk *Alces alces* and Wild Boar *Sus scrofa*.

Several rare bird species breed, including Black Stork *Ciconia nigra*, Eagle Owl *Bubo bubo*, Ural Owl *Strix uralensis*, Great Grey Owl *Strix nebulosa*, Short-eared Owl *Asio flammeus*, and Green Woodpecker *Picus viridis*. The territory is one of the few Belarusian breeding grounds of Greylag Goose *Anser anser*, as well as globally threatened species such as Greater Spotted Eagle *Aquila clanga* and Corncrake *Crex crex*.

Threats

Wood logging destroys unique forest habitats.

Drainage. Part of the waterlogged Lovat floodplain is threatened by drainage.

Burning of vegetation in spring.

Various forms of **competition** from introduced species, such as American Mink and Raccoon Dog, with indigenous vertebrates.

Proposed conservation measures

The conservation status of the site should be upgraded. Hunting, clear felling and drainage should be prohibited.

Information on the contemporary status of flora and fauna was provided by:
V.V. Ivanovski, D.I. Shamovich, V.E. Sidorovich.

Лясны кулік-чарняк выводзіць птушанят у гнёздах драздоў. *Фота: А.Казулін*

The forest wader, Green Sandpiper, grows its young in the nests of thrushes. *Photo: A.Kozulin*

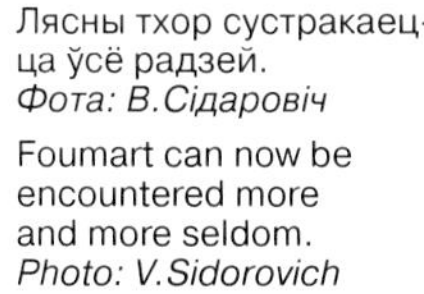

Лясны тхор сустракаецца ўсё радзей. *Фота: В.Сідаровіч*

Foumart can now be encountered more and more seldom. *Photo: V.Sidorovich*

Кутора вадзяная. *Фота: М.Нікіфараў*

Water Shrew. *Photo: M.Nikiforov*

давання ў Беларусі шэрай гусі *Anser anser*, а таксама відаў, якія знаходзяцца пад глабальнай пагрозай знікнення: вялікага арляца *Aquila clanga* і драча *Crex crex*.

Неспрыяльныя фактары

Высечка лясоў знішчае экалагічна каштоўныя лясныя біятопы.

Асушальная меліярацыя. Існуе пагроза асушэння забалочанай часткі поймы ракі Ловаць.

Выпальванне расліннасці вясной.

Разнастайныя формы канкурэнтнага ціску амерыканскай норкі і янотападобнага сабакі на абарыгенныя віды драпежных млекакормячых.

Неабходныя меры аховы

Павысіць статус аховы тэрыторыі: забараніць паляванне, суцэльныя высечкі і асушальную меліярацыю.

Інфармацыю аб сучасным стане флоры і фауны падрыхтавалі:
У.В. Іваноўскі, В.Я. Сідаровіч, Д.І. Шамовіч.

Забалочаная пойма зімой.
Фота: В.Сідаровіч

The wet floodplain in winter.
Photo: V.Sidorovich

Белабровы дрозд. *Фота: І.Бышнёў*

Redwing. *Photo: I.Byshniov*

Арабок. *Фота: А.Казулін*

Hazel Grouse. *Photo: A.Kozulin*

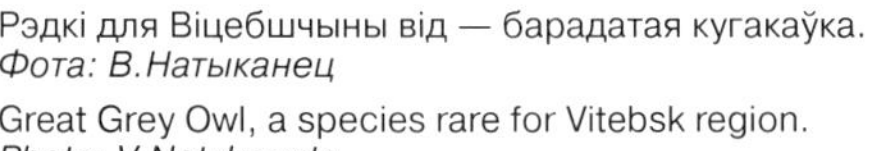

Рэдкі для Віцебшчыны від — барадатая кугакаўка. *Фота: В.Натыканец*

Great Grey Owl, a species rare for Vitebsk region. *Photo: V.Natykanets*

Тыповыя лясныя віды заказніка “Ловаць”

Typical forest species of the Lovat zakaznik

Бабровая плаціна. *Фота: В.Юрко*

A Beaver’s dam. *Photo: V.Jurko*

Касматаногі сыч. *Фота: М.Нікіфараў*

Tengmalm’s Owl. *Photo: M.Nikiforov*

Асноўны біятоп еўрапейскай норкі — малыя лясныя рэчкі.
Фота: І.Бышнёў

The main habitat of the European Mink: small forest rivers.
Photo: I.Byshniov

ЛЕСА-БАЛОТНЫ КОМПЛЕКС «КАЗЬЯНЫ»

Сярод балота сустракаюцца шматлікія азёрцы. *Фота: У.Іваноўскі*

Numerous small lakes are scattered amid the mire. *Photo: V.Ivanovski*

Вялікую частку заказніка займаюць пераходныя асакова-сфагнавыя балоты. *Фота: С.Плыткевіч*

Most of the Koziany zakaznik is covered by transition Sedge-Sphagnum mires. *Photo: S.Plytkevich*

Месцазнаходжанне: Віцебская вобласць, Шумілінскі і Полацкі раёны
Каардынаты: 55°25 N 29°22 E
Плошча: 26 060 гектараў
Нацыянальны статус аховы: ландшафтны заказнік рэспубліканскага значэння, утвораны ў 1999 годзе на базе біялагічнага заказніка рэспубліканскага значэння
Міжнародны статус аховы: ТВП утворана ў 1998 годзе. У 2001 годзе зменены яе межы і плошча ў сувязі са змяненнем меж заказніка (код BY 003, крытэрыі A1, B2, B3).
Уключаны ў спіс патэнцыяльных Рамсарскіх угоддзяў (крытэрыі 1, 2, 3)

Location: Vitebsk Region, Shumilin and Polotsk Districts
Coordinates: 55°25 N 29°22 E
Area: 26,060 ha
National Conservation Status: A national landscape zakaznik was established in 1999 on the basis of the former national biological zakaznik
International Conservation Status: An IBA was established in 1998. In 2001 its borders were modified to account for the changes in the borders of the zakaznik (code BY 003, criteria A1, B2, B3).
The site is included in the list of potential Ramsar sites (criteria 1, 2, 3)

Заказнік уяўляе сабой складаны мазаічны комплекс верхавых балот, лясоў, заліўных лугоў, азёр і сельскагаспадарчых зямель. Тэрыторыя характарызуецца разнастайнасцю і кантрастнасцю экалагічных умоў, наяўнасцю унікальных прыродных комплексаў: буйных масіваў верхавых і пераходных балот (займаюць значную частку тэрыторыі), адкрытых нізінных балот, шматлікіх рэк і азёр, пясчаных дзюн; а таксама малапарушаных лясоў, у тым ліку і фрагментарных дуброў.

Рачная сетка гэтага рэгіёна належыць да басейна ракі Заходняя Дзвіна. Галоўны яе прыток — рака Обаль — працякае ўздоўж усходняй і паўднёвай меж заказніка. На тэрыторыі заказніка Обаль прымае два правыя прытокі — рэкі Цэніца і Глыбачка. Поймы рэк слабавыражаныя, рэчышчы — звілістыя. Істотная роля ў фарміраванні ландшафтаў заказніка належыць азёрам, найбольш буйныя з іх — Мошна, Расалай і Красамай. Амаль усе яны — дыстрафуючыя, мелкаводныя, маюць нізкія забалочаныя берагі і зарастаюць воднай расліннасцю.

Сельскагаспадарчыя землі (ралля, сенакосы і выганы) складаюць 3% ад агульнай плошчы тэрыторыі. Паколькі ў заказніку пераважаюць забалочаныя лясы, лесакарыстанне тут абмежаванае. Тэрыторыя заказніка з'яўляецца традыцыйным месцам збору грыбоў і ягад мясцовым насельніцтвам.

На гнездаванні ў заказніку адзначана 175 відаў птушак, 44 віды занесены ў Чырвоную кнігу Беларусі.

Асаблівасці фауны заказніка абумоўлены наяўнасцю разнастайных месцапражыванняў. Занесеныя ў Чырвоную кнігу віды млекакормячых фарміруюць тут даволі ўстойлівыя групоўкі: барсук *Meles meles* (10 пасяленняў), рысь *Felis linx* (5—8) і буры мядзведзь *Ursus arctos* (3—5 пасяленняў).

Група рэдкіх і знікаючых вышэйшых раслін, якія ўключаны ў Чырвоную кнігу Беларусі, даволі шматлікая і прадстаўлена 21 відам. Акрамя іх тут сустракаецца шмат рэдкіх відаў мохападобных.

Неспрыяльныя фактары

Асушэнне прылягаючых тэрыторый і выраўноўванне малых рэк (каля 60% рэчышчаў малых рэк, якія працякаюць па тэрыторыі заказніка, каналізавана) выклікалі парушэнні гідралагічнага рэжыму балота.

Лакальная здабыча торфу ў паўднёвай частцы тарфянога масіву Обаль-2.

Выпальванне расліннасці аказвае надзвычай шкодны ўплыў на флору і фауну заказніка, асабліва ва ўмовах сухой вясны.

The site is a complex mix of bogs, forests, floodplain meadows, lakes and agricultural land. The site is characterized by high diversity and contrasting ecological conditions, as well as the presence of unique nature complexes: large tracts of bogs and transition mires, open fens, lakes, sandy dunes, almost natural forests and fragmentary oak stands. Transition sedge-Sphagnum mires occupy most of the area. There are also numerous lakes and rivers.

The rivers belong to the Western Dvina river catchment. The largest tributary of the Western Dvina, the Obol, flows along the eastern and southern boundaries of the IBA. Two rivers, the Tsenina and the Glybochka, flow into the Obol within the IBA. The rivers have vague floodplains and meandering channels. Lakes define the IBA's landscape, with the largest ones being Moshna, Rassolai, and Krasomai. Almost all the lakes are dystrophic and shallow, with low waterlogged shores overgrown by vegetation.

Agricultural land occupies 3% of the site's area. These are arable fields, hay-making tracts and pastures. Forestry is limited because much of the site is difficult to access due to waterlogging. Local people have traditionally used the site to collect berries and mushrooms.

A total of 175 breeding species of birds have been recorded. The site hosts 44 bird species listed in the National Red Data Book.

The fauna diversity is defined by the variety of habitats. The following Red Data Book mammal species have stable populations: Badger *Meles meles* (10 settlements), Lynx *Felis linx* (5—8) and Brown Bear *Ursus arctos* (3—5).

The category of rare and disappearing plants listed in the National Red Data Book comprises 21 species. Many rare moss species can also be found.

Threats

Drainage of adjacent areas and canalization of smaller rivers – about 60% of the site's small river channels have been canalized – have disturbed the site's hydrological regime.

Local peat extraction for agriculture in the southern part of the Obol-2 peat extraction ground.

Burning of vegetation damages vegetation and animals, especially in dry springs.

Felling of radical forests, spruce and alder stands, leads to drastic declines in the biodiversity.

Commercial fishing, carried out by the Vitebsk Fishfarm at one of the most beautiful Belarusian lakes, Lake Moshno, may reduce fish resources.

Vegetation succession. Open mires tend to get overgrown with shrubs, which in most cases is attributed to the cessation of hay-cutting.

…яды мядзведзя …т не рэдкасць. …эта: *В.Сідаровіч*

…ar footprints are …t uncommon here. …oto: *V.Sidorovich*

Від / Species				Ацэнка колькасці, пар / Population estimates, pairs	Крытэрый ТВП / IBA Criteria
Pernis apivorus	Звычайны асаед	Обыкновенный осоед	Honey Buzzard	12—15	B3
Circaetus gallicus	Арол-вужаед	Змееяд	Short-toed Eagle	4—5	B2
Circus cyaneus	Палявы лунь	Полевой лунь	Hen Harrier	10	B2
Circus pygargus	Поплаўны лунь	Луговой лунь	Montagu's Harrier	15—20	B3
Aquila clanga	Вялікі арлец	Большой подорлик	Greater Spotted Eagle	1—2	A1
Aquila chrysaetos	Арол-маркут	Беркут	Golden Eagle	1—2	B2
Pandion haliaetus	Скапа	Скопа	Osprey	5—6	B2
Tetrao tetrix	Цецярук	Тетерев	Black Grouse	300—450	B2

На Обальскіх балотах гняздуюцца рэдкія віды кулікоў

Rare wader species breed on Obol mires

Кулік-цякун. *Фота: І.Бышнёў*
Wood Sandpiper. *Photo: I.Byshniov*

Птушаня сярэдняга кулёна. *Фота: І.Бышнёў*
A chick of Whimbrel. *Photo: I.Byshniov*

Сярэдні кулён. *Фота: І.Бышнёў*
Whimbrel. *Photo: I.Byshniov*

Высечка карэнных лясоў — ельнікаў, а часам і алешнікаў, суправаджаецца рэзкім зніжэннем біялагічнай разнастайнасці.

Прамысловае рыбалоўства, якое ажыццяўляецца Віцебскім рыбгасам на адным з самых маляўнічых азёр — Мошна, можа стаць прычынай скарачэння яго рыбных запасаў.

Раслінныя сукцэсіі. На нізінных балотах адкрытыя ўчасткі зарастаюць хмызняком, што звязана ў асноўным са змяншэннем сенакашэння.

Неабходныя меры аховы

Для больш эфектыўнай аховы і рацыянальнага выкарыстання біялагічнай разнастайнасці распрацаваць план кіравання заказнікам міжнароднага значэння. У першую чаргу неабходна вырашыць наступныя найбольш важныя пытанні:

аптымізацыя гідралагічнага рэжыму;

распрацоўка рэжымаў землекарыстання (сельская, лясная і рыбная гаспадаркі, паляванне);

аднаўленне балот на выпрацаваных тарфяніках.

Інфармацыю аб сучасным стане флоры і фауны падрыхтавалі:
Г.В. Вынаеў, У.В. Іваноўскі, У.Я. Кузьменка.

Proposed conservation measures

Conservation and sustainable use of the site's biodiversity can be secured through the development of a management plan. The plan should focus on optimization of the hydrological regime, sustainable land-use (agriculture and forestry, fishing, hunting), and re-naturalization of areas where peat has been extracted.

Information on the contemporary status of flora and fauna was provided by:
V.V. Ivanovski, V.Ya. Kuzjmenko, G.V. Vynaev.

У заказніку жыве буйнейшая групоўка цецерукоў. *Фота: А.Казулін*

A large group of Black Grouse is found in the zakaznik. *Photo: A.Kozulin*

Журавіны — галоўны корм для большасці птушак і звяроў, якія жывуць на балоце. *Фота: І.Бышнёў*

Numerous animals and birds feed on cranberries. *Photo: I.Byshniov*

Малы арлец.
Фота: Г.Пузанкевіч

Lesser Spotted Eagle.
Photo: G. Puzankevich

Арол-маркут.
Фота: І.Бышнёў

Golden Eagle.
Photo: I.Byshniov

Птушаня арла-маркута.
Фота: У.Іваноўскі

A chick of Golden Eagle.
Photo: V.Ivanovski

Шэраг відаў, занесеных у Чырвоную кнігу, гняздуецца ў заказніку
A number of National Red Data Book species breeds in the zakaznik

Скапа. *Фота: І.Бышнёў*
Osprey. *Photo: I.Byshniov*

Вялікі грычун. *Фота: І.Бышнёў*
Great Grey Shrike. *Photo: I.Byshniov*

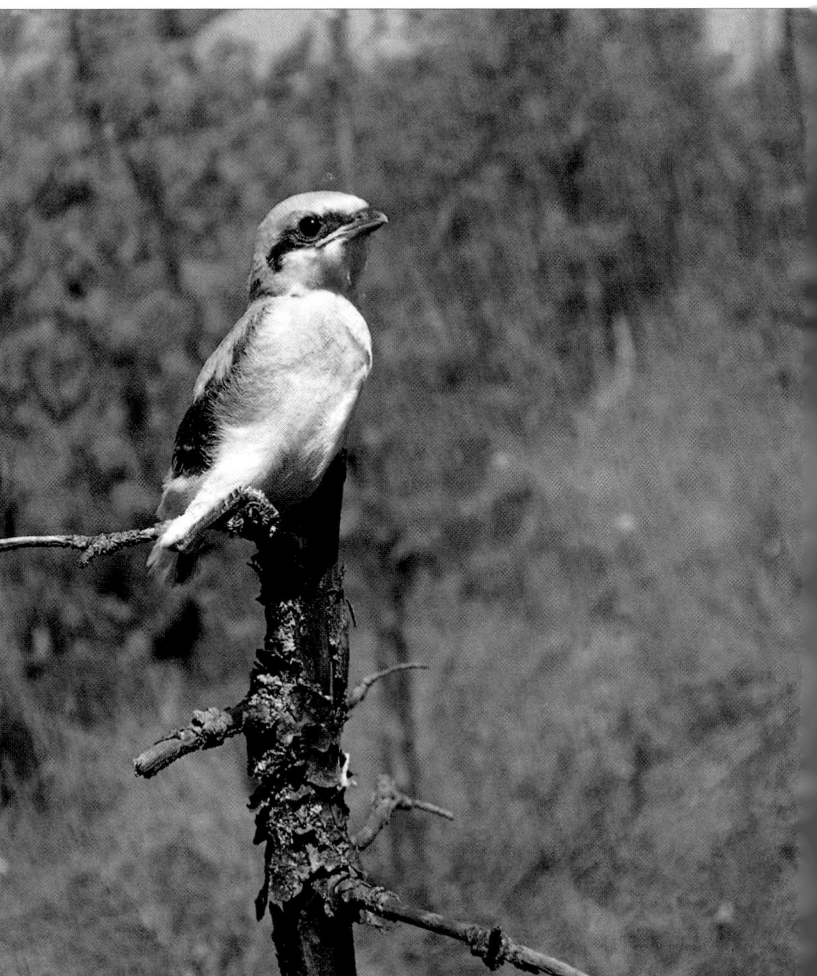

Сокал-дрымлюк.
Фота: У.Іваноўскі

Merlin.
Photo: V.Ivanovski

ЛЕСА-БАЛОТНЫ КОМПЛЕКС «ЧЫРВОНЫ БОР»

Заказнік "Чырвоны Бор" — лясны масіў з мазаічнымі ўкрапінамі мноства верхавых балот і азёр. *Фота: А.Казулін*

Krasny Bor zakaznik is a forest interspersed by numerous bogs and lakes. *Photo: A.Kozulin*

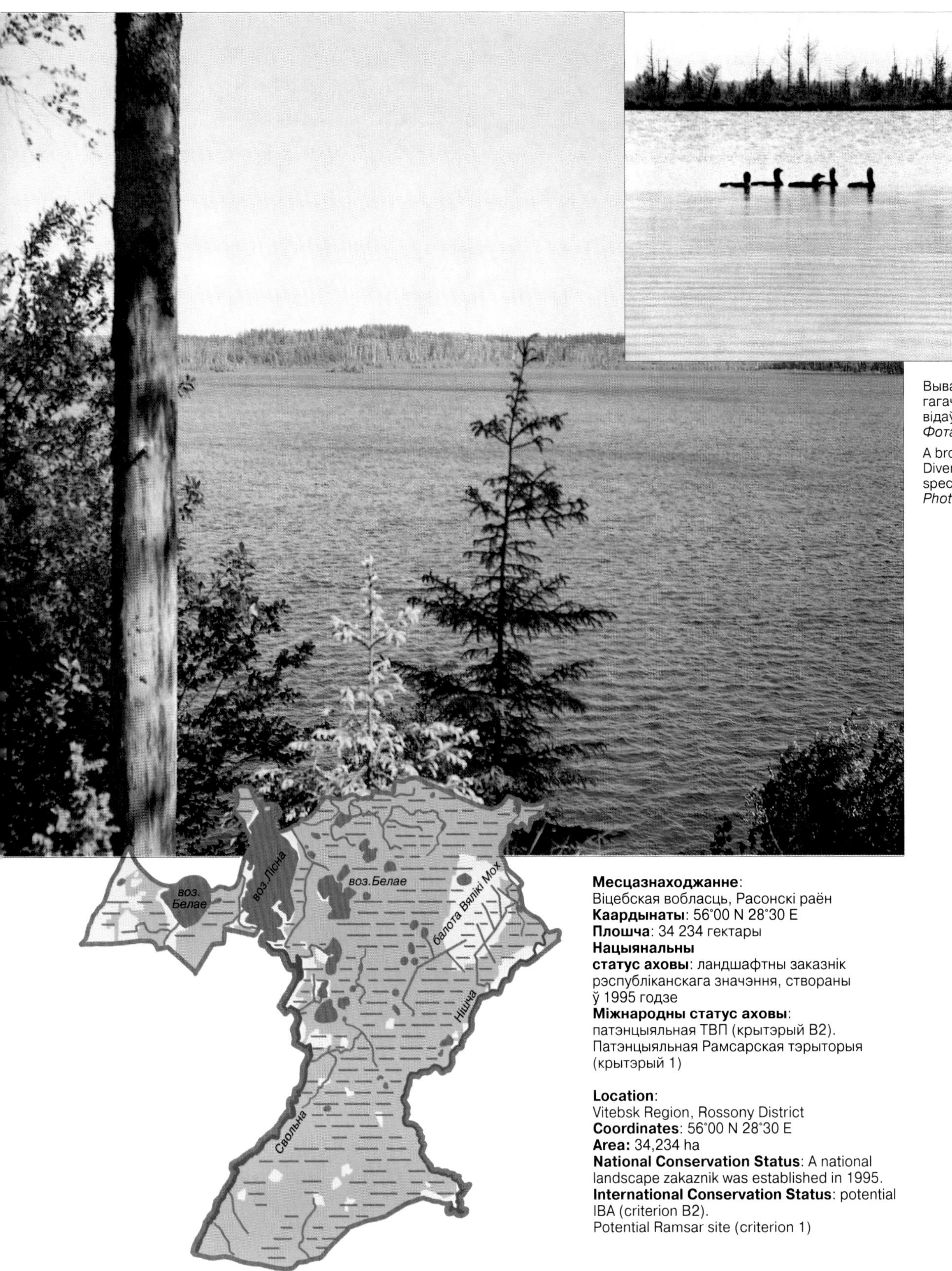

Вывадак чорнаваллёваг гагача — аднаго з рэдкі відаў птушак Віцебшчын *Фота: В.Кавалёнак*

A brood of Black-throatec Diver, one of the rarest bi species of Vitebsk region *Photo: V.Kovalionok*

Месцазнаходжанне:
Віцебская вобласць, Расонскі раён
Каардынаты: 56°00 N 28°30 E
Плошча: 34 234 гектары
Нацыянальны статус аховы: ландшафтны заказнік рэспубліканскага значэння, створаны ў 1995 годзе
Міжнародны статус аховы: патэнцыяльная ТВП (крытэрый B2). Патэнцыяльная Рамсарская тэрыторыя (крытэрый 1)

Location:
Vitebsk Region, Rossony District
Coordinates: 56°00 N 28°30 E
Area: 34,234 ha
National Conservation Status: A national landscape zakaznik was established in 1995.
International Conservation Status: potential IBA (criterion B2).
Potential Ramsar site (criterion 1)

Тэрыторыя заказніка ўяўляе сабой вялікі лясны масіў з мазаічнымі ўкрапінамі мноства верхавых балот і азёр. Акрамя таго, гэта мясцовасць багатая на маляўнічыя малыя рэкі. На ўсходзе і захадзе мяжа заказніка праходзіць па дзвюх сярэдніх па велічыні рэках Нішча і Свольна. Да паўночнай мяжы прымыкае Себежскі рэгіянальны парк Расіі. Дзякуючы вялікай забалочанасці і слабаразвітай дарожнай сетцы, гэту тэрыторыю людзі амаль што не наведваюць. У

ıясах паўсюдна стракаецца чорная ıўна. *Фота: Б.Ямінскі*

ack Woodpecker is comon in the forests. *Photo: Yaminski*

Гваздзік пясчаны. *Фота: І.Бышнёў*

Finland Pink. *Photo: I. Byshniov*

заказніку дамінуюць лясныя ландшафты, якія пакрываюць 82% тэрыторыі. Пераважаюць старыя ельнікі і хвойнікі, па паніжэннях — алешнікі. Большая частка балот адносіцца да верхавога тыпу, нізінныя балоты размешчаны ў поймах рэк і ля падножжаў узгоркаў. У заказніку каля 40 азёр, большасць з якіх мае чыстую, празрыстую ваду і небагаты, але унікальны жывёльны і раслінны свет.

Асноўны від дзейнасці чалавека на тэрыторыі — лесакарыстанне, праводзіцца збор ягад і паляванне. Сельскагаспадарчая дзейнасць амаль не вядзецца. Сельгасугоддзі невялікімі ізаляванымі ўчасткамі размяшчаюцца на поўдні заказніка.

Асаблівая каштоўнасць тэрыторыі заключаецца ў наяўнасці вялікай колькасці паўночных відаў, паўднёвыя межы распаўсюджання якіх праходзяць па тэрыторыі Беларусі. Сярод іх трэба адзначыць глушца *Tetrao urogallus* (колькасць гэтага віду — 250 асобін — самая высокая ў рэспубліцы), белабровага дразда *Turdus iliacus*, даўгахвостай кугакаўкі *Strix uralensis*, касматаногага сыча *Aegolius funereus*. На тэрыторыі заказніка знаходзяцца адзінкавыя на Беларусі месцы гнездавання рэліктавых вадаплаўных птушак — чорнаваллёвага гагача *Gavia arctica* і вялікага савука *Mergus merganser*; даволі шматлікі тут рэдкі для іншых рэгіёнаў Беларусі

The zakaznik is a vast forest tract with a mosaic of numerous bogs, lakes, and picturesque small rivers and streams. The Nishcha and Svolna rivers form the natural eastern and western boundaries of the zakaznik respectively. In the north the Krasny Bor borders the Sebezhski Regional Park of Russia. Being swampy and having practically no roads, Krasny Bor is probably one of the areas in Belarus least frequently visited by people. Forests dominate, covering 82% of the site. These are mainly old spruce and pine forests; alder forests are found in low-lying areas. Most of the wetlands are bog-type mires; fen area located mainly in the river floodplains and at the foot of hills. There are more than 40 lakes, most of which have very clear water, and a limited but unique flora and fauna.

Forestry is the main economic use. Agricultural use is insignificant: isolated agricultural fields are found only in the southern part of the zakaznik. Local people use the site to collect berries and mushrooms.

The site is very important for many northern bird species that have their southern ranges in Belarus, such as Capercaillie *Tetrao urogallus* (250 individuals, the biggest population in Belarus), Redwing *Turdus iliacus*, Ural Owl *Strix uralensis*, and Tengmalm's Owl *Aegolius funereus*. The site hosts isolated breeding populations of the following relict waterbird species: Black-throated Diver *Gavia arctica* and Goosander *Mergus merganser*. Goldeneye *Bucephala clangula*, a species which is rare in the rest of Belarus, is quite numerous here (15—20 pairs). The bogs are also occupied by the following species which are rare for Belarus: Willow Grouse *Lagopus lagopus*, Whimbrel *Numenius phaeopus*, and Golden Plover *Pluvialis apricaria*. The site is ideal for breeding Golden Eagle *Aquila chrysaetos*, Osprey *Pandion haliaetus*, Short-toed Eagle *Circaetus gallicus*, White-tailed Eagle *Haliaeetus albicilla* and Black Stork *Ciconia nigra*.

Thirteen rare and disappearing plant species from the National Red Data Book are found in the zakaznik. Bears, Lynxes, Wolves, Beavers, and Otters are quite numerous. The introduced Raccoon Dog *Nyctereutes procyonoides*, known to limit the populations of Capercaillie *Tetrao urogallus*, Black Grouse *Tetrao tetrix* and other grouses, is high in numbers.

Threats

Forestry without account of the need to conserve the unique biodiversity of the site.

Disturbance of birds and animals during hunting and collection of berries.

Proposed conservation measures

It is necessary to conduct additional studies to identify threats and to develop recommendations to eliminate them.

Information on the contemporary status of flora and fauna was provided by: *V.P. Birjukov, V.V. Ivanovski.*

звычайны гогаль *Bucephala clangula* (15—20 пар). На верхавых балотах сустракаюцца пардва *Lagopus lagopus*, сярэдні кулён *Numenius phaeopus* і залацістая сеўка *Pluvialis apricaria*. Тэрыторыя стварае аптымальныя ўмовы для гнездавання такіх рэдкіх птушак, як арол-маркут *Aquila chrysaetos*, скапа *Pandion haliaetus*, арол-вужаед *Circaetus gallicus*, арлан-белахвост *Haliaeetus albicilla* і чорны бусел *Ciconia nigra*.

У заказніку выяўлена 13 рэдкіх і знікаючых відаў раслін, якія занесены ў Чырвоную кнігу Беларусі.

Даволі высокая колькасць у заказніку і многіх рэдкіх млекакормячых: бурага мядзведзя *Ursus arctos*, рысі *Felis linx*, ваўка *Canis lupus*, бабра *Castor fiber*, выдры *Lutra lutra*. Ва ўгоддзях шмат янотападобнага сабакі *Nyctereutes procyonoides* — інтрадуцыраванага віду, які абмя-

На лясных азёрах гогаль — звычайны від. *Фота: А.Казулін*

Goldeneyes are common on forest lakes. *Photo: A. Kozulin*

У старых лясах шмат лясной куніцы. *Фота: В.Сідаровіч*

Common Marten is numerous in ripe forests. *Photo: V.Sidorovich*

Зімой тут гаспадараць ваўкі. *Фота: В.Сідаровіч*

Wolves are sole masters of these areas in winter. *Photo: V.Sidorovich*

У лясах заказніка даволі часта трапляюцца вывадкі глушца. *Фота: І.Бышнёў*

Broods of Capercaillie can often be found in the forests of the zakaznik. *Photo: I.Byshniov*

жоўвае колькасць глушца *Tetrao urogallus* і цецерука *Tetrao tetrix*.

Неспрыяльныя фактары

Лесакарыстанне, якое не ўлічвае значнасці лясных масіваў для захавання біяразнастайнасці.

Парушэнне спакою птушак і жывёл пры зборы ягад і ў час палявання.

Неабходныя меры аховы

Патрэбны дадатковыя даследаванні для выяўлення неспрыяльных фактараў і распрацоўкі рэкамендацый па іх ліквідацыі.

Інфармацыю аб сучасным стане флоры і фауны падрыхтавалі: *В.П. Бірукоў, У.В. Іваноўскі.*

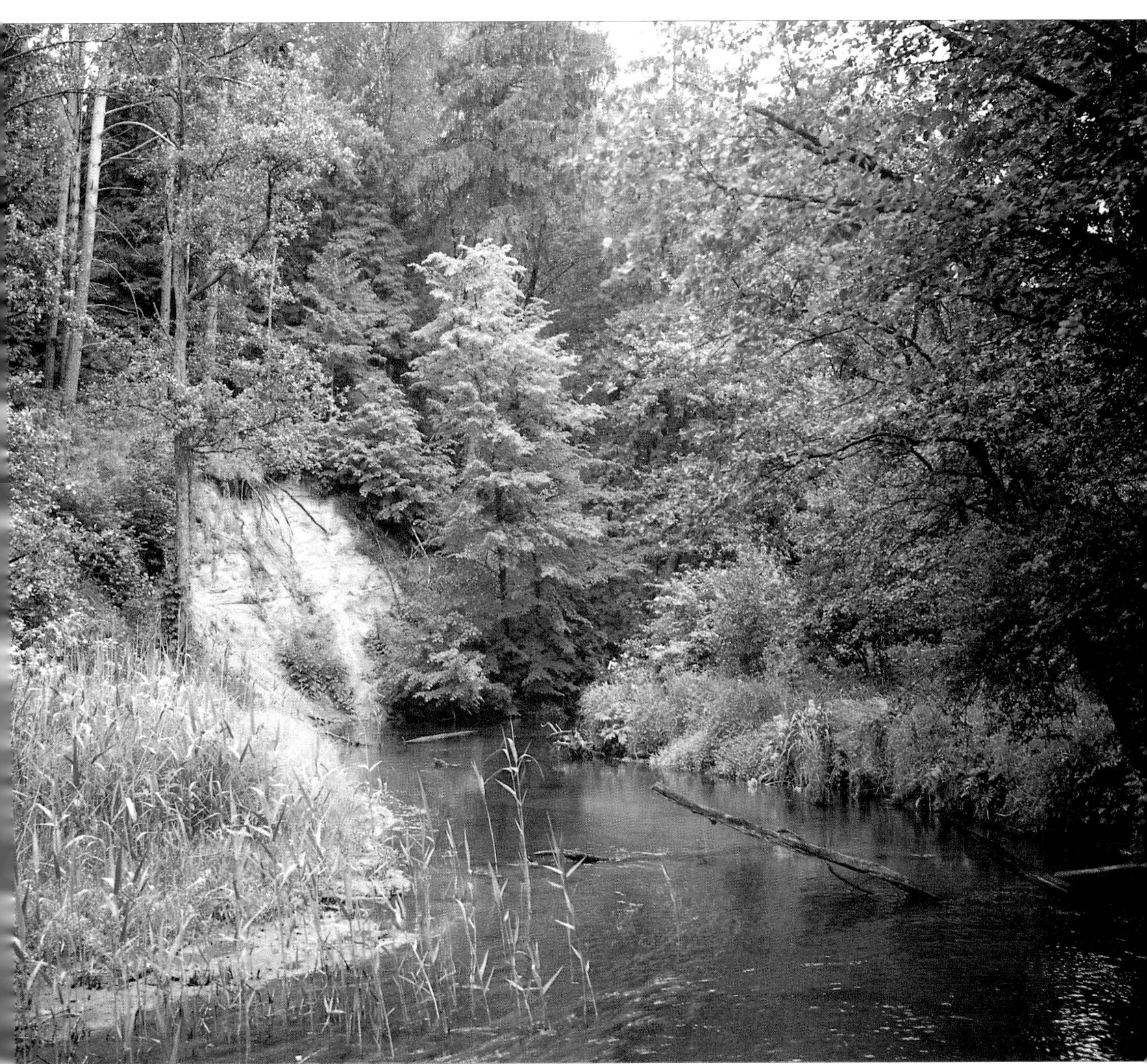

Лясны масіў прарэзаны шматлікімі маляўнічымі рачулкамі.
Фота: А.Казулін

Numerous small rivers traverse the forests of the site.
Photo: A.Kozulin

Даўгахвостая кугакаўка — самая шматлікая з соў заказніка.
Фота: М.Нікіфараў

Ural Owl is the most numerous owl species of the zakaznik.
Photo: M.Nikiforov

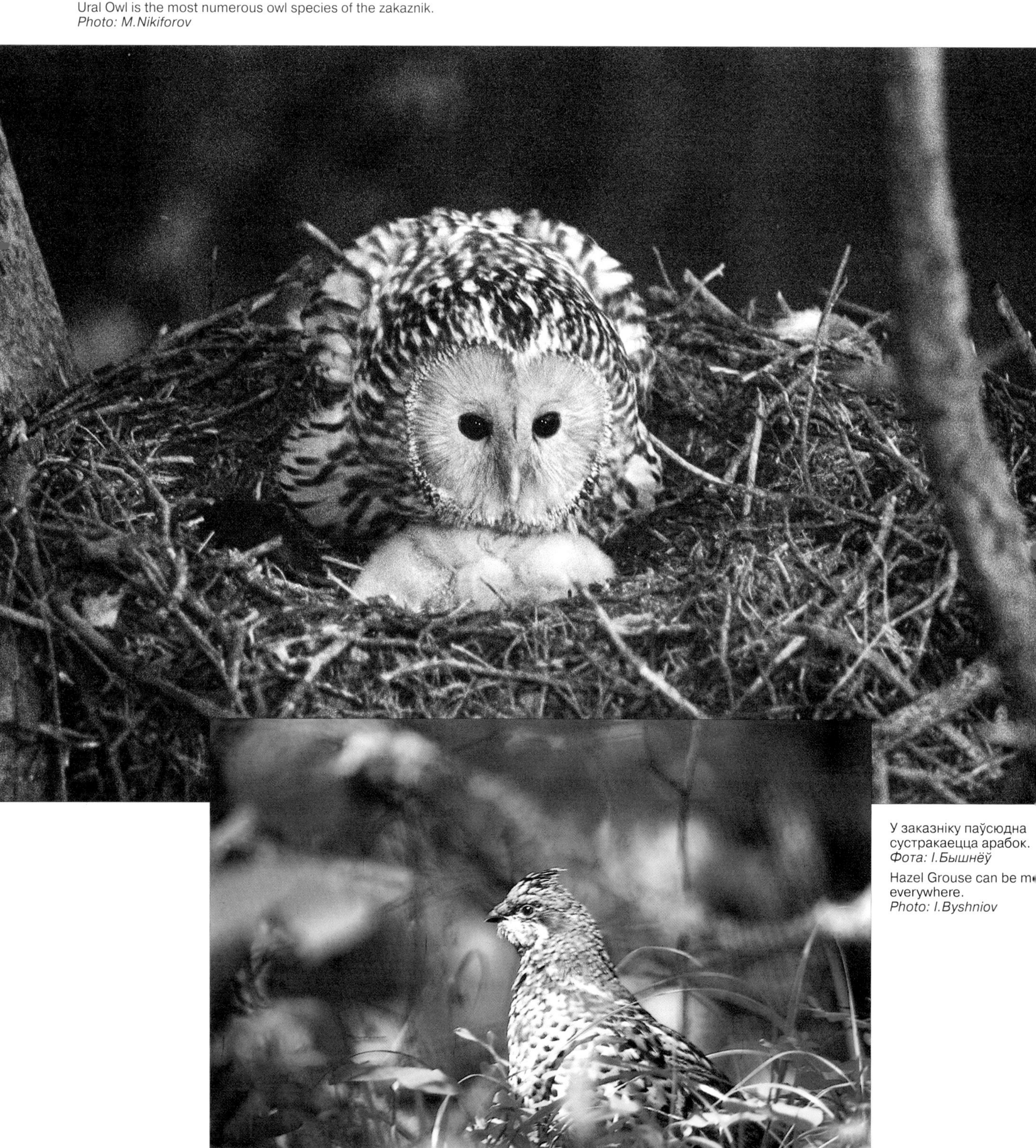

У заказніку паўсюдна сустракаецца арабок.
Фота: І.Бышнёў

Hazel Grouse can be m everywhere.
Photo: I.Byshniov

яздо арла-маркута.
ота: У.Іваноўскі

nest of Golden Eagle.
oto: V.Ivanovski

Як нідзе больш, тут шмат янотападобнага сабакі. *Фота: М.Нікіфараў*

This is one of the places where Raccoon Dog is very numerous. *Photo: M.Nikiforov*

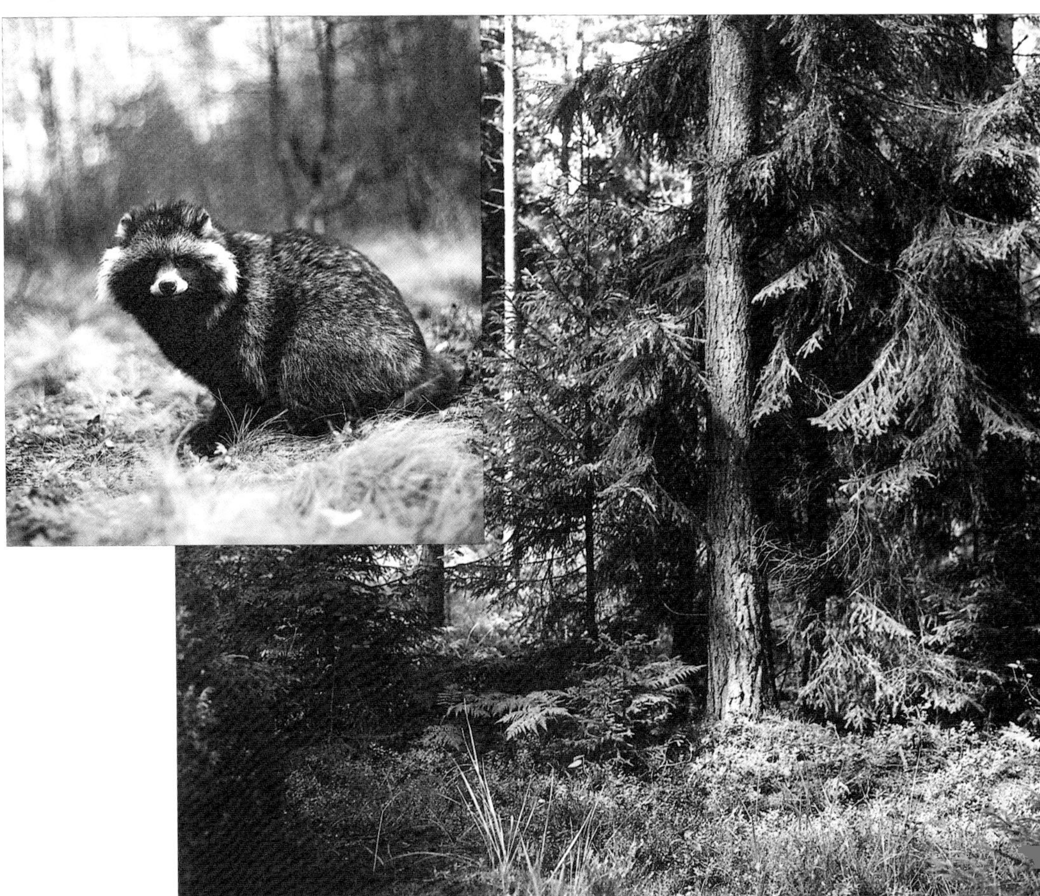

Тыповыя лясы заказніка.
Фота: І.Бышнёў

Typical forests of the zakaznik.
Photo: I.Byshniov

сны кулік-слонка асабліва шматлікі
краях лясных масіваў.
ота: Г.Пузанкевіч

odcock is especially numerous
the forest outskirts.
oto: G. Puzankevich

АЗЁРНА-БАЛОТНЫ КОМПЛЕКС «АСВЕЙСКІ»

Цэнтрам заказніка з'яўляецца возера Асвейскае.
Фота: В.Бірукоў

Osveia Lake is located in the middle of the zakaznik.
Photo: V.Birjukov

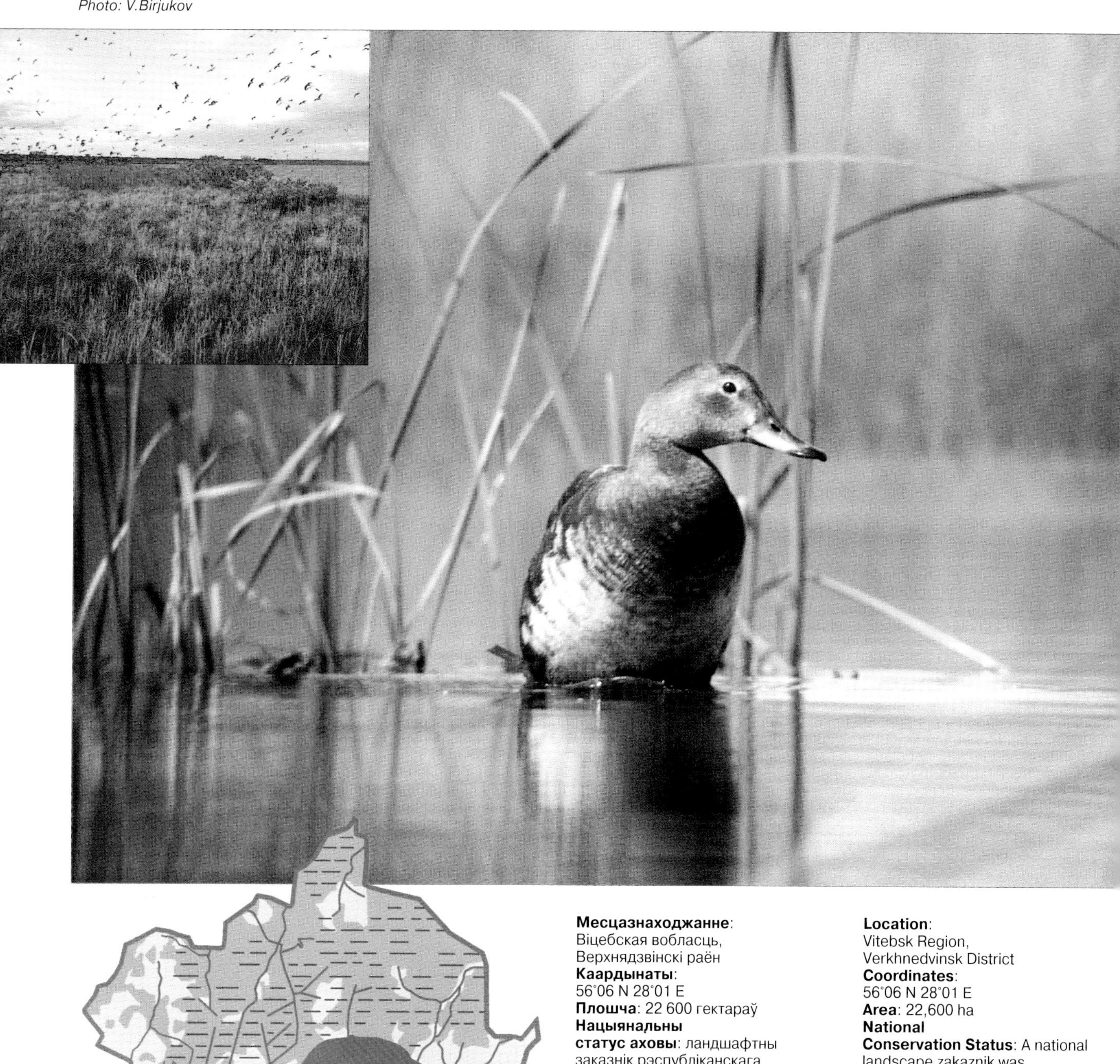

Месцазнаходжанне:
Віцебская вобласць,
Верхнядзвінскі раён
Каардынаты:
56°06 N 28°01 E
Плошча: 22 600 гектараў
Нацыянальны статус аховы: ландшафтны заказнік рэспубліканскага значэння, створаны ў 2000 годзе на аснове былога паляўнічага заказніка
Міжнародны статус аховы: ТВП утворана ў 1998 годзе (код BY 001, крытэрыі B2, B3). Патэнцыяльная Рамсарская тэрыторыя (крытэрыі 1, 5, 6)

Location:
Vitebsk Region,
Verkhnedvinsk District
Coordinates:
56°06 N 28°01 E
Area: 22,600 ha
National Conservation Status: A national landscape zakaznik was established in 2000 on the basis of the former hunting zakaznik
International Conservation Status: An IBA was established in 1998 (code BY 001, criteria B2, B3). Potential Ramsar site (criteria 1, 5, 6)

Тэрыторыя заказніка ўяўляе сабой буйны комплекс азёр, лясоў, пераходных і верхавых балот, нізінных балот адносна мала. Ядром заказніка з'яўляецца возера Асвейскае, якое мае важнае гідралагічнае і кліматаўтвараючае значэнне для вялікага рэгіёна паўночнай часткі Беларусі. Вялікую частку ўгоддзя займаюць верхавыя і пераходныя балоты, якія пакрыты хвойнікамі, бярэзнікамі і алешнікамі. Сярод балот раскіданы нешматлікія мінеральныя астра-

Возера з'яўляецца месцам канцэнтрацыі гусей у час міграцый. *Фота: А.Казулін*

The lake is a concentration ground of migrating geese. *Photo: A.Kozulin*

ўтушка балотная.
та: В.Юрко

ias palaeno.
ɔto: V.Jurko

a з буйнейшых групо
ныркa-сівака гнязду-
ца на возеры Асвей-
е.
та: А.Казулін

of the largest groups
ochard is breeding
Osveia Lake.
to: A.Kozulin

вы. Лясы займаюць каля 30% агульнай плошчы заказніка, лугі — 6%, хмызнякамі пакрыта 4% тэрыторыі.

Гідраграфічная сетка добра развіта і прадстаўлена азёрамі, рэкамі і шматлікімі меліярацыйнымі каналамі. Галоўная водная артэрыя тэрыторыі — рака Свольна, якая адносіцца да басейна Заходняй Дзвіны. Найбольш значным натуральным вадаёмам з'яўляецца возера Асвейскае, плошча якога складае 47,95 км^2 (пасля Нарачы гэта другі па велічыні прыродны вадаём рэспублікі). Возера адносіцца да эўтрофнага тыпу, яно мелкаводнае, сярэдняя глыбіня не перавышае 2 метраў. У яго ўпадаюць некалькі невялікіх рэк і каналаў, аднак прыток вады ў вадаём адбываецца, галоўным чынам, за кошт ападкаў. Апошнія дваццаць гадоў возера інтэнсіўна зарастае надводнай расліннасцю і паступова страчвае сваё значэнне ў якасці рыбапрамысловага вадаёма і месца гнездавання вадаплаўных птушак. Найбольш верагодная прычына такіх змяненняў — зніжэнне ўзроўню вады, якая выцякае з возера па каналу Дзегцяроўка. Для пад'ёму і стабілізацыі ўзроўню вады ў возеры на гэтым канале было ўзведзена гідратэхнічнае збудаванне са шлюзам-рэгулятарам, загарадзжальнай дамбай і водападводзячым каналам. Аднак цяпер дамба знаходзіцца ў нездавальняючым тэхнічным стане. Другой верагоднай прычынай зніжэння ўзроўню вады могуць быць вынікі торфараспрацовак, якія праводзіліся недалёка ад возера.

Лесагаспадарчая дзейнасць на тэрыторыі заказніка вядзецца ў рацыянальных памерах.

The site is a large complex of lakes, forests, and transition mires and maised bogs. The core of the IBA is Osveia Lake which defines much of the hydrology and climate of northern Belarus. The surface of this largest Belarusian eutrophic lake becomes rapidly overgrown with surface vegetation. Most of the IBA is covered by bogs and transition mires, mixed with pinewoods, birch, and black alder forests. A few mineral islands are scattered across the mires. Forest vegetation covers about 30% of the IBA's overall area, shrubs 4%, meadows 6%. There are few fens.

The IBA pertains to the basin of the Western Dvina river and is part of the Svolna river sub-basin. The hydrographic network is well developed and includes lakes, rivers and drainage canals and ditches. Lake Osveia is the most important element of the network. It covers 47.95 km^2, making it the second largest natural lake in Belarus. It is a shallow lake, with an average depth of 2 m. Several small rivers and canals flow into the lake, but the main part of its recharge comes from precipitation. The lake had become intensely overgrown with vegetation over the last several years, losing its value as a fishing lake and an important place for waterbirds. One of the causes of the overgrowth is the declining water level in the lake: a substantial amount of water flows out of it through the Degtiariovka Canal. A regulated sluice, an embankment and a bypass supply ditch were constructed on the canal to regulate the water level in the lake, but these are not functioning properly. Peat extraction close to the lake is also lowering the water level.

Peat extraction, commercial and amateur fishing, limited forestry, commercial and amateur collection of mushrooms and berries, as well as regulated hunting are the main economic uses. Osveia Lake has outstanding sapropel reserves which can exploited and mined.

A total of 164 breeding bird species have been recorded, including 36 species listed in the National Red Data Book.

Osveia Lake is one of the largest breeding and post-breeding grounds in Belarus for numerous huntable waterbird species: Mallard *Anas platyrhynchos*, Pochard *Aythya ferina*, and Coot *Fulica atra*. The Lake and the surrounding areas have a high value for large concentrations of waterbirds during spring and autumn migration.

A total of 16 National Red Data Book plant species have been recorded. Some rare plants include hybrids of Black Alder and Grey Alder (*Alnus glutinosa* and *A. incana*), tall-stalk forms of *Betula pendula var. carelica*, a large population of Yellow Pondlily *Nuphar pumila*, as well as a rare insectivorous plant Waterwheel *Aldrovanda vesiculosa*.

Four mammal species found on the site are listed in the National Red Data Book of Belarus.

Threats

Human-caused eutrophication of the lake caused by discharge of waste waters and nutrients from agricultural fields and peat extraction sites, municipal facilities, husbandry farms, as well as by atmospheric precipitation.

Disturbances in the hydrological regime caused by peat extraction.

Declining water levels in the lake results in a poorer water quality, rapid overgrowth of the lake, shrinking fish resources, and less value for waterbirds.

З іншых відаў гаспадарання пераважаюць здабыча торфу, прамысловы і аматарскі збор грыбоў і ягад, рэгламентаванае паляванне. У Асвейскім возеры ёсць значныя запасы сапрапеляў высокай якасці, прыгодных для прамысловай здабычы.

На тэрыторыі заказніка гняздуецца 164 віды птушак, 36 з іх занесены ў Чырвоную кнігу Беларусі.

Возера Асвейскае — буйнейшае ў рэгіёне Паазер'я месца размнажэння і паслягнездавой канцэнтрацыі некаторых паляўнічых відаў вадаплаўных птушак: качкі-крыжанкі *Anas platyrhynchos*, нырка-сівака *Aythya ferina* і лыскі *Fulica atra*. Акрамя таго, возера і навакольныя тэрыторыі з'яўляюцца месцам пастаяннай канцэнтрацыі водна-балотных відаў птушак у перыяд міграцый вясной і восенню.

З рэдкіх раслін, якія сустракаюцца на тэрыторыі заказніка, трэба адзначыць гібрыдныя формы вольхі клейкай *Alnus glutinosa* і шэрай *A. incana*, высакаствольныя формы бярозы карэльскай *Betula pendula var. carelica*, буйныя папуляцыі гарлачыка жоўтага малога *Nuphar pumila*, а таксама рэліктавую насякомаедную расліну — альдраванду пухіраватую *Aldrovanda vesiculosa*. Увогуле ў заказніку выяўлена 16 відаў раслін, якія занесены ў Чырвоную кнігу Беларусі. З млекакормячых, якія сустракаюцца на ТВП, ахове належаць 4 віды.

Неспрыяльныя фактары

Антрапагенная эўтрафікацыя возера Асвейскае, якая выклікана сцёкамі вады з сельгасугоддзяў і торфараспрацовак, камунальна-бытавых прадпрыемстваў, жывёлагадоўчых ферм.

Commercial fishing could be reducing fish resources in the lake.

Proposed conservation measures

To resolve the above problems, a management plan needs to be developed for the IBA that would focus on optimization of the hydrological regime, limit commercial fishing on the lake, and introduce rational land-use in the lake's basin.

Information on the contemporary status of flora and fauna was provided by:
V.P. Birjukov, V.V. Ivanovsky, A.V. Kozulin, E.E.Valjchevsky

На верхавых балотах, якія акружаюць возера, гняздуюцца вялікія кулёны. *Фота: М.Нікіфараў*

Curlew breeds on bogs surrounding the lake. *Photo: M.Nikiforov*

Від / Species				Ацэнка колькасці, пар / Population estimates, pairs	Крытэрый ТВП / IBA Criteria
Botaurus stellaris	Чапля-бугай	Большая выпь	Bittern	40—60 самцоў males	B2
Aythya ferina	Нырок-сівак	Красноголовый нырок	Pochard	400—600	B3
Aquila chrysaetos	Арол-маркут	Беркут	Golden Eagle	1	B2
Pandion haliaetus	Скапа	Скопа	Osprey	3	B2
Tetrao tetrix	Цецярук	Тетерев	Black Grouse	80—150	B2

Парушэнне гідралагічнага рэжыму ў выніку дзейнасці торфапрадпрыемства.

Памяншэнне ўзроўню вады ў возеры вядзе да змен яе якасных паказчыкаў, хуткага зарастання возера, змяншэння рыбапрадукцыйнасці, зніжэння яго значэння для вадаплаў-ных птушак.

Прамысловае рыбалоўства магло стаць адной з прычын памяншэння запасаў рыбы ў возеры.

Неабходныя меры аховы

Для вырашэння асноўных праблем заказніка распрацаваць план кіравання, які павінен уключаць рэкамендацыі па:

аптымізацыі гідралагічнага рэжыму;

устанаўленню рэжыму рацыянальнай эксплуатацыі рыбных рэсурсаў;

рацыянальнаму землекарыстанню ў вадазборы возера.

Інфармацыю аб сучасным стане флоры і фауны падрыхтавалі:
В.П. Бірукоў, Э.Э. Вальчэўскі, У.В. Іваноўскі, А.В. Казулін.

айбольш тыповыя ыхары Асвейскага зера

pical inhabitants of veia Lake

баты нырок. *Фота: А.Казулін*

ted Duck. *Photo: A.Kozulin*

Чапля-бугай. *Фота: А.Казулін*

Bittern. *Photo: A.Kozulin*

Лыска. *Фота: А.Казулін*

Coot. *Photo: A.Kozulin*

ікая коўра. *та: А.Казулін*

at Crested Grebe. *to: A.Kozulin*

У асобныя гады тут гняздуецца і рэдкая качка-свіцьва. *Фота: А.Казулін*

The rare Wigeon breeds here in some years. *Photo: A.Kozulin*

Затопленыя алешнікі — любімыя месцы гнездавання крыжанкі. *Фота: А.Казулін*

Flooded alder forests are the beloved breeding habitat of Mallard. *Photo: A.Kozulin*

Порсткая яшчарка.
Фота: І.Бышнёў

Sand Lizard.
Photo: I. Byshniov

Гарычка крыжападобная.
Фота: А.Пугачэўскі

Cross Gentian.
Photo: A.Pugachevski

На верхавых балотах заказніка яшчэ сустракаецца пардва.
Фота: М.Нікіфараў

Willow Grouse is still common on the bogs of the zakaznik.
Photo: M.Nikiforov

Гняздуецца тут і адзін з самых рэдкіх птушыных драпежнікаў Беларусі — арол-маркут. *Фота: У.Іваноўскі*

Golden Eagle, one of the rarest Belarus' birds of prey, is breeding here. *Photo: V.Ivanovski*

БАЛОТА КОТРА

На адкрытых участках балот захаваліся буйны такавішчы цецерукоў.
Фота: А.Казулін

Large Black Grouse leks have been preserved on open mire parts.
Photo: A.Kozulin

Месцазнаходжанне: Гродзенская вобласць, Шчучынскі раён
Каардынаты: 54°00 N 24°30 E
Плошча: 10 584 гектары
Нацыянальны статус аховы: рэспубліканскі ландшафтны заказнік "Котра"
Міжнародны статус аховы: патэнцыяльная Рамсарская тэрыторыя (крытэрыі 1, 2)

Location: Grodno Region, Shchuchin District
Coordinates: 54°00 N 24°30 E
Area: 10,584 ha
National Conservation Status: A national landscape zakaznik "Kotra"
International Conservation Status: potential Ramsar site (criteria 1, 2)

Тэрыторыя знаходзіцца ў вярхоўях ракі Котра (басейн Нёмана) і мяжуе з літоўскім запаведнікам "Чапкяляй". Лясы, пераважна хвойнікі, якія растуць на балотах, займаюць каля 91% плошчы ўгоддзя. Балоты (верхавыя, пераходныя і нізінныя) размешчаны ў асноўным у міжградавых паніжэннях, лагчынах і ў пойме ракі Котра. У пойме знаходзяцца і амаль усе лугі, якія займаюць каля 5% тэрыторыі. У цэлым доля пераўвільготненых тэрыторый складае больш за 40 % плошчы заказніка.

Большая частка балот зарастае лесам.
Фота: У.Іваноўскі

A large share of the mires gets overgrown by forests.
Photo: V.Ivanovski

Рэдкі балотны кулік-
...якун. Фота: *А.Казулін*

Wood Sandpiper, a rare
wetland wader.
Photo: A.Kozulin

Асноўным вадацёкам тэрыторыі з'яўляецца рака Котра, якая працякае ўздоўж паўночнай мяжы заказніка. Котра дрэніруе большую частку аднайменнага заказніка і запаведніка "Чапкяляй". Даўжыня ракі ў межах заказніка складае каля 35 кіламетраў, шырыня —10—20 метраў. Рэчышча вельмі звілістае, утварае петлі, пратокі, старыцы, невялікія, але глыбокія пойменныя азёры. Плынь ракі слабая, шырыня нізкай, роўнай поймы вар'іруе ад 500 да 800 метраў. Практычна ўсе рэкі заказніка (Скарбянка, Нізянка, Пуціска) каналізаваны на ўсім працягу, у іх упадае вялікая колькасць меліярацыйных каналаў. У цэлым меліярацыйная сетка страціла сваё гідрарэгулюючае значэнне, каналы зарастаюць драўнінай і хмызняковай раслціннасцю, перагароджаны бабровымі плацінамі.

Асноўным відам землекарыстання ў заказніку з'яўляецца лясная гаспадарка. Вядзецца рэгламентаванае паляванне. У лясах мясцовае насельніцтва збірае ягады і грыбы. Адкрытыя тэрыторыі выкарыстоўваюцца галоўным чынам у якасці сенакосаў.

Вялікая разнастайнасць прыродных экасістэм стварае тут спрыяльныя ўмовы для існавання шматлікіх відаў жывёл і раслін, у тым ліку і рэдкіх. На гнездаванні ў заказніку адзначана 89 відаў птушак, пераважна лясных, што абумоўлена высокай лясістасцю тэрыторыі. Тут шмат арабка *Bonasa bonasia*, цецерука *Tetrao*

The site is located in the upper Kotra river floodplain (Nioman river catchment) and borders the Chapkaliay zapovednik in Lithuania. Forests cover 91% of the site: most of these are swampy pinewoods. There are also bogs, fen and transition mires, mainly in depressions, lowlands and the Kotra floodplain. Meadows are located mainly in the Kotra floodplain and cover about 5% of the site. Wet areas generally cover more than 40% of the site. The Kotra river forms the northern boundary of the area. Its floodplain is very waterlogged.

The slow-flowing Kotra river is the main waterway, with about 35 km within the area. It drains most of the Kotra zakaznik and the Chap-kaliay zapovednik in Lithuania. The river channel is meandering, with numerous loops, anabranches, oxbows, and small deep floodplain lakes. The flat floodplain of the river is 500—800 m wide. Almost all the rivers in the territory (Skorbianka, Nizianka, Putisko) have been canalized. Numerous drainage canals and ditches flow into the natural rivers. The drainage network, however, has almost lost its drainage function: the canals and ditches are overgrown with trees and shrubs, and Beavers have built dams on many of them.

Forestry is the main economic activity, as well as regulated hunting, and collection of berries and mushrooms by local people. Non-forested areas are used mainly for hay-making.

The variety of habitats defines a high diversity of flora and fauna, including numerous rare and protected species. A total of 89 breeding bird species have been recorded. The high proportion of forests provides an abundance of forest species, such as Hazel Grouse *Bonasa bonasia*, Black Grouse *Tetrao tetrix*, Capercaillie *Tetrao urogallus*, Woodcock *Scolopax rusticola*, and Wood Pigeon *Columba palumbus*. The following breeding bird species are listed in the National Red Data Book: Black Stork *Ciconia nigra*, Goldeneye *Bucephala clangula*, Common Crane *Grus grus*, Lesser Spotted Eagle *Aquila pomarina*, Eagle Owl *Bubo bubo*, Tengmalm's Owl *Aegolius funereus*, Green Woodpecker *Picus viridis*, Three-toed Woodpecker *Picus tridactylus,* and Great Grey Shrike *Lanius excubitor*.

The globally threatened Great Snipe *Galinago media* and Corncrake *Crex crex* breed.

The flora includes 633 upper vascular plant species with 14 National Red Data Book species, including Mountain Arnica *Arnica montana*, Longbract Frog Orchid *Coeloglossum viride*, *Dacthylorhiza baltica*, and Toothwort *Dentaria bulbifera*. Seventeen further plant species need preemptive protection.

All valuable Belarusian huntable mammals are found on the site. Raccoon Dog *Nyctereutes procyonoides* and Fox *Vulpes vulpes* are common, with Wolf *Canis lupus* being less common. Two National Red Data Book species, Lynx *Felis linx* and Badger *Meles meles*, are found. The Kotra river floodplain and drainage canals are populated by Beaver *Castor fiber* and Muskrat *Ondatra zibethica*. Less common, but also present in the Kotra floodplain, is Otter *Lutra lutra*.

Threats

Drainage of most of the site and canalization of rivers has produced substantial declines in the groundwater table, numerous shallow zones in the river channels, encroachment of shrubs on the

tetrix, глушца *Tetrao urogallus*, слонкі *Scolopax rusticola*, вялікага голуба *Columba palumbus*. З відаў, занесеных ў Чырвоную кнігу Беларусі, на гнездаванні адзначаны чорны бусел *Ciconia nigra*, звычайны гогаль *Bucephala clangula*, шэры журавель *Grus grus*, малы арлец *Aquila pomarina*, пугач *Bubo bubo*, касматаногі сыч *Aegolius funereus*, зялёны дзяцел *Picus viridis*, жоўтагаловы дзяцел *Picus tridactylus*, вялікі грычун *Lanius excubitor*. Акрамя таго, у заказніку гняздуюцца

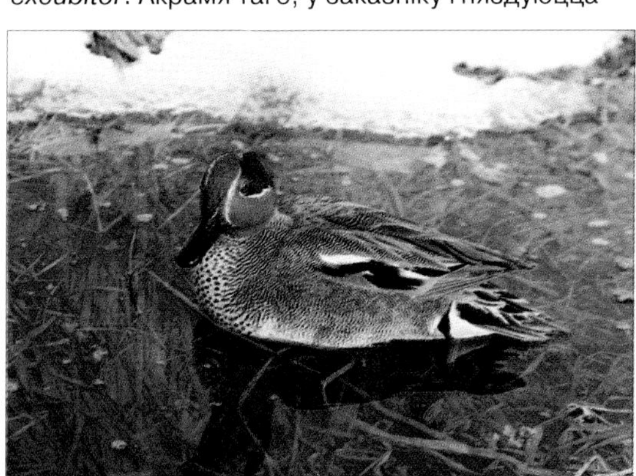

На рацэ Котра і лясных канавах пасяляюцца качкі-цыранкі. *Фота: М.Нікіфараў*

Teals occupy the Kotra river and forest canals. *Photo: M.Nikiforov*

віды, якія знаходзяцца пад пагрозай глабальнага знікнення: дубальт *Gallinago media* і драч *Crex crex*.

У складзе флоры адзначаны 633 віды вышэйшых сасудзістых раслін, 14 з іх (купальнік горны *Arnica montana*, пустапялёснік зялёны *Coeloglossum viride*, пальчатакарэннік балтыйскі *Dactylorhiza baltica*, зубніца клубняносная *Dentaria bulbifera* і інш.) належаць ахове. Яшчэ 17 відаў раслін патрабуюць прафілактычнай аховы і рацыянальнага выкарыстання.

Сярод млекакормячых выяўлены амаль усе каштоўныя ў паляўнічагаспадарчых адносінах віды: янотападобны сабака *Nyctereutes procyonoides*, ліса *Vulpes vulpes*, крыху радзей сустракаецца воўк *Canis lupus*. Рака Котра і сістэма меліярацыйных каналаў заселены бабром *Castor fiber* і андатрай *Ondatra zibethica*. У пойме ракі зрэдку сустракаецца выдра *Lutra lutra*. Два віды млекакормячых — рысь *Felis linx* і барсук *Meles meles* — занесены ў Чырвоную кнігу Беларусі.

Неспрыяльныя фактары

Гідрамеліярацыя большай часткі тэрыторыі ўгоддзя і каналізаванне рэк прывялі да значнага паніжэння грунтовых вод, абмялення рэчышчаў, павелічэння захмызнёнасці пойменных лугоў, зарастання азёр і пратокаў, да дэградацыі месцаў нерасту рыбы. Асушальная меліярацыя — галоўная пагроза і для унікальных балотных асаковых супольнасцей.

Раслінныя сукцэсіі. З-за адсутнасці сельскагаспадарчай дзейнасці адкрытыя нізінныя балоты зарастаюць лесам і хмызняком.

Пажары з'яўляюцца пастаянным фактарам пагрозы біяразнастайнасці, асабліва ў той частцы заказніка, якая прымыкае да выпрацаванага тарфяніку.

Перавыпас жывёлы ў пойме ракі Котра прыводзіць да дэградацыі травяных супольнасцей.

floodplain meadows, and overgrown lakes and anabranches. All of these habitats are very important for numerous rare animals and birds. Drainage has also destroyed the spawning grounds for many fishes. The unique sedge fen mires, which were once widely spread, are now represented by fragmented tracts.

Vegetation succession. Cessation of traditional agriculture has resulted in shrubs and forests encroaching on open fens.

Балота зімой. *Фота: У.Іваноўскі*

Mire in winter. *Photo: V.Ivanovski*

Fires are a constant threat to biodiversity, especially in areas adjacent to peat extraction.

Cattle overgrazing in the Kotra river floodplain has degraded grass communities.

Poaching threatens local populations of Elk, Capercaillie, and Black Grouse, as well as micro-populations of Lynx and Badger.

Forest logging, especially on swamps and dunes of the Kotra floodplain, has caused drastic declines in biodiversity.

Proposed conservation measures

A transborder Belarus-Lithuania protected area should be established. A single management plan should be developed, and a management unit should be introduced.

The closure of drainage canals and ditches, as well as the re-naturalization of the extracted peatland in the nearby Novodvorsk forestry, would improve the ecological situation.

Information on the contemporary status of flora and fauna was provided by:
V.V. Jurko, A.A. Khromogin, M.V. Maximenkov, A.N. Skuratovich.

Браканьерства. Выклікае небяспеку стан мясцовых папуляцый лася, глушца і цецерука, у пагражальным стане знаходзяцца мікрапапуляцыі рысі і барсука.

Высечка лясоў, асабліва на пераўвільготненых землях і па дзюнна-ўзгорыстых градах у пойме ракі Котра, рэзка зніжае біялагічную разнастайнасць.

Неабходныя меры аховы

Стварыць трансмежавую беларуска-літоўскую ахоўную тэрыторыю і распрацаваць

ꙇод сустракаецца ўздоўж поймы ракі Котра. *Фота: А.Казулін*

ɔopoe occurs along the Kotra floodplain. *Photo: A.Kozulin*

Тыповы краявід балота. *Фота: І.Бышнёў*

Typical mire landscape. *Photo: I.Byshniov*

Птушыны драпежнік арол-вужаед харчуецца паўзунамі.
Фота: У.Іваноўскі

Short-toed Eagle. This bird of prey hunts on reptiles.
Photo: V.Ivanovski

адзіны план кіравання ёй, зацвердзіць структуру кіравання.

Для паляпшэння экалагічнай сітуацыі неабходна ў першую чаргу перакрыць дрэнажныя каналы ў паўднёвай частцы заказніка і правесці паўторнае забалочванне выпрацаванага тарфяніку ў Навадворскім лясніцтве, якія прылягае непасрэдна да заказніка.

Інфармацыю аб сучасным стане флоры і фауны падрыхтавалі:
М.В. Максіменкаў, А.М. Скуратовіч, А.А. Храмогін, В.В. Юрко.

У канцы мая зацвітае падвей.
Фота: І.Бышнёў

Cottongrass starts blooming in late May.
Photo: I.Byshniov

Ускраіны верхавых балот — характэрны гнездавы біятоп леляка.
Фота: І.Бышнёў

Outskirts of bogs are typical breeding habitat of Nightjar.
Photo: I.Byshniov

адзюка звычайная становіцца ўсё больш рэдкім відам. *Фота: І.Бышнёў*

\dder becomes more and more rare. *Photo: I.Byshniov*

Вялікія грычуны гняздуюцца таксама і на балотах. *Фота: А.Казулін*

Great Grey Shrike breeds on the mires too. *Photo: A.Kozulin*

ясная мышоўка. *ота: І.Бышнёў*

cista betulina. *ioto: I.Byshniov*

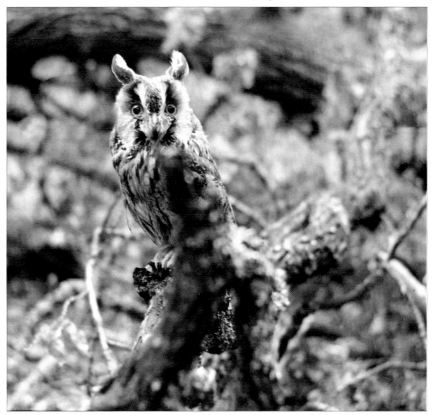

Вушатая сава сустракаецца на ўскраінах лясных масіваў. *Фота: І.Бышнёў*

Long-eared Owl can be encountered on the outskirts of forests. *Photo: I.Byshniov*

БАЛОТА ЕЛЬНЯ

Шматлікія азёры надаюць разнастайнасць манатоннаму балотнаму ландшафту. Фота: *У.Іваноўскі*

Numerous lakes add diversity to the monotonous mire landscape. Photo: *V.Ivanovski*

Месцазнаходжанне:
Віцебская вобласць,
Міёрскі, Шаркаўшчынскі раёны
Каардынаты: 55°34 N 27°55 E
Плошча: 23 200 гектараў
Нацыянальны статус аховы: гідралагічны заказнік рэспубліканскага значэння, створаны ў 1968 годзе, межы яго былі зменены ў 1981 годзе
Міжнародны статус аховы: ТВП утворана ў 1998 годзе (код BY 002, крытэрыі A4, B1, B2). Патэнцыяльная Рамсарская тэрыторыя (крытэрыі 1, 3, 5, 6)

Location:
Vitebsk Region, Miory, Sharkovshchina Districts
Coordinates: 55°34 N 27°55 E
Area: 23,200 ha
National Conservation Status: A national hydrological zakaznik was established in 1968. In 1981 the borders of the zakaznik were revised.
International Conservation Status: An IBA was established in 1998 (code BY 002, criteria A4, B1, B2). Potential Ramsar site (criteria 1, 3, 5, 6)

Буйнейшы на Беларусі комплекс верхавых і пераходных балот са шматлікімі азёрамі, якія прыдаюць разнастайнасць аднатоннаму ландшафту. Па ўсім балоце раскіданы невялікія астравы, пакрытыя драбналісцевымі і яловымі лясамі. Большая частка балотнага масіву зарасла невысокай хвояй, але сустракаюцца і даволі значныя адкрытыя ўчасткі са шматлікімі дробнымі азёрамі і вокнамі чыстай вады.

Расліннасць на балотнай частцы заказніка

The site is Belarus' largest complex of bogs and transition mires with numerous lakes bringing uniqueness to the monotonous mire landscape. Small islands covered by small-leafed and spruce forests are scattered across the complex. Most of the mire has been overgrown by low pine stands. However, relatively large open spaces with numerous small lakes and open pieces of water are also quite common. The wetland vegetation is typical of bogs and is represented by pine-

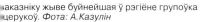

...аказніку жыве буйнейшая ў рэгіёне групоўка ...церукоў. *Фота: А.Казулін*

...e zakaznik hosts the region's largest group of ...ck Grouse. *Photo: A.Kozulin*

На балотных азёрах гняздуецца рэдкі від — чайка-клыгун. *Фота: І.Бышнёў*

Herring Gull, a rare bird species, breeds on lakes among mires. *Photo: I.Byshniov*

Астравы сярод балотных азёр — тыповае месца гнездавання чорнаваллёвага гагача. *Фота: У.Іваноўскі*

Typical breeding habitat of Black-throated Diver. *Photo: V.Ivanovski*

характэрна для верхавых балот і прадстаўлена хваёва-хмызнякова-сфагнавымі і хмызняковасфагнавымі супольнасцямі.

Балота Ельня размешчана на водападзеле рачных басейнаў. Цэнтральная яго частка ўзвышаецца над перыферыйнымі ўчасткамі на 7 метраў. Глыбіня тарфяной залежы ў сярэднім складае 3,8, а месцамі дасягае 8,3 метра. З балотнага масіву выцякаюць тры ракі, а ў яго не ўпадае ніводнай. На тэрыторыі балота налічваецца больш за 100 азёр, якія ўяўляюць сабой рэшткі існаваўшага некалі аднаго вялікага возера. Большасць з іх злучана паміж сабой рэкамі і пратокамі. Аснову воднага сілкавання балота складаюць грунтовыя воды і ападкі.

У выніку меліярацыі прылягаючых тэрыторый і часткі балота адбыліся істотныя змены гідралагічных умоў комплексу. Пракладка шматлікіх каналаў і выраўноўванне рэк прывялі да зніжэння ўзроўню грунтовых вод, што стала адной з асноўных прычын практычна штогадовых буйных пажараў на балоце.

У сувязі з цяжкай даступнасцю і спецыфікай ландшафтаў (каля 60% лесу расце на балоце, а самі лясы характарызуюцца нізкай прадукцыйнасцю) тэрыторыя выкарыстоўваецца чалавекам абмежавана. Лесаэксплуатацыйныя работы вядуцца ў асноўным па перыферыі балотнага масіву і на мінеральных астравах, сельскагаспадарчая дзейнасць адсутнічае. Тэрыторыя выкарыстоўваецца як для прамысловых нарыхтовак, так і для аматарскага збору грыбоў і ягад. На азёрах мясцовае насельніцтва ловіць рыбу.

На тэрыторыі заказніка сустракаецца 98 відаў птушак, 23 з якіх занесены ў Чырвоную кнігу Беларусі. Характэрная рыса балотнага масіву Ельня — наяўнасць разрэджаных калоній кулікоў на балоце і шматлікіх калоній чайкавых на азёрах. Ельня — месца гнездавання птушак, тыповых для комплексаў верхавых балот: чорна-

shrub-*Sphagnum* and shrub- *Sphagnum* communities.

The Yelnia mire is located on the watershed of two river basins. Its central part is about 7 m higher than the peripheral parts. The peat layer can be as deep as 8.3 m, but is 3.8 m on average. Three rivers flow out of the mire, with no streams or rivers entering the complex. More than 100 lakes are located in the IBA, all of which are the scattered remains of a once large single lake. Most lakes are linked with each other by rivers and anabranches. Groundwater and precipitation recharge the complex. Drainage of part of the complex and vast adjacent areas has disrupted the hydrological regime of the mire. The construction of numerous canals and ditches, as well as canalization of rivers, led to lowering of the groundwater table, which is one of the causes of the large and almost annual severe fires.

The difficult access and specific landscape of the mire – about 60% of forests are swampy and low-production – means that the site is not used greatly by people. Forestry occurs mainly along the periphery of the site and on the mineral islands. There is almost no agricultural use. The site is used for commercial and domestic collection of mushrooms and berries. Amateur fishing occurs on lakes of the complex.

A total of 98 bird species have been recorded, including 23 National Red Data Book species. Yelnia hosts scattered colonies of waders and numerous gull colonies, the latter found mainly on lakes. It is also a breeding ground for several typical bog species rare in Belarus, such as Black-throated Diver *Gavia arctica*, Willow Grouse *Lagopus lagopus*, Golden Plover *Pluvialis apricaria*, Whimbrel *Numenius phaeopus*, Jack Snipe *Lymnocryptes minimus* and Greenshank *Tringa nebularia*. Merlin *Falco columbarius* and Short-toed Eagle *Circaetus gallicus* breed. The numbers of the most important bird species are listed in the table

валлёвага гагача *Gavia arctica*, пардвы *Lagopus lagopus*, залацістай сеўкі *Pluvialis apricaria*, сярэдняга кулёна *Numenius phaeopus*, стучка *Lymnocryptes minimus* і куліка-селянца *Tringa nebularia*. Рэдкія для Беларусі ўвогуле, яны сустракаюцца тут у значнай колькасці. Акрамя іх на балоце гняздуюцца сокал-дрымлюк *Falco columbarius* і арол-вужаед *Circaetus gallicus*. Колькасць найбольш рэдкіх і значных відаў птушак прыведзена ў табліцы.

Балотны масіў Ельня мае вялікае значэнне як месца прыпынку мігрыруючых гусей, качак і жураўлёў на веснавых і восеньскіх пралётах. У гэты час на вадаёмах звычайныя і шматлікія гусі-гуменніцы *Anser fabalis*, белалобыя гусі *Anser albifrons*, качкі-свіцьвы *Anas penelope*, качкі-чыркі *Anas querquedula*; сустракаюцца таксама шэрая гусь *Anser anser*, гусь-піскулька *Anser erythropus*, качка-шылахвостка *Anas acuta*, савукі *Mergus sp*.

З раслін, якія растуць на тэрыторыі балота і на мінеральных астравах, 11 відаў уключаны ў Чырвоную кнігу. Сярод іх рэдкія для Беларусі бяроза карлікавая *Betula nana* і марошка прысадзістая *Rubus chamaemorus*. Фауна наземных пазваночных уключае 7 відаў земнаводных, 5 відаў паўзуноў, 31 від млекакормячых (большасць з іх пражывае на перыферыйных участках балота ці наведвае яго ў пошуках корму). Адзначаецца высокая колькасць гадзюкі звычайнай *Vipera berus*.

Неспрыяльныя фактары

Паніжэнне ўзроўню грунтовых вод у выніку пракладкі каналаў сярод балота, выраўноўвання рэк і асушэння перыферыйных участкаў балота. Парушэнне гідрарэжыму прыводзіць да больш частых пажараў, змянення відавога саставу флоры, зарастання адкрытых участкаў балот хмызнякамі і лесам.

Выпальванне раслiннасцi i пажары. Пажары і паніжэнне ўзроўню грунтовых вод аказваюць істотны ўплыў на стан папуляцый птушак, якія тут гняздуюцца і спыняюцца падчас міграцый. У першую чаргу ў выніку пажараў змяншаецца плошча тыповых балотных экасістэм, а знішчэнне журавін значна змяншае кармавую базу для многіх відаў птушак.

Фактар неспакою. У апошнія гады рыбаловы і паляўнічыя пачалі ўсё часцей наведваць азёры. Гэта прыводзіць да разбурэння гнёздаў многіх відаў птушак, у тым ліку і занесеных у Чырвоную кнігу. Балота пачынае губляць сваю значнасць як месца канцэнтрацыі мігрыруючых гусей і жураўлёў. Адна з прычын такога становішча — зніжэнне ўзроўню грунтовых вод, што зрабіла балота больш даступным для чалавека вясной.

Нерэгламентаваны збор журавін прыводзіць да сур'ёзнага пашкоджання наглебавага

below.

Yelnia is also an important stop-over ground for migrating geese and cranes in spring and autumn. At these times the following species are very numerous: Bean Goose *Anser fabalis*, White-fronted Goose *Anser albifrons*, Wigeon *Anas penelope*, and Garganey *Anas querquedula*. Less common are Greylag Goose *Anser anser*, Lesser White-fronted Goose *Anser erythropus*, Pintail *Anas acuta*, and sawbills.

У час міграцый на балоце Ельня збіраюцца тысячныя чароды шэрых жураўлёў. *Фота: Р. Чэрашкевіч*

Thousands of migrating cranes gather into flocks on the Yelnia mire. *Photo: R. Cherashkevich*

Від / Species				Ацэнка колькасці, пар / Population estimates, pairs	Крытэрый ТВП / IBA Criteria
Aquila chrysaetos	Арол-маркут	Беркут	Golden Eagle	1	B2
Tetrao tetrix	Цецярук	Тетерев	Black Grouse	150—200	B2
Grus grus	Шэры журавель	Серый журавль	Crane	60	B2
Grus grus	Шэры журавель	Серый журавль	Crane	2000—3000 асобін на міграцыі birds on migration	A4i, B1i
Asio flammeus	Балотная сава	Болотная сова	Short-eared Owl	40—50	B2

11 plant species growing on the mire and mineral islands are listed in the National Red Data Book. One can encounter Dwarf Birch *Betula nana* and Cloudberry *Rubus chamaemorus*.

7 amphibian species, 5 reptile, and 31 mammal species are found. Most mammals occur along the periphery of the mire and visit the mire in search for food. There is a high abundance of Adder *Vipera berus*.

Threats

Declining groundwater table due to canal construction, river canalization and drainage of the peripheral mire tracts. The disrupted hydrological regime brings about large regular fires, changes in the flora composition, and overgrowth of the open mires with shrubs and trees.

Burning of vegetation and fires. Fires and declining groundwater table affect many breeding and migrating bird species. Fires shrink the area of typical mire habitats; and the destruction of cranberries limits the feeding base of many birds.

Disturbance. Visits of hunters and fishermen have become more frequent in recent years. This

Відавая разнастайнасі раслін на верхавых балотах невялікая, але большасць іх унікальны Імшарніца шматлістая. *Фота: І. Бышнёў*

The plant species divers on bogs is not high, but most of the plants are unique. *Andromeda polifolia*. *Photo: I. Byshn*

зесяткі тысяч мігры-
ıючых гусей спыня-
ıцца на балоце
ı працяглы
дпачынак.
ота: Р.Чэрашкевіч

ıe mire serves a long-
rm resting ground
r tens of thousands
migrating geese.
ıoto: R.Cherashkevich

покрыва і з'яўляецца яшчэ адным фактарам парушэння спакою жывёл.

Неабходныя меры аховы

Для вырашэння пералічаных экалагічных праблем неабходна зрабіць шэраг захадаў:

аптымізаваць гідралагічны рэжым балотнага комплексу шляхам перакрыцця каналаў, па якіх вада выцякае з балота;

has resulted in the destruction of nests of several birds listed in the National Red Data Book, and the loss of the mire's international importance as a concentration ground for migrating geese and cranes. The lower groundwater table makes the mire more accessible to people in spring, resulting in higher disturbance.

Unregulated collection of cranberries leads to serious damage to the soil cover and dis-

На краі балота змайстраваў гняздо арол-маркут.
Фота: У.Іваноўскі

Golden Eagle has built its nest on the edge of the mire.
Photo: V.Ivanovski

Балотны сокал-дрымлюк занесены ў Чырвоную кнігу Беларусі.
Фота: У.Іваноўскі

A mire falcon, Merlin, is listed in the National Red Data Book.
Photo: V.Ivanovski

забараніць асушальныя работы як унутры, так і на перыферыі заказніка;

арганізаваць кантроль за выкананнем забароны на паляванне на азёрах, якія з'яўляюцца буйнейшымі месцамі адпачынку мігрыруючых гусей;

абмежаваць ці забараніць рыбную лоўлю на азёрах, дзе гняздуюцца рэдкія віды птушак;

стварыць спецыяльную структуру па кіраванні гэтай унікальнай тэрыторыяй.

turbs animals.

Proposed conservation measures

To resolve the above problems it is necessary to:

close a number of canals and ditches draining the mire to optimize its hydrological regime

prohibit drainage on the mire and its adjacent areas

establish rigid control over hunting on lakes, which are important stop-over grounds for migrat-

Інфармацыю аб сучасным стане флоры і фауны падрыхтавалі: *В.П. Бірукоў, А.М. Дарафееў, У.В. Іваноўскі, В.П. Казлоў, У.Я. Кузьменка, А.М. Скуратовіч.*

Падвей на балоце. *Фота: У.Іваноўскі*

Cottongrass. *Photo: V.Ivanovski*

Бяроза карлікавая. *Фота: І.Бышнёў*

Bog Birch. *Photo: I.Byshniov*

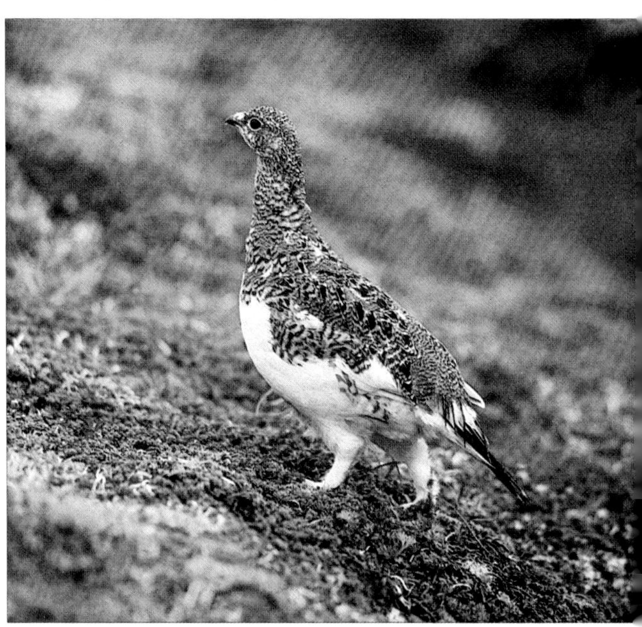

Пардва. *Фота: М.Нікіфараў*

Willow Grouse. *Photo: M.Nikiforov*

Тыповыя для лесатундры віды сустракаюцца і на балоце Ельня

Some typical forest-tundra species occur on Yelnia

ing geese

limit and/or prohibit fishing on lakes where rare bird species breed

Information on the contemporary status of flora and fauna was provided by:
V.P. Birjukov, A.M. Dorofeev, V.V. Ivanovski, V.P. Kozlov, V.Ya. Kuzjmenko, A.N. Skuratovich.

Залацістыя сеўкі. *Фота: І.Бышнёў*
Golden Plover. *Photo: I.Byshniov*

Перламутраўка эфросіна. *Фота: І.Бышнёў*
Clossiana cupprosine. *Photo: I.Byshniov*

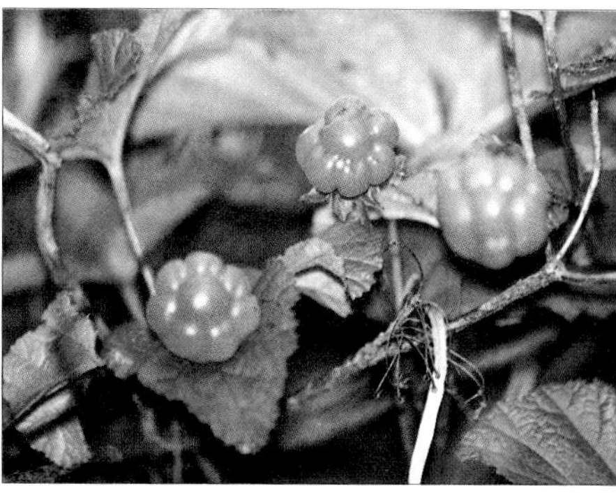

Конік пеўчы. *Фота: І.Бышнёў*
Tettigonia cantans. *Photo: I.Byshniov*

Марошка звычайная. *Фота: В.Кавалёнак*
Cloudberry. Photo: *V.Kovalionok*

Каля 40 пар залацістых севак гняздуецца на балоце.
Фота: М.Нікіфараў

About 40 pairs of Golden Plover breed here. *Photo: M.Nikiforov*

Скарбы прыроды Беларусі: Тэрыторыі, якія маюць міжнар. значэнне для захавання біял. разнастайнасці. —
С42 Treasures of Belarusian Nature: Areas of International Significance for Conservation of Biological Diversity. Пад агульн. рэд. А.В. Казуліна; Аўт.-уклад. А.В. Казулін і інш.; Мастак Т.А. Мельянец. — Мн.: Беларусь, 2002. — 160 с. іл., карты-схемы.

ISBN 985-01-0382-5.

Да пачатку XXI стагоддзя з-за дзейнасці чалавека многія віды жывёл і раслін Еўропы апынуліся на мяжы знікнення. Каб захаваць прыродныя скарбы, найбольш значным прыродным тэрыторыям свету ў рамках розных пагадненняў і канвенцый прыдаецца міжнародны статус аховы.

У выданні апісваюцца 24 найбольш вядомыя тэрыторыі Беларусі, якія маюць міжнароднае значэнне для захавання біялагічнай разнастайнасці. Чытач зможа не толькі пазнаёміцца са светам некранутай прыроды, убачыць характэрныя ландшафты і віды, але і даведацца аб праблемах захавання гэтых тэрыторый. Утрымліваецца шмат інфармацыі для студэнтаў, аматараў прыроды, турыстаў, людзей, якія ахоўваюць прыродныя рэсурсы на гэтых тэрыторыях.

Выданне багата ілюстравана фотаздымкамі і картамі-схемамі.

The numbers of numerous European animal and plant species dropped drastically in the second half of the 20th century following extensive economic development. Some of the species were put on the brink of disappearance. All over the world the sites that are of key value for these species receive an international conservation status under various international agreements and conventions.

This publication presents 24 key sites of Belarus which have an outstanding international value for conservation of biological diversity. The reader will have a chance to get to know the remotest corners of Belarusian nature, learn about the most typical landscapes and species, find out the problems that these areas face.

The book contains a lot of information which can be of interest to students, nature-amateurs, tourists, conservationists, as well as nature-users.

The book is rich in maps and photos.

УДК 502.72(476): 504.064:574
ББК 20.18 (4 Беи)

Скарбы прыроды Беларусі

Тэрыторыі, якія маюць міжнароднае значэнне для захавання біялагічнай разнастайнасці

Treasures of Belarusian Nature

Areas of International Significance for Conservation of Biological Diversity

Навукова-папулярнае выданне

Аўтары-ўкладальнікі

Казулін Аляксандр Васільевіч,
Вяргейчык Любоў Аляксандраўна і інш.

Мінск, выдавецтва «Беларусь»
На беларускай і англійскай мовах

Пераклад на англійскую мову
А.Ф. Агеенка
Рэдактары англійскага тэксту
М.М. Вяргейчык, А. Лонерган
Пераклад з рускай на беларускую мову
Т.І. Улевіч, С.В. Зуёнка
Рэдактар *Т.І. Улевіч*
Макет і афармленне,
камп'ютэрная апрацоўка здымкаў
Т.А. Мельянец
Мастацкае рэдагаванне *А.А. Жданоўскай*
Карэктары *Л.Р. Кузьміна, Г.К. Піскунова*
Камп'ютэрная вёрстка *М.І. Лазука*

Падпісана да друку 01.05.2002.
Фармат 60x84 $^{1}/_{8}$. Папера мелаваная.
Гарнітура Прагматыка. Афсетны друк.
Ум. друк. арк. 18,6. Ул.-выд. арк.20,14.
Тыраж 5000 экз. Зак. 406.

Рэспубліканскае унітарнае прадпрыемства
«Выдавецтва «Беларусь»
Міністэрства інфармацыі Рэспублікі Беларусь.
Ліцэнзія ЛВ № 2 ад 31.12.97.
220004, Мінск, праспект Машэрава, 11.

Рэспубліканскае унітарнае прадпрыемства
«Мінская фабрыка каляровага друку».
220024, Мінск, вул. Каржанеўскага, 20.